Alain Pelosato

Nature terrifiante et cinéma fantastique

Relativité, monde quantique, génétique : ce fantastique au cinéma dans 732 films

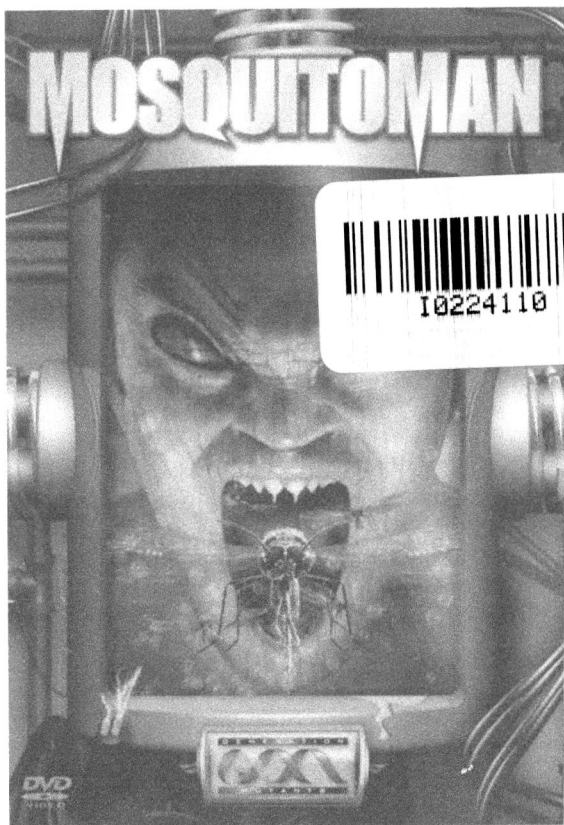

Table des matières

Image de couverture :
Event Horizon film de Paul Anderson (1997)

sfm éditions
ISBN 978-2-915512-22-9
9782915512229
Dépôt légal octobre 2018

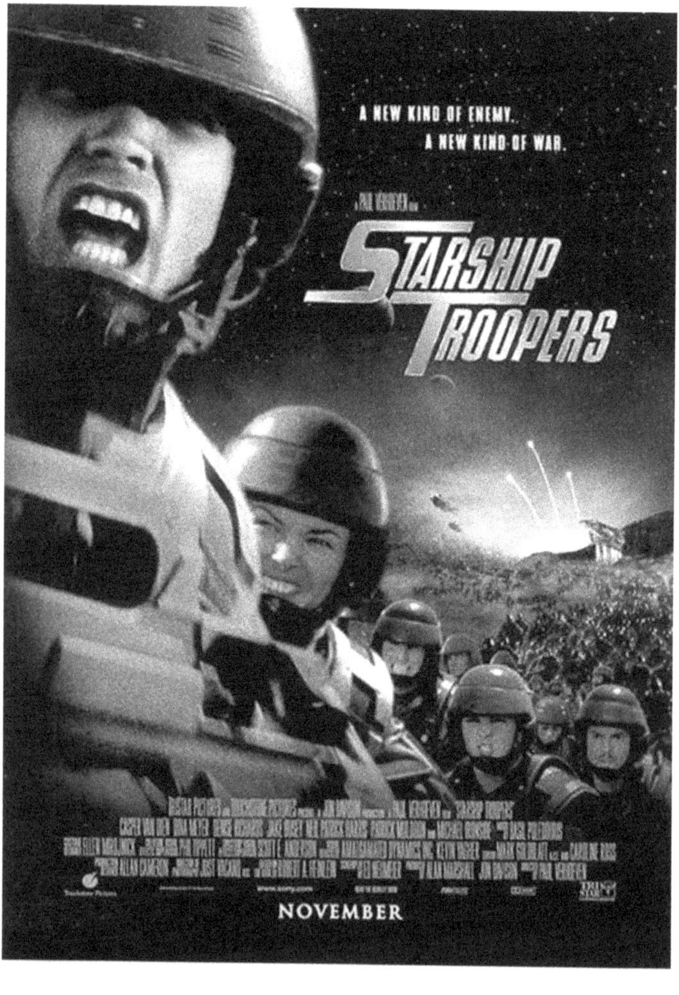
A NEW KIND OF ENEMY.
A NEW KIND OF WAR.
STARSHIP
TROOPERS
NOVEMBER

Avertissement

La Nature ce n'est pas seulement le vivant, l'écologie, la biologie, la Nature c'est aussi le cosmos, l'espace-temps, les planètes et les étoiles, le monde quantique, etc. Car, en effet, ils constituent à eux tous la Nature !

Et la Terre n'est plus le centre de l'univers depuis longtemps ! Ni non plus le système solaire, ni encore notre galaxie que nous appelons la Voie Lactée.

J'ai repris les chroniques des films traitant de ce thème dans mon livre *Cinéma fantastique et de SF – Essais et données pour une histoire du cinéma fantastique 1895-2015* et j'ai rajouté toutes les chroniques des films que j'ai vus depuis, et qui n'ont donc pas été publiées dans cette véritable base de données que constitue mon livre qui a été publié en 2015.

Il y a donc beaucoup de nouveautés dans ce présent livre. Je poursuis ainsi ce travail de taxinomie, assez complexe à mener, car il faut avoir la mémoire des films et bien cerner leur contenu pour pouvoir les classer.

Ce classement peut évidemment donner lieu à débat. C'est sain et c'est normal.

Le présent livre est le quatrième de cette belle collection :

Lovecraft au cinéma et à la télévision
Aliens, Mutants et autres Monstres
Zombies et autres Revenants

Bonne lecture
Alain Pelosato

Introduction

Nature terrifiante et domination de l'espèce humaine

Dans les temps primitifs, la nature se présentait comme très mystérieuse à l'homme. Et, donc, parfois terrifiante, car l'être humain peut être une proie pour le prédateur, mais aussi par des phénomènes d'autant plus effrayants qu'inexpliqués, comme le tonnerre, la foudre, l'éruption volcanique, le tremblement de terre, même le soleil et la lune, astres qui semblaient doués d'une vie autonome.

Tous ces mystères ont nourri des mythologies qui faisaient de ces phénomènes le résultat de l'activité des dieux. Ces mythologies, traitées par l'immense chaudron de l'imagination humaine ont produit des œuvres littéraires immortelles.

À la base, il y a celles qui remettent en cause la prétention — considérée au Moyen Âge par les ecclésiastiques comme inqualifiable — de maîtriser la nature, et ainsi, de remplacer Dieu. On voit là apparaître la volonté de l'Église de maîtriser les idéologies en rationalisant les croyances et légendes des paysans incultes. Ce phénomène a mené les prêtres assez loin, jusqu'à des enquêtes sur des phénomènes surnaturels comme le fameux " Traité sur les apparitions des esprits et sur les vampires " (1751) du R. P. Dom Augustin Calmet et " De masticatione mortuorum in tumulis " (1728) de Michaël Ranft, enquêtes commandées par les autorités pour faire la lumière sur des phénomènes qui terrifiaient certaines contrées, même si, aujourd'hui, on peut en sourire.

La première légende à remettre en cause la maîtrise de l'homme sur la nature fut celle de " Faust ". Ce n'est pas Goethe qui a inventé cette histoire. Elle était déjà présente dans une lettre datée de 1507, où l'on trouve mention des tribulations d'un certain *Faust*. Ensuite, en 1587, il y aura un livre qui raconte l'histoire de ce pacte avec le diable dont s'est inspiré le poète allemand. Le diable, avec qui certains font des pactes pour mieux s'échapper des contingences naturelles, donc dépasser la nature, prendra ensuite différentes formes. Avant le diable, ange déchu, ce fut Prométhée qui, pour se venger de Zeus, donna aux hommes la connaissance du feu. Plus près de nous, c'est la science elle-même qui donne à Victor Frankenstein l'audace de créer un être vivant avec de la chair morte. D'ailleurs, la jeune Mary Shelley rédigea son roman à partir des expériences scientifiques de réanimation menées en 1802 — 1803 à Londres par Giovanni Aldini. D'autre part, l'utilisation par Frankenstein de l'énergie de la foudre, a certainement été inspirée par la réelle passion du mari de l'écrivain, et ses expériences pour mener à bien *son* idée de recueillir l'électricité de la foudre. " Le monde était pour moi un secret que j'avais à découvrir ", déclare Victor Frankenstein dans le roman de Mary Shelley. Cette volonté, ne la trouvons-nous pas déjà chez les alchimistes, comme Paracelse qui donnait la recette de la " génération des homonculus (…) possibilité que, par nature ou par art, un homme pût être reproduit en dehors d'un corps de femme et d'une mère naturelle. " ? Cette phrase n'est-elle pas d'étrange actualité ? Comme celle du Golem, sur le front duquel est inscrit " EMET ", constitué de trois lettres qui forment le mot de " Vérité ", et, qui, si l'on enlève la première, devient " Mort "… Car, quelle impudence aurait l'homme de rechercher la Vérité ?[**]

Ces terreurs nous ont accompagnés aujourd'hui. Elles constituent toujours un enjeu idéologique et politique fondamental, notamment en ce qui concerne l'écologie. Aux États-Unis, dans les années soixante, puis, chez nous, on comparait le destin de Faust à celui du physicien Robert Oppenheimer (1904 — 1967), l'organisateur du *laboratoire-caserne de Los Alamos,* le créateur de la bombe atomique. Cette terreur, que l'on retrouve dans nombre d'œuvres fantastiques littéraires ou cinématographiques, motive certainement ce que l'on appelle la " diabolisation " du nucléaire civil. Car, qui n'est pas mieux le " Pro-

---

[**] Pour ce paragraphe, j'ai utilisé des citations de l'excellent essai du philosophe Dominique Lecourt : " Prométhée, Faust, Frankenstein, Fondements imaginaires de l'éthique ". 1997

méthée moderne " — sous-titre du roman de Mary Shelley — que celui qui produit de l'énergie (le feu offert par Prométhée à l'espèce humaine) à partir de la structure profonde de la matière ?

Il y a aussi celle du vivant... C'est pourquoi, à partir des années soixante-dix, à la terreur de la physique atomique s'est ajoutée celle des manipulations génétiques. Ce qui faisait déclarer au professeur Mollo-Mollo — pseudonyme d'un responsable d'un parti écologiste aujourd'hui conseiller régional Rhône-Alpes — qu'il était d'accord avec le progrès scientifique, sauf en ce qui concernait " l'énergie nucléaire et les manipulations génétiques "... Il s'agissait d'un débat lors de l'enquête publique pour l'installation de la centrale nucléaire de Saint-Alban (38).

Arès avoir épuisé ces mythes, en en faisant des versions diverses, par exemple, en présentant le docteur Frankenstein sous des aspects moraux différents, la mode revient à une nature plus directement terrifiante.

L'apparition de monstres produits par les radiations atomiques ne fait plus que sourire. Ce qui semble être vraiment terrifiant, c'est la forme réelle que peut prendre la nature, lorsqu'elle produit des monstres. Le plus simple est d'en faire des extra-terrestres comme " Alien " (1979 — déjà !) de Ridley Scott, dont la reproduction, aux dépens de la vie humaine, est copiée sur la reproduction de certains insectes et dont la férocité n'a d'égal que celle de ces derniers. On a aussi rendu les végétaux terrifiants, lorsqu'ils viennent d'ailleurs comme avec " La chose d'un autre monde " (1951) de Christian Nyby, film qui met en scène une créature végétale animée de mauvaises intentions dans un lieu clos (une station polaire) et qui préfigure déjà l'anticommunisme de guerre froide de certains films fantastiques des années cinquante, comme " L'invasion des profanateurs de sépulture " (1956) dont le réalisateur Don Siegel avoua clairement ses intentions. (Je n'ai pas la place pour évoquer les séquelles de ces deux films). Bien qu'" Alien " ait toujours du succès avec la prochaine sortie d'" Alien 4 " réalisé par notre Jean-Pierre Jeunet national, la mode revient aux prédateurs naturels. Le cinéma nous avait déjà habitués à cela, avec, notamment, " Les oiseaux " (1963) d'Hitchcock que j'avais d'ailleurs soupçonné à l'époque d'avoir fait un film de guerre froide en récidivant après " L'étau " (1969). Aujourd'hui, le cinéma produit cette nouvelle terreur, avec " Anaconda, le prédateur " (1997) de Luis Llosa, qui met en scène le fameux et énorme serpent, la terreur étant ici possible grâce aux merveilleux effets spéciaux qui nous montrent avec délectation la méthode de chasse du prédateur et sa manière d'étouffer et gober ses victimes. C'est donc la nature elle-même qui devient terrifiante, comme, assez récemment avec le film " L'ombre et la proie " (1996) de Stephen Hopkins, dont les héros sont deux lions de légende en Afrique, appelés " Fantôme " et " Ténèbre ". Tout un programme. Le cinéma est riche, surtout dans la dernière période, grâce aux effets spéciaux, de films sur la terreur engendrée par la férocité d'animaux petits ou grands : un requin avec " Les dents de la mer " (1975) de Steven Spielberg et ses nombreuses séquelles (trois...), les " Piran-has " (1978) de Joe Dante, un sanglier chasseur de chasseurs avec " Razorback " (1984) de Russel Mulcahy, et de nombreux films sur la terreur engendrée par les insectes. Dernièrement, " Un cri dans l'océan " (1997) de Stephen Sommers s'inscrit dans la même veine.

Doit-on déceler une nouvelle crainte en l'avenir dans cette catégorie de films ? Je ne crois pas. Du moins, pas fondamentalement différente de celle du passé, cette crainte profonde que l'espèce humaine ne soit plus dominante, développée surtout par les invasions d'extra-terrestres (et l'actualité cinématographique en est riche ces derniers temps), plus affichée aujourd'hui en montrant l'existence sur notre planète de terribles prédateurs grâce à l'efficacité des effets spéciaux.

En conclusion, on peut dire que la terreur profonde des humains, composée de deux éléments apparemment contradictoires, le premier étant la crainte de remplacer Dieu par sa connaissance des lois de la nature, et l'autre, la crainte de ne plus être l'espèce dominante, existe toujours de nos jours. Elle n'est pas seulement réservée à des œuvres de fiction, qui seules, savent l'exprimer ouvertement, elle devient un véritable enjeu de société, soubassement des débats idéologiques sur l'avenir de l'espèce humaine sur notre planète...

Terreur, nature et SF

Certaines terreurs sont suscitées par la nature elle-même. Il en est ainsi des insectes. Nous sommes là encore dans le fantastique social le plus pur.

Les insectes, par leur morphologie et leur mode de vie, ont toujours évoqué dans l'esprit humain une horreur liée au fait d'être considéré par eux, soit comme un hôte pour un parasite, soit comme une nourriture, et, particulièrement, le fait que notre corps mort finisse par être dévoré par eux ajoute à la construction de cette terreur qu'ils suscitent dans notre esprit.

Mais tous les insectes n'ont pas cette réputation. Le cricket de Pinocchio représente la morale, l'influence de la religion et de la société. La coccinelle, pourtant carnivore (mais elle mange des pucerons...) est appelée bête à bon Dieu... Quant aux autres, ils sont tous terrifiants avec leurs yeux à facettes, leurs multiples pattes (six pour les insectes, mais plus pour d'autres, par exemple huit pour les araignées qui ne sont pas des insectes, mais tant pis, j'appellerai insecte toute petite bête monstrueuse avec plein de pattes).

Ainsi, le cinéma fantastique a tenté d'utiliser cette horreur. Mais il n'a pu le faire que relativement tard, car l'utilisation de ces "sales" bestioles demandait des trucages cinématographiques élaborés. Aujourd'hui, la tendance inverse se manifeste. On produit des films gentils sur les insectes, avec Fourmiz et 1001

Pattes, films d'animation d'images de synthèse dans lesquelles (influence de Walt Dysney oblige) les insectes sont humanisés : ils n'ont que quatre membres, une bouche avec des dents et non pas des mandibules ou des trompes, et des mains... Voilà : pour devenir acceptables, les insectes sont donc en quelque sorte désinsectisés... Un film comme Micro-cosmos a pris le parti contraire, et a parfaite-ment réussi dans la réhabilitation de ces ma-gnifiques petites bestioles fascinantes... suivi par d'autres documentaires.

Il y a eu – dans la littérature fantastique de science-fiction – l'idée que certains extrater-restres pouvaient être des insectes, avec une intelligence humaine, mais aussi la "cruauté" propre à ces petites bêtes. Voilà qui est terri-fiant... Ainsi, le dernier film de Paul Verhœven Starship Troopers (1998) reprend les insectes tueurs abominables de l'écrivain américain ré-actionnaire Robert Heinlein, contre lesquels les humains, vivant désormais dans une société nazifiée, vont faire une guerre sanglante et horrible... Le réalisateur d'origine hollandaise a retourné l'argument de l'écrivain et a fait un film contre la guerre.

Dans Alien (1979) de Ridley Scott, le monstre, plutôt inspiré de ceux de l'écrivain américain Lovecraft, possède un moyen de reproduction emprunté à certaines guêpes qui pondent leurs œufs dans le corps vivant de leurs vic-times qui sont dévorées de l'intérieur par la larve... Ce thème avait déjà été largement ex-ploité dans les romans de SF des années cinquante. Le film est d'ailleurs inspiré d'un autre de Mario Bava : La Planète des vampires (1965). Dans L'invasion des profanateurs de sépulture[1] (1956) de Don Siegel, les méchants extraterrestres ont un développement larvaire identique aux insectes, car ils deviennent adultes dans une chrysalide, appelée « cosse » ce qui tendrait à représenter plutôt un végétal, sales petits aliens qui prennent carrément la place des humains. Don Siegel s'était inspiré d'un roman de Jack Finney (1955), mais avait détourné le propos de l'écrivain pour faire une allégorie anticommuniste... On aperçoit aussi d'horribles araignées extraterrestres dans Perdus dans l'espace (1998) de Stephen Hopkins.

Ensuite, il y a les insectes mutants. La radioactivité d'abord, puis les mutations génétiques en ont fabriqué beaucoup au cinéma et à la télévision. Nous avons eu toute une série de films de ce genre depuis Des Monstres attaquent la ville (1953) de Gordon Douglas à Mimic (1997) de Guillermo Del Toro. Mais le plus passionnant de tous est La Mouche noire (1958) de Kurt Newman, inspiré du livre La Mouche de George Langelaan, et surtout de son magnifique remake de David Cronenberg, La Mouche (1986), qui pose bien le problème de la création de nouvelles espèces. En effet,

---

[1] Il y a eu deux remakes à ce film : « L'invasion des profanateurs » (1978) de Philip Kaufman et « Body Snatchers » (1993) d'Abel Ferrara. « Body Snatchers » est le vrai titre du livre de Jack Finney, livre qui ressemble d'ailleurs étrangement à l'histoire de « Le père truqué » (1955) de Philip K. Dick...

un savant a inventé la translation des corps au travers d'un câble grâce à un ordinateur puissant qui permet de déstructurer les molécules dans une cabine, de les transférer dans une autre cabine et de les y restructurer pour reconstituer le corps. Le problème, c'est qu'une mouche s'est trouvée là, et que l'ordinateur a restructuré un nouveau corps avec une combinaison génétique... Quelle horreur ! Ça c'est de la science-fiction...

Enfin, il y a les histoires où les insectes tels qu'ils sont sèment la terreur. Dans ce domaine les scénaristes utilisent surtout les abeilles africaines qui sont, paraît-il, terribles.

Ce petit tour d'horizon sur les insectes montre, par un autre exemple, comment les histoires d'horreur savent s'inspirer de la nature. Mais, bien souvent, elles s'appuient sur une terreur dont on parle souvent, enfouie dans l'inconscient collectif (ou plutôt culturel, mythologique ?) de l'humanité, la terreur de la faute de Prométhée qui a voulu montrer aux humains comment être un dieu. Cette faute est toujours punie comme dans le Frankenstein de Mary Shelley.

Si le progrès modifie la nature, celle-ci ne finit-elle pas toujours par se venger ? Cela n'est-il pas d'actualité de nos jours ?

Ainsi, le problème des Organismes Génétiquement Modifiés (OGM) se pose à notre époque de manière cruciale. Mais ce problème n'est pas nouveau. Il a été largement traité par la science-fiction au cinéma et à la télévision.

C'est la découverte de l'énergie atomique qui a produit le plus cette terreur des mutations génétiques, car les rayonnements des réactions nucléaires en produisent réellement. Ce sont ces monstres mutants qui d'abord terrifièrent les spectateurs et téléspectateurs autour de séries télévisées comme Au-delà du réel ou même, La Quatrième dimension. Le plus célèbre de ces monstres "nucléaires" est bien Godzilla (1954) qui a fait l'objet de nombreuses suites dans lesquelles il détruit Tokyo à chaque fois et finit pas affronter d'autres monstres. Le premier Godzilla a été réalisé par Inoshiro Honda. Il raconte l'apparition de ce monstre après les explosions nucléaires américaines sur le Japon en 1945. Les Américains ont d'ailleurs distribué le film aux États-Unis, mais comme il ne comportait que des personnages nippons, ils ont rajouté des scènes avec un journaliste américain (!) C'est à cela que fait allusion Emmerich dans son excellent remake de 1997 avec le journaliste français joué par Jean Reno.

Honda a également réalisé un film terrifiant sur une mutation due aux rayons atomiques avec L'Homme H (1958)...

Des mutants on en a vu beaucoup d'autres au cinéma. Par exemple, les morts-vivants du chef-d'œuvre de Romero La Nuit des morts-vivants (1968), car une explication est donnée dans le film par la télévision regardée par les personnages assiégés dans la maison : un satellite est retombé sur Terre et a répandu un produit chimique qui réveille les morts !

D'ailleurs, Romero franchit carrément le pas avec son dernier film de la trilogie des morts-vivants : Le Jour des morts-vivants (1986) dans lequel un savant fou essaie de redonner une conscience sociale aux morts-vivants...

Mais l'histoire d'OGM par excellence est bien L'île du docteur Moreau écrit par H.G. Wells en 1896. Wells avait déjà évoqué les mutations humaines dans un futur lointain dans son roman La Machine à explorer le temps. Il est intéressant de noter l'évolution du traitement de L'île du docteur Moreau par le cinéma. Évidemment Wells ne connaissait pas la génétique, car elle n'existait pas à son époque. Son histoire raconte comment un docteur fait évoluer les animaux vers une humanité physique. Mais il échoue, car il manquait la base sociale à ses individus créés par mutation. Le cinéma en est resté là jusqu'à L'île du docteur Moreau (1997) de Frankenheimer, dans lequel le docteur Moreau utilise la manipulation génétique pour arriver au même résultat. D'ailleurs, le docteur joué par Marlon Brando remarque à un moment que le diable, il le voit dans son microscope !

Il semble que le cinéma de science-fiction ne s'est vraiment attaché qu'aux HGM, c'est-à-dire aux Hommes Génétiquement Modifiés... et à quelques autres monstres.

Ainsi, dans Tarantula (1955) de Jack Arnold, une araignée est génétiquement modifiée et devient géante, et dans L'homme qui rétrécit (1957) du même, un pauvre diable croise un drôle de nuage en mer et rétrécit jusqu'à devenir microscopique...

Personne n'a jamais envisagé ce qui arrive aujourd'hui : rendre les plantes encore plus faciles à cultiver grâce aux manipulations génétiques. Mais tous ces films, toutes ces histoires ont joué un rôle important dans l'inconscient collectif pour développer la terreur du progrès scientifique. C'est aussi une conséquence, n'en déplaise aux ardents défenseurs du « science » dans science-fiction, des histoires de science-fiction...

Dans les temps primitifs, la nature se présentait comme très mystérieuse à l'homme et parfois terrifiante, car l'être humain peut être une proie pour le prédateur, mais aussi par des phénomènes d'autant plus effrayants qu'inexpliqués, comme le tonnerre, la foudre, l'éruption volcanique, le tremblement de terre, le soleil et la lune, astres qui semblaient doués d'une vie autonome.

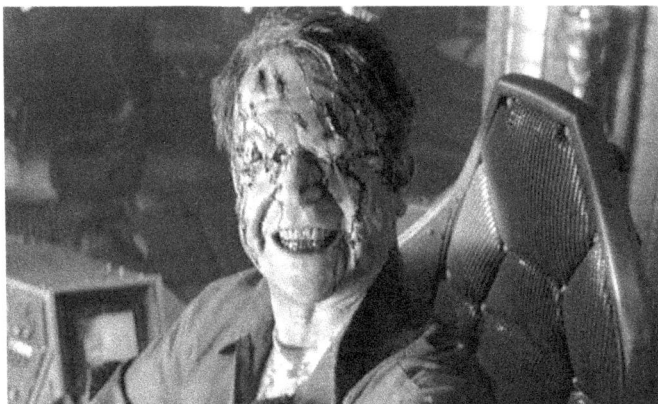

Event Horizon

Terreur végétale

Le végétal constitue le cadre de l'action qui la rend fantastique : le monstre est le décor lui-même !

La forêt et tout ce qui lui ressemble règnent particulièrement dans ce domaine.

L'architecture gothique imite la forêt. Dans la forêt on est sous le couvert des arbres et la vue ne porte pas loin.

Ainsi le cinéma gothique se définit d'abord comme mettant en place un décor de lieux fermés dans lesquels l'angoisse naît en partie du fait de l'ignorance de ce qui se cache derrière ces obstacles. Dans la forêt le personnage poursuit la quête de son propre personnage, puisqu'il y est en face de lui-même.

Ce décor végétal n'est pas simplement un décor, c'est un monde qui reflète nos mondes intérieurs dans lesquels, comme dans la forêt, la vue ne porte pas loi, tout ce qui nous entoure est caché par ces hautes futaies...

D'ailleurs, il y a un autre décor végétal qui ressemble diablement à la forêt, c'est le champ de maïs. Quand on y est on est autant perdu que dans la forêt.

Les films qui mettent en scène leur action dans la forêt sont très nombreux. Le prologue classique du film d'épouvante c'est la course d'une jeune fille plus ou moins dénudée qui court la nuit dans la forêt poursuivie par un monstre, à forme humaine ou non...

Même les films de pure SF comme *Alien (1978)*, *Event Horizon* (1997) se déroulent dans un vaisseau spatial où la bête qui se trouve dans ce décor gothique part à la chasse des passagers.

Parfois c'est aussi *la ville* elle-même qui constitue ce décor angoissant, comme celle de Dark City, qui change de décor à chaque jour qui se lève, comme la forêt qui n'est jamais la même d'une saison à l'autre, d'un matin à l'autre...

Night Shyamalan joue systématiquement sur ces ressorts : les mystères de la nature, la vue limitée, les choses cachées qui nous guettent, pratiquement dans tous ses films, dans certains il utilise aussi le champ de maïs comme dans *Signes* (2002) qui se déroule dans une maison isolée entourée de champs de maïs, ou la forêt, dans *Le Village* (2004)qui se trouve isolé du reste du monde au milieu d'une forêt, qui sera traversée par une jeune fille aveugle pour tenter de sortir dans le monde réel, ou dans **Phénomènes** (2008) où les personnages trouvent des explications à haute voix : « C'est les plantes – c'est le vent ! »

Stephen King, qui ne rate jamais une occasion de saisir des décors angoissants a utilisé celui du champ de maïs avec son roman **Les Enfants du Maïs** dont deux films ont été tirés (1984). Il a également écrit un roman dans lequel le seul personnage, une petite fille s'est perdue dans la forêt (*La petite fille qui aimait Tom Gordon* – 1999). « Le monde a des dents et quand l'envie le prend de mordre, il ne s'en prive pas. » Écrit-il.

Le champ de maïs et les abeilles ont également été utilisés dans le film **X-Files** (le premier en 1998)…

Et puis il y a ce curieux film sur les épouvantails, où toute l'action se déroule dans un champ de maïs : **Husk** de Brett Simmons (2010)… Même le film *Interstellar* (2014) commence dans un champ de maïs !

Et, enfin, c'est dans la forêt que l'on retrouve les deux enfants sauvages du terrible film *Mama* (2013), une entité « forestière » qui avait empêché leur père de tuer les deux petites filles.

Dans ce premier point, je classerais ce merveilleux film de **Don Coscarelli** de la série « Les Maîtres de l'horreur » (2005), intitulé *La Survivante*, un *survival* à première vue classique qui montre une jeune fille qui n'a pas froid aux yeux, poursuivie par un tueur psychopathe qui a installé son antre au cœur de la forêt, agrémentée des momies de toutes ses victimes… Coscarelli a fait là un film neuf sur une vieille tradition du film d'horreur.

Le végétal est utilisé comme un moyen horrifique

Le type même de cette utilisation est la *Mandragore* qu'on fait pousser sous le gibet et son pendu, arrosée par les fluides de la décomposition du corps ainsi que du sperme du supplicié, arrachée par la queue d'un chien. Les adaptations cinématographiques de cette légende se sont arrêtées en 1952. On utilise encore la mandragore, comme plante médicinale ou même magique dans des films sans qu'elle devienne une créature humaine maléfique, par exemple dans le **Labyrinthe de Pan** (2005). On peut donc classer la mandragore dans le prochain troisième cas aussi.

Et souvent, ici ce sont les racines qui sortent de terre, car on imagine que, dans bien des cas, l'entité fantastique se trouve sous terre. C'est le cas évidemment dans **Evil Dead** (1982) qui se déroule dans la forêt dans laquelle une bande de jeunes se retrouve possédée par des entités lovecraftiennes réveillées par l'idiote déclamation de paroles du *Necronomicon* par un magnétophone trouvé dans la cave et aussi dans **Poltergeist** (1982 et 2015) puisque la maison hantée a été construite sur un ancien cimetière indien. Stephen King, encore lui, avait, auparavant, traité d'un sujet similaire avec son roman **Simetierre** (1989) dont un film et sa suite ont été tournés... là également, c'est dans la forêt qu'on enterre les, morts dans une terre d'un sol spécialement consacré dans ce but par les sorciers indiens...

Il y a aussi l'arbre dont la sève a des propriétés fantastiques du film **Eden Log** (2007), dont le scénario a été écrit par Pierre Bordage. Tout le film se déroule sous terre entre les racines de cet arbre. Cette histoire (on se demande si c'en est vraiment une) me fait penser à un roman de SF que j'avais lu il y a quelques dizaines d'années, dans lequel un vaisseau spatial fuit la terre avec à bord les quelques survivants de l'espèce humaine, traverse des radiations mortelles qui tue tous les passagers sauf un homme qui se trouvait être dans la piscine, l'eau l'ayant protégé de ces radiations… Afin de sauvegarder l'espèce humaine, ce savant biologiste a pris le parti de se transformer en végétal afin d'assurer sa reproduction ? Mais je ne me souviens plus du titre de ce roman.

Dans un film nommé **The Fountain** (2006), celle qui va mourir nous dit, dans une autre vie : « La Genèse parle bien de deux arbres dans le jardin d'Eden : l'arbre de la connaissance et l'arbre de vie. » C'est la recherche, la quête de ce deuxième arbre que nous raconte superbement ce film. D'ailleurs, « la mort est la voie de l'éblouissement ! » annonce le grand-prêtre de l'arbre de vie au conquistador…

Le végétal est une créature intelligente

On ne peut pas traiter de ce thème du végétal intelligent sans parler des arbres de Tolkien dans **le Seigneur des Anneaux**, dont Peter Jackson a fait trois films (2001-2002) et trois autres à partir de **Bilbo le Hobbit** (2012-2014). Tolkien, qui était écologiste avant l'heure[2], met en scène les *Ents*, ces êtres bizarres ressemblant à des arbres et gardiens de ces derniers, possédant une Assemblée démo-

---

[2] Lire à ce sujet mon étude sur Tolkien : *Tolkien le conteur de l'écologie*.

cratique : la Chambre des *Ents* dont les débats et délibérations sont très longs.

Le roi des végétaux cruels et tueurs a été mis en scène dans le film **La Chose d'un autre monde** (1951), dans lequel des scientifiques d'une base polaire retrouvent un extraterrestre décongelé, va semer (c'est le cas de le dire !) mort et désolation dans la base. Cette créature est végétale puisqu'on voit les scientifiques de la base semer les parties qu'elle a laissées et constater qu'elles poussent sous forme de morceau de chair qu'il faut nourrir avec du sang. Un remake de John Carpenter **The Thing** (1982) traitera la chose de manière tout à fait différente… Ce remake sera suivi d'une préquelle au même titre (2011) dans laquelle on apprend ce qu'il se passe avant les évènements relatés par le film de Carpenter…

Dans le film **Nosferatu** (1922) de Murnau, le professeur Van Helsing – Bulwer relate à ses élèves l'existence d'une plante carnivore. Et n'oublions pas que le grand sorcier Eliphas Levi décrit les vampires : « … la vie n'existait plus dans l'appareil qui sert à la respiration, mais seulement dans le cœur qui, d'animal semblait devenir végétal. »

Sans conteste la meilleure histoire de terreur végétale est, selon moi, le film **Les Ruines** (2008), dans lequel une bande de jeunes visitent un site avec une ruine de pyramide Maya et sont décimés par une plante grimpante très rustique et très vivace !

Bien sûr il y a le grand classique dans ce domaine, **La Petite boutique des horreurs** (1960), de Roger Corman : un employé minable d'un magasin de fleurs a trouvé des graines dans une poubelle. Une fois plantées, elles donnent une plante qui parle et qui mange les êtres humains. Film culte ! Il existe une séquelle plutôt comédie musicale (1986) par Franck Oz. Le look de la plante a été souvent repris, particulièrement dans *Gremlins 2* (1990).

Enfin, je voudrais vous parler du film ***SHROOMS (Un trip d'enfer)*** (2006) de Paddy Breatnach. Une bande de junkies part dans les bois à la cueillette de champignons hallucinogènes. Ils rencontrent deux dégénérés, mais le danger ne viendra pas de là, mais des champignons eux-mêmes… Mais en est-on vraiment sûr ? Un trip d'enfer ? Oui c'est vraiment l'enfer. Dans une forêt de résineux, les plus noires des forêts. La même forêt que celle de Blair Witch avec son ruisseau, des restes d'une horreur passée ou des fantômes, ou des trips ?

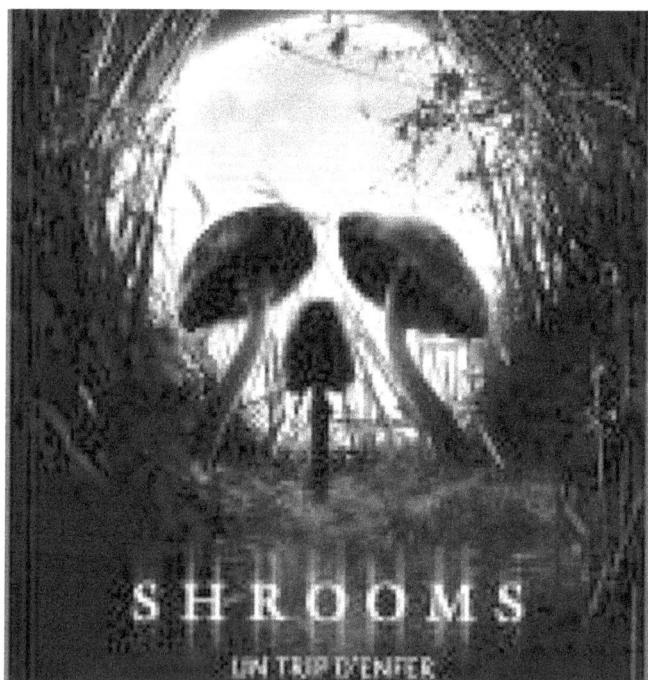

SHROOMS

UN TRIP D'ENFER

Les OGM et la science-fiction au cinéma...

Le problème des Organismes Génétiquement Modifiés (OGM) se pose à notre époque de manière cruciale. Mais ce problème n'est pas nouveau. Il a été largement traité par la science-fiction au cinéma et à la télévision.

C'est la découverte de l'énergie atomique qui a produit le plus cette terreur des mutations génétiques, car les rayonnements des réactions nucléaires en produisent réellement.

Donc, ce sont les monstres qui d'abord terrifièrent les spectateurs et téléspectateurs autour de séries télévisées comme " Au-delà du réel " ou même, " La Quatrième dimension ".

Le plus célèbre d'entre eux est bien " Godzilla " (1954) qui a fait l'objet de nombreuses suites dans lesquelles il détruit Tokyo à chaque fois et finit pas affronter d'autres monstres. Le premier " Godzilla " a été réalisé pat Inoshiro Honda. Il raconte l'apparition de ce monstre après les explosions nucléaires américaines sur le Japon en 1945. Les Américains ont d'ailleurs distribué le film aux USA, mais comme il ne comportait que des personnages nippons, ils ont rajouté des scènes avec un journaliste américain (!) C'est à cela que fait allusion Emmerich dans son excellent remake de 1997 avec le journaliste français joué par Jean Reno.

Honda a également réalisé un film terrifiant sur une mutation due aux rayons atomiques avec " L'Homme H " (1958)...

Des mutants on en a vu beaucoup au cinéma. Par exemple, les morts-vivants du chef-d'œuvre de Romero " La Nuit des morts-vivants " (1968), car une explication est donnée dans le film par la télévision regardée par les personnages assiégés dans la maison : un satellite est retombé sur Terre et a répandu un produit chimique qui réveille les morts ! D'ailleurs, Romero franchit carrément le pas avec son dernier film de la trilogie des morts-vivants : " Le Jour des morts-vivants " (1986) dans lequel un savant fou essaie de redonner une conscience sociale aux morts-vivants...

Mais l'histoire d'OGM par excellence est bien " L'Île du docteur Moreau " écrit par H.G. Wells en 1896. Wells avait déjà évoqué les mutations humaines dans un futur lointain dans son roman " La Machine à explorer le temps ". Il est intéressant de noter l'évolution du traitement de " L'Île du docteur Moreau " par le cinéma. Evidemment Wells ne connaissait pas la génétique, car elle n'existait pas à son époque. Son histoire raconte comment un docteur fait évoluer les animaux vers une " humanité " physique. Mais il échoue, car il manquait la base sociale à ses individus créés par mutation. Le cinéma en est resté là jusqu'à " L'Île du docteur Moreau " (1996) de Frankenheimer, dans lequel le docteur Moreau utilise la manipulation génétique pour arriver au même résultat. D'ailleurs, le docteur joué par Marlon

Brando remarque à un moment que le diable, il le voit dans son microscope !

Sans développer plus loin, on voit que le cinéma de science-fiction ne s'est vraiment attaché qu'aux " HGM ", c'est-à-dire aux Hommes Génétiquement Modifiés... et à quelques autres monstres.

Ainsi, dans " Tarantula " (1955) de Jack Arnold, une araignée est génétiquement modifiée et devient géante, et dans " L'homme qui rétrécit " (1957) du même, un pauvre diable croise un drôle de nuage en mer et rétrécit jusqu'à devenir microscopique...

Personne n'a jamais envisagé ce qui arrive aujourd'hui : rendre les plantes encore plus faciles à cultiver grâce aux manipulations génétiques. Mais tous ces films, toutes ces histoires ont joué un rôle important dans l'inconscient collectif pour développer la terreur du progrès scientifique. C'est aussi une conséquence, n'en déplaise aux ardents défenseurs du " science " dans science-fiction, des histoires de science-fiction...

Il n'est donc pas étonnant que ce soient les mêmes qui diabolisent le nucléaire et les " manipulations " génétiques.

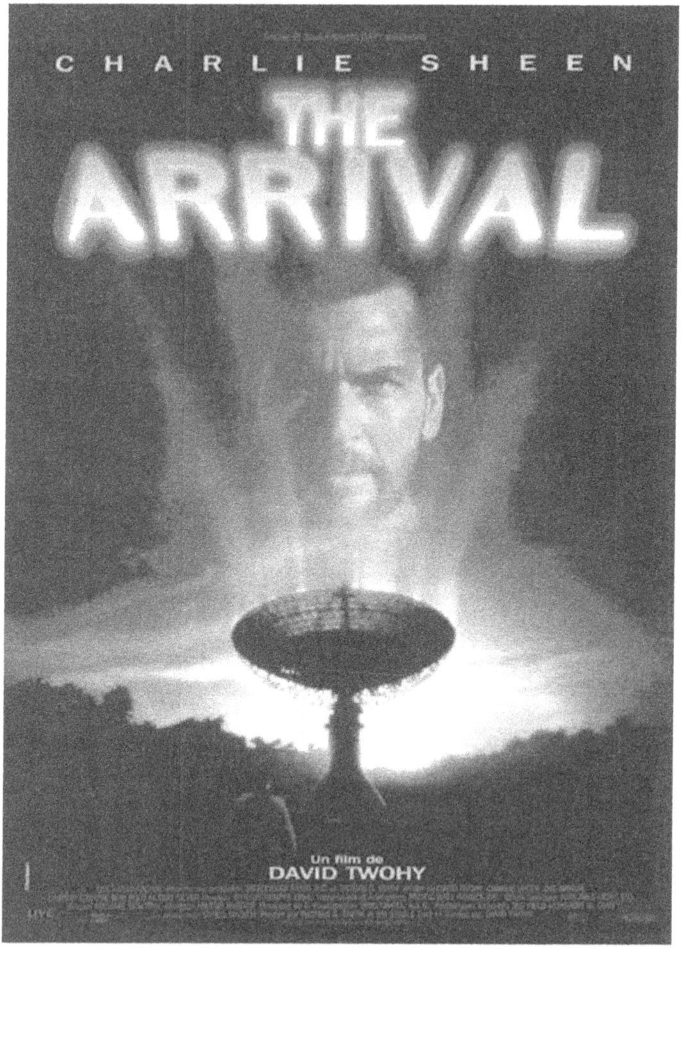
CHARLIE SHEEN
THE
ARRIVAL
Un film de
DAVID TWOHY

L'effet de serre et la science-fiction

L'effet de serre n'a pas vraiment inspiré les écrivains et les scénaristes de science-fiction. Le froid les a toujours beaucoup plus fascinés. Il est vrai que, jusqu'aux années quatre-vingt-dix la prévision de l'aggravation de l'effet de serre était difficile à faire étant donné la complexité de la chose et des faibles connaissances dans le domaine de la météorologie.

Néanmoins, ce problème d'actualité a inspiré deux films de science-fiction excellents: "The Arrival" (Ils arrivent!) et "The Arrival 2". J'y reviendrai de suite.

Avant, je voudrais citer un film qui montre les effets graves des diverses pollutions sur notre pauvre planète et son humanité : "Soleil vert " (1973) de Richard Fleischer. À l'époque de sa sortie, on ricanait beaucoup, maintenant on le passe et on le repasse (!) à la télévision... L'histoire raconte comment les pollutions ont rendu la vie très dure par manque de nourriture et d'eau potable. Le climat lui-même a été dégradé et une société de classes sans pitié règne sur le monde et réserve à une "élite" les bienfaits de ce qui nous paraît normal à nous autres : l'eau fraîche et potable, la viande de bœuf.... Même les femmes ne sont plus que des objets de plaisir pour les hommes. Dans ce film, l'effet de serre est sous-jacent, mais l'histoire montre bien les effets sociaux de tels problèmes d'environnement.

Un autre film plus récent, mais hélas pas très réussi, montre notre brave Terre envahie par les eaux : "Waterworld" (1995) de Kevin Reynolds. Ce qui est amusant dans ce film, c'est d'abord le générique, car on voit les continents de la planète bleue du sigle de la compagnie "Universal" progressivement envahis par la mer, et, ensuite, le fait que les pirates se sont installés dans les cuves d'un pétrolier géant qui finit aussi par couler. Quel symbole ! On peut aussi se reporter au merveilleux roman de l'écrivain anglais J.G. Ballard, "Le monde englouti" (1962, déjà!). On se souvient également que cet écrivain est l'auteur du terrifiant "Crash" dont David Cronenberg a fait un film controversé en 1996, et qui montre les méfaits psychologiques de l'automobile... C'est le moins qu'on puisse dire !

Mais revenons à "The Arrival" (1996) David Twohy. C'est une histoire d'extraterrestres assez originale.

Les astrophysiciens étudient un problème complexe : comment modifier le climat d'une planète pour la rendre habitable ? On envisage, par exemple pour Mars, de faire évaporer d'énormes quantités d'eau qui seraient présentes sur la planète rouge pour "encombrer" son atmosphère de vapeur d'eau et ainsi créer l'effet de serre pour augmenter la température moyenne. Cela est théoriquement tout à fait possible. Ce n'est qu'une question de technologie.

Le scénariste de "The Arrival" a, lui, imaginé que des extraterrestres avaient implanté des installations pour augmenter l'effet de serre sur notre planète afin de la rendre vivable pour eux... Et pourquoi pas ? D'ailleurs ceux-ci (reconnaissables à leurs... genoux !) déclarent logiquement qu'ils ne font qu'accélérer un processus que les humains développent de toute façon....

Il faut aussi rendre à César ce qui est à César, puisque ce thème de science-fiction était déjà développé dans un vieux film de la Hammer : "La Nuit de la grande chaleur" (1967) du grand Terence Fisher, dans lequel des extraterrestres font monter la température de notre bonne vieille planète!

Et attention, ne confondez pas ces films qui ont pressenti un grave problème d'environnement avec ceux qui ont essayé de terrifier le spectateur avec un soleil qui se rapproche de la Terre : "Le choc des mondes" (1953) de Byron Haskin, "Le Jour où la Terre prit feu" (1961) de Val Guest...

DIE FARBE

Ein Play von Sven Vu

nach dem Kurzroman
"The Colour Out Of Space"
von H. P. Lovecraft

Lovecraft et la nature

Lovecraft s'est mis lui-même en scène avec son personnage d'Herbert West, le réanimateur de cadavre. Dans cette œuvre, il affiche donc ses convictions philosophiques : " West était matérialiste. Il ne croyait pas à l'existence de l'âme et attribuait tous les effets de la conscience à des phénomènes physiques. "

La nature joue un rôle important dans l'œuvre de Lovecraft. Elle annonce une présence maléfique quand elle prend une forme inhabituelle de dégénérescence, ou même terrifiante. C'est le cas dans la nouvelle " La Couleur tombée du ciel ". Cette histoire est particulièrement moderne puisqu'elle raconte une pollution abominable d'un puits par une entité extraterrestre. Ce thème a été ensuite beaucoup utilisé par les scénaristes de films de terreur, notamment un sketch de " Creepshow " dans lequel Stephen King joue le rôle d'un pauvre paysan contaminé par une météorite tombée du ciel.
" À l'ouest d'Arkham s'érigent des collines farouches, séparées par des vallées plantées de bois profonds dans lesquels nulle hache n'a jamais pratiqué de trouée. "

Voilà la nature sauvage décrite par Lovecraft.** Cette nature est menacée — et là encore, cette menace représente à notre époque une curieuse actualité : " ... La moitié des vallées aura été inondée pour constituer le nouveau réservoir (...) la lande foudroyée sommeillera sous les eaux profondes. " Cette idée d'une entité qui " sommeille " dans des profondeurs aquatiques est très chère à Lovecraft...

Une lueur est donc tombée dans le puits de fermiers. Cette lueur a d'abord un effet bénéfique : elle donne aux plantes une vigueur particulière et elles produisent de magnifiques fruits. Mais... " Dans l'exquise saveur des pommes et des poires s'était insinuée une répugnante amertume (...) : ... la météorite avait empoisonné le sol. "

La " transformation " terrifiante des créations de la nature a commencé : " ... Des empreintes habituelles d'écureuils, de lapins blancs et de renards ; toutefois, le fermier jura qu'il y avait quelque chose d'anormal dans leur dimension et leur disposition... ", jusqu'à

** Ces descriptions de paysages sont certainement inspirées de celles d'Arthur Machen comme pourrait en témoigner cet extrait de sa nouvelle " La Main rouge " (1906) : " Les contours des bois et des collines, les méandres des ruisseaux au creux des vallées, sont susceptibles d'imprégner de mystère un esprit particulièrement imaginatif. (...) Lorsque j'étais encore enfant, la vaste étendue de certaines collines arrondies, la profondeur de certains bois suspendus et de vallées secrètes encerclées de toutes parts, me remplissait d'imaginations dépassant toute expression rationnelle ; (...) "

l'horreur dans toute sa splendeur : " Ce fut la végétation qui les épouvanta. Tous les arbres du verger se couvrirent de fleurs aux teintes bizarres (...) "

Attention, ne croyez pas que ces transformations sont dues à des " entités " divines ou diaboliques. Pas du tout. Lovecraft est matérialiste à fond, c'est cela d'ailleurs qui rend ses nouvelles terrifiantes, car on pourrait presque y croire. Dans " La Maison de la sorcière ", il explique : " ... L'existence possible de courbures capricieuses de l'espace et (...) des points de contact théoriques entre notre partie du cosmos et diverses régions transgalactiques ou extérieures au continu espace-temps d'Einstein. " C'est dans ce court roman qu'il met en scène une créature, un monstre de la nature : " Cette créature de la taille d'un gros rat, baptisée "Brown Jenkin" par les gens de la ville, semblait être le fruit d'un cas remarquable d'hallucination collective... " Mais pourtant, il existe, il existe !
Les engoulevents annoncent toujours qu'il va se passer quelque chose de terrible : " ... Les indigènes (Lovecraft appelle toujours ainsi les habitants de la région...) ont une peur effroyable des nombreux engoulevents qui donnent de la voix au cours des nuits chaudes. À les en croire, ces oiseaux sont des psychopompes qui guettent les âmes des agonisants et rythment leurs cris étranges sur le souffle haletant des malades prêts à trépasser. S'ils parviennent à saisir l'âme au moment où elle

quitte le corps, ils s'envolent sans plus tarder en poussant des ricanements démoniaques. " Notons au passage qu'ici l'âme existe, et qu'elle quitte le corps. Mais cette séparation de l'âme et du corps est rare chez Lovecraft. À la lecture de cet extrait, on voit bien de qui Stephen King a tiré son nuage d'oiseaux dans " La Part des ténèbres "... Plus loin, toujours dans " L'abomination de Dunwich " dont la précédente citation était extraite : " ... Une légion innombrable d'engoulevents qui criaient leur interminable message sur un rythme diaboliquement synchronisé avec la respiration de l'agonisant. "

Les " animaux " les plus terrifiants restent, chez Lovecraft, les " Grands Anciens ". Ce ne sont pas des dieux, non ! mais des créations naturelles. D'ailleurs, les héros de cette histoire réalisent une autopsie du corps de l'un d'eux ! Voici comment il les décrit dans " Les Montagnes hallucinées " : " Toutes les hypothèses concernant les membres et les organes extérieurs étaient exactes et permettaient de conclure que le sujet appartenait au règne animal ; par contre, l'examen des organes internes révélait tant d'éléments végétaux que Lake n'y comprenait plus rien. Cette créature possédait un appareil digestif et circulatoire. Elle éliminait les déchets par les tubes rougeâtres situés à sa base. L'appareil respiratoire s'avérait extrêmement curieux : il présentait certaines cavités destinées à emmagasiner de l'air, et la respiration pouvait s'opérer soit par un orifice extérieur, soit par deux systèmes très développés de branchies et de pores. De toute évidence, la créature était amphibie et pouvait également subir de longs hivernages sans air. " Je m'arrête là, mais la description se poursuit encore longuement, surtout pour démontrer la prodigieuse intelligence de la créature.

Dans la nouvelle " L'indicible ", le héros trouve des ossements sous le toit et " si ces ossements provenaient tous du même être, ce devait être une folle monstruosité. "

Voilà donc la source de la terreur : ce qui est anormalement monstrueux dans la nature n'est qu'un signe que des entités d'un autre monde, dans lequel les lois de la nature, non seulement sont différentes des nôtres, mais sont également terrifiantes, apparaissent chez nous. Ainsi, Ward, dans " L'affaire Charles Dexter Ward " écrit une lettre dans laquelle il montre sa crainte : " J'ai mis au jour une monstrueuse anomalie, pour l'amour de la science. À présent pour l'amour de la vie et de la nature (souligné par moi), vous devez m'aider à la rejeter dans les ténèbres. " Dans le même roman on rencontre : " L'entité prisonnière (qui) de toute évidence (...) n'avait pas été créée par la nature, car elle n'était pas finie et nul ne saurait décrire ses proportions anormales. "

Lovecraft aime décrire des monstruosités, en ce sens qu'elles sont, non pas surnaturelles, mais extranaturelles, qu'elles font partie d'un autre monde dans lequel les lois naturelles sont différentes, ce qui fait dire à l'auteur,

dans " Celui qui chuchotait dans les ténèbres " : " Le contact avec le fantastique est
presque toujours terrifiant. " Voici les
monstres du " Cauchemar d'Innsmouth " : " Ils
étaient de couleur verdâtre et avaient le
ventre blanc. Leur peau semblait luisante et
lisse, mais leur échine se hérissait d'écailles.
Leur corps vaguement anthropoïde se termi-
nait par une tête de poisson aux yeux saillants
toujours ouverts. Sur le côté de leur cou
s'ouvraient des ouïes palpitantes, et leurs
longues pattes étaient palmées. " Des personnages que l'on a également rencontrés souvent dans les innombrables séries B du cinéma, et aussi dans certaines séries télévisées
comme la toute récente " SPACE 2063 "...

Ce sont aussi des phénomènes naturels qui
permettent la réapparition de la faune particulière du monde des Grands Anciens. Il y a le
tremblement de terre bien connu de tous dans
la mythologie lovecraftienne, mais aussi
l'inondation, comme dans " Celui qui chuchotait dans les ténèbres " : " (lors de)
l'inondation sans précédent qui eut lieu dans
l'état du Vermont, le 3 novembre 1927, (...)
des histoires bizarres mentionnant la découverte de certaines créatures inconnues flottant
sur les eaux de quelques rivières en crue. "

Enfin , dans " La tourbière hantée ", à la fin,
" Les eaux stagnantes (...) débordaient maintenant d'une horde d'énormes grenouilles vis-
queuses dont les cris aigus et incessants con-
trastaient étrangement avec leur taille. Bril-

lantes, vertes et bouffies, elles semblaient contempler le clair de lune. "

Mais Lovecraft s'intéresse aussi beaucoup à la flore. Il consacre même entièrement une nouvelle à son représentant le plus prestigieux. Ce texte a pour titre : " L'arbre " ! Il s'agit d' " un olivier d'une taille surnaturelle et d'une forme singulière. Il ressemble au corps d'un être humain figé dans son dernier sommeil. " On se doutait qu'il ne pouvait s'agir d'un arbre ordinaire, mais d'un végétal en rapport avec la " divinité " préférée d'Arthur Machen : " Le redoutable Pan et (...) ses nombreux compagnons " que Lovecraft n'a pas manqué d'emprunter à un écrivain qu'il admire. Il s'agit d'ailleurs d'une " divinité " liée à la nature qu'on ne trouve qu'à la campagne... Un autre arbre est effrayant, dans " L'indicible " : " ... Le vieux cimetière d'Arkham... Les yeux fixés sur le saule géant de ce territoire réservé aux morts, dont les puissantes racines, puis le tronc, avaient presque englouti une dalle indéchiffrable, je m'étais permis une remarque bien personnelle sur les sucs fétides autant que subtils que l'inexorable réseau nourricier de l'arbre devait distiller de la terre séculaire de cet ossuaire. " D'autres arbres, dans un autre cimetière, celui de " La peur qui rôde ", jouent le même rôle dans le décor : " ... le cimetière familial où des arbres difformes étendaient leurs branches folles, pendant que leurs racines, soulevant hideusement les dalles, suçaient les sucs vénéneux du sous-sol. " Le même arbre a " des racines semblables à des serpents qui se tordaient méchamment avant de s'enfoncer dans le sol ", et dans la même histoire, il y a une " forêt de chênes monstrueusement nourris dont les racines en forme de serpent se tordaient, aspiraient d'innommables sucs dans la terre grouillante de démons cannibales... "

Dans " Celui qui hantait les ténèbres ", " Il était bien étrange que les plantes et les herbes qui poussaient autour de l'église fussent restées jaunes et flétries malgré la venue du printemps. " Les champignons qui poussent dans la cave où est enterré le vampire ne se portent pas mieux : " Ces champignons, aussi grotesques que la végétation de la cour, avaient vraiment des formes horribles. C'étaient de repoussantes parodies d'agarics et de "pipes indiennes" dont nous n'avions jamais vu les modèles. " Il s'agit de la cave de la nouvelle " La maison maudite ", construction bâtie sur un ancien cimetière " oublié ", ce qui nous fait penser que Tobe Hooper l'avait lue pour son film " Poltergeist ".

Il est vrai que cette flore monstrueuse contribue à rendre terrifiante l'ambiance du récit de Lovecraft. Ainsi, encore, dans " La peur qui rôde " : " Il n'y avait pas de bêtes sauvages — elles se tiennent coites au voisinage de la mort. Les vieux arbres frappés par la foudre semblaient étrangement grands et tordus, et le reste de la végétation épaisse et chargée de fièvres, tandis que de curieux monticules et de petits tertres hérissaient la terre volcanique couverte d'herbes folles, évoquant des serpents et des crânes humains de proportions gigantesques. "

Pour terminer cette parade grotesque des monstruosités de la nature lovecraftienne, je citerai encore notre cher écrivain de Providence : " La science, dont les terribles révélations déjà nous accablent, sera peut-être l'exterminatrice définitive de l'espèce humaine — en admettant que les êtres appartiennent à des espèces différentes — et si elle se répandait sur la terre, nul cerveau n'aurait la force de supporter les horreurs insoupçonnées qu'elle tient en réserve. " (Dans la nouvelle " Arthur Jermyn ")

Ah ? C'est donc que la nature même cache les plus " indicibles " des horreurs ?

C'est là le pessimisme profond de Lovecraft...

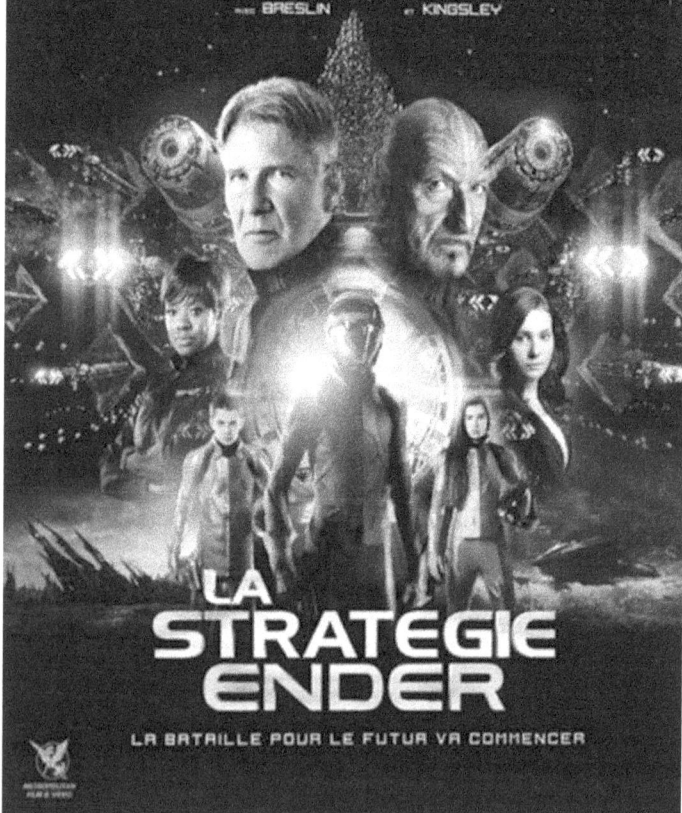

J.R.R. Tolkien

Tolkien* et l'idéologie

John Ronald Reuel Tolkien ne s'est jamais occupé de politique. Il ne semble d'ailleurs pas
aimer les discours comme il l'indique dans
« Bilbo le Hobbit » : « C'était le style de
Thorïn, nain important (souligné par moi). Si
on lui en avait laissé la liberté, il aurait sans
doute continué ainsi tant qu'il aurait eu du
souffle, sans rien dire qui ne fût déjà connu de
tous. » Autrement dit, les gens importants qui
prononcent des discours, donc, des hommes
(ou des nains) politiques, parlent pour ne rien
dire. Et Tolkien précise bien tout au long de
son œuvre de quelle politique il s'agit quand
elle ne lui plaît pas. Toujours, dans « Bilbo », il
parle de cette « rage des gens riches qui, possédant bien plus que ce dont ils peuvent jouir,
perdent soudain ce qu'ils avaient depuis longtemps sans jamais s'en servir ou sans en avoir
jamais eu besoin. » C'est clair non ? Même les
porte-monnaie des Trolls (car ils en ont un...)
ont de la malice... Le Vieux Maître des
Hommes de la cité du lac, « étant de l'espèce
qui est sujette à pareille maladie (...) avait
attrapé le mal du dragon : il avait pris pour lui
la plus grande partie de l'or, s'était enfui avec

---

* J.R.R. Tolkien (1892–1973)

et était mort d'inanition dans le désert, abandonné de ses compagnons. » Enfin, ce qui causera la perte de la Comté, c'est le développement de l'esprit de lucre (d'aucuns disent capitaliste...) sous l'effet du pouvoir des ténèbres. Ainsi, ce La Pustule, « il semble qu'il voulait tout posséder en personne, et puis faire marcher les autres. » La Pustule, par qui tout avait commencé, s'est donc rapidement enrichie, et, pour asseoir son pouvoir, le Seigneur Ténébreux de Mordor envoya des Hommes pour exercer la violence inhérente à tout pouvoir imposé de force. Et non seulement la violence et l'immoralité s'installent, mais aussi, horreur !, une véritable industrie : « Ils sont toujours à marteler et à émettre de la fumée et de la puanteur, et il n'y a plus de paix à Hobbitbourg, même la nuit. Et ils déversent des ordures exprès ; ils ont pollué toute l'Eau inférieure (...) » Voilà donc qui est clair et le parti écologique bien pris. Mais nous développerons cet aspect dans l'article suivant.

Avant les événements rapportés ci-dessus, et dus à l'emprise du Pouvoir Ténébreux, l'organisation politique de la Comté, pays des Hobbits, ces Semi-Hommes, est très simple : « La Comté, n'avait guère à cette époque de "gouvernement". Les familles géraient pour la plus grande part leurs propres affaires. Faire pousser la nourriture et la consommer occupaient la majeure partie de leur temps. Pour le reste, ils étaient à l'ordinaire généreux et peu avides, et comme ils se contentaient de peu, les domaines, les fermes, les ateliers et les petits métiers avaient tendance à demeurer les mêmes durant des générations. » Une société agricole de propriété privée, mais répartie entre tous ses membres. Mais son équilibre est fragile et la moindre tentative d'appropriation de biens en plus des simples besoins quotidiens entraîne violence et pollution. Pour être complet, voyons ce que sont les Hobbits.

« Les Hobbits sont un peuple effacé, mais très ancien, qui fut plus nombreux dans l'ancien temps que de nos jours ; car ils aiment la paix, la tranquillité et une terre bien cultivée : une campagne bien ordonnée et bien mise en valeur était leur retraite favorite. Ils ne comprennent ni ne comprenaient, et ils n'aiment pas davantage les machines dont la complication dépasse celle d'un soufflet de forge, d'un moulin à eau ou d'un métier à tisser manuel, encore qu'ils fussent habiles au maniement des outils. » Et encore : « Le goût du savoir (autre que la généalogie) était peu prononcé parmi eux (...) »

Interrogeons Tolkien pour savoir ce qu'il en pensait, lui. Voici ce qu'il répond : « En fait, je suis un hobbit (...) en tout sauf en taille. J'aime les jardins, les arbres, les cultures non mécanisées ; je fume la pipe, j'aime la bonne nourriture simple (pas congelée) et je déteste la cuisine française (...) » D'ailleurs, Tolkien appelle la maison du Hobbit « Bag's End » (Cul de Sac) le nom de la ferme de sa tante Jane dans le Worcestershire. Et, il ajoute : « Les Hobbits sont simplement des Anglais de la campagne rapetissés pour indiquer l'étroitesse habituelle de leur imagination. »

Nous connaissons donc l'utopie de Tolkien : il rêve d'une société agraire non mécanisée, un système de production du type du Moyen Âge sans le pouvoir autoritaire de la féodalité. Il veut le beurre et l'argent du beurre.

Son œuvre « Bilbo le Hobbit » est la description de cette société qui cohabite avec d'autres espèces intelligentes qui possèdent d'autres organisations : les Nains et les Elfes éternels qui ont un roi, comme les Hommes d'ailleurs. Chaque espèce a sa langue, mais le créateur a bien fait les choses puisqu'il a prévu un Langage Commun, ce qui n'existe pas dans notre monde... « Le seigneur des anneaux » est l'histoire d'une grande bataille politique pour le pouvoir symbolisé par l'anneau : la coalition des Nains, des Elfes et des Hommes réussira-t-elle à mettre en échec le pouvoir de Sauron, le Seigneur Ténébreux de Mordor ? Guerres et batailles, courses et quêtes ne serviront à rien : seule la générosité de Sam qui n'exécutera pas Gollum permettra à la cupidité de celui-ci de sauver le monde de l'emprise du Pouvoir Ténébreux. Selon Tolkien, rien ne sert donc de lutter, seul le destin est maître de toutes choses... C'est que, à l'image de la vie de Tolkien, son histoire est tout entière imprégnée des valeurs sociales du catholicisme. Cela explique son succès auprès des peuples chrétiens de la vieille Europe par la combinaison de cette idéologie avec le magnifique socle des mythes et légendes païens de ces mêmes peuples. Nous retrouvons là la dualité du personnage Tolkien : l'idéologie chrétienne de son œuvre, mise en forme par des légendes païennes, prend souche sur les deux fonds de notre culture : celui, archaïque, de notre enracinement à la terre nourricière, nourri de toutes ses croyances païennes, et celui du christianisme qui a combattu, et souvent composé avec l'autre.

Sam est le serviteur de Frodon. Les serviteurs existent donc dans la société « idéale » de Tolkien. Il faut bien justifier cette existence. Alors, tout au long du « Seigneur des anneaux », Sam emploie un langage « populaire » et simpliste par rapport à son maître. C'est donc normal qu'il y ait un maître et un valet, non ? Sam, donc, épargna la vie de Gollum (nous verrons ce que symbolise cette créature du point de vue de la psychanalyse). Pourquoi ? Parce qu'il a eu pitié, mais aussi parce qu'il a suivi les préceptes de Gandalf, le magicien qui répondit à Frodon affirmant que Gollum méritait la mort : « Nombreux sont ceux qui vivent et qui méritent la mort. Et certains qui meurent méritent la vie. Pouvez-vous la leur donner ? Alors, ne soyez pas trop prompt à dispenser la mort en jugement. Car même les très sages ne peuvent voir toutes les fins. » Tolkien, lui, prévoyait déjà la fin de son œuvre au début de son premier tome. Les Hobbits sont pacifistes. « Jamais les Hobbits d'aucune sorte n'avaient été belliqueux et ils ne s'étaient jamais battus entre eux. » Ils ne tuent pas, même pour manger. Bilbo ne blesse ni ne tue qui que ce soit. Il joue les entremetteurs pour éviter la guerre, mais cela ne marche pas et, de toute façon, il ne participe pas à la bataille. Ce n'est pas lui qui tue le dragon, mais un Homme du village lacustre attaqué par la bête maléfique... Frodon déclare à la fin du « Seigneur des anneaux » : « Aucun Hobbit n'en a jamais tué un autre exprès dans la Comté, et cela ne doit pas recommencer maintenant. » Enfin, le roi Théodon déclare avant la bataille : « Je devrais aussi m'attrister, car, quelle que soit la fortune de la guerre, ne se terminera-t-elle pas de telle sorte qu'une grande partie de ce qui était beau et merveilleux disparaîtra à jamais de la Terre du Milieu ? » Tolkien n'aimait pas la guerre et il savait de quoi il parlait parce qu'il l'avait faite. Elle lui apporta une grande souffrance physique et psychologique. Avant même de la faire, au régiment en Angleterre, il écrivait à sa future épouse Édith : « Parmi mes supérieurs, les gentlemen sont inexistants, et même les êtres humains sont rares. » Il débarqua à Calais le mardi 6 juin 1916. Il connaîtra les tranchées et l'attaque sous le feu de l'ennemi, l'horreur de la première boucherie mondiale. Le vendredi 27 octobre, il eut la chance d'attraper la fièvre des tranchées et fut rapatrié à l'arrière pour se faire soigner. Cette horreur de la guerre se retrouve dans son œuvre.

Tolkien est Anglais, il aime donc la reine, c'est pourquoi il munit toutes les sociétés autres que celle des Hobbits de rois ou de seigneurs. Le Seigneur des Ténèbres a des esclaves, ce que n'approuve pas le créateur des sociétés du « Seigneur des anneaux » qui aime aussi la démocratie — toujours cette dualité. Toutes ses histoires sont donc émaillées de réunions et de débats organisés pour prendre des décisions. Dans « Bilbo », pour le pouvoir, le Maître affronte Barde l'Archer dans une joute oratoire digne de la Chambre des Communes. Le Conseil des Elfes, Nains, Hommes et Hobbits doit « trouver une ligne de conduite pour répondre au péril du monde », car, comme le déclare le méchant magicien Saroumane à Gandalf : « Le temps des Elfes est fini, mais le nôtre est proche : le monde des Hommes, que nous devons gouverner. Mais il nous faut le pouvoir, le pouvoir de tout ordonner comme nous l'entendons. » Le temps des Hommes, nous le vivons aujourd'hui, mais qui a le pouvoir de tout ordonner ? « Un nouveau pouvoir se lève (poursuit Saroumane). Contre lui, les anciens alliés et les anciennes politiques ne nous serviront de rien. » Même les Ents, ces êtres bizarres ressemblant à des arbres et gardiens de ces derniers, possèdent une Assemblée démocratique : la Chambre des Ents dont les débats et délibérations sont très longs. Cette instance finira par décider de participer à la lutte contre le Pouvoir Ténébreux. Et plus tard, presque à la fin, le Prince Imrahil, Eomer, Gandalf, Aragorn et les fils d'Elrond tinrent conseil...

Contrairement à « Bilbo » qui raconte une histoire de reconquête, par les Nains, de leur trésor gardé par le dragon, « Le seigneur des anneaux » raconte une longue bataille pour le pouvoir. Le symbole du pouvoir ténébreux est l'anneau volé et perdu par Gollum, anneau que Bilbo a trouvé et transmis à Frodon. Cet anneau rend éternel, mais exerce une influence maléfique sur son détenteur. Il faut trouver le moyen de le détruire pour défaire le pouvoir du Seigneur Ténébreux Sauron. Plus la quête de ce moyen avance et plus le pouvoir des ténèbres s'étend. Le salut viendra de celui qui a apporté l'anneau : Gollum. Ainsi, le cercle est bouclé, le destin a fait son œuvre. Mais que sont les hommes dans ce vaste univers ?

« Vous n'êtes, après tout, qu'un minuscule individu dans le vaste monde... Dit Gandalf.

— Dieu merci ! » Dit Bilbo en riant.

Et il lui tendit le pot à tabac.

Toutes les citations sont tirées de « Bilbo le Hobbit » et du « Seigneur des anneaux » de Tolkien et de « J.R.R. Tolkien, une biographie » de Humprey Carpenter.

Tolkien et l'écologie

Nous avons vu dans l'article « Tolkien et l'idéologie » que l'écrivain avait une conception précise de la société idéale : une société agricole autosuffisante, basée sur la propriété privée, mais répartie avec justice pour satisfaire les besoins vitaux de chacun. Pour que cette société reste stable, sa production ne doit jamais augmenter, ce qui permet d'atteindre deux buts : celui de ne pas évoluer vers la société capitaliste industrielle (espérance un peu naïve...) et celui de ne pas épuiser les ressources de la nature et donc de respecter celle-ci. Voilà donc une vision sociale et une idéologie bien connue de nos jours et traduite en programmes électoraux par les partis dits « écologistes ». Bien sûr, cette société, celle des Hobbits, est constamment en danger à cause des pouvoirs de l'Anneau, le Pouvoir Ténébreux du Prince Noir de Mordor. Et il faut de nombreuses batailles guerrières pour s'en débarrasser, mais ce n'est pas cette solution que le destin a choisie pour résoudre ce grave problème. Encore qu'au retour, nos sympathiques Hobbits auront à remettre de l'ordre dans la Comté par la violence. Tout cela explique l'attirance de ces textes chez nos contemporains. Tolkien a le mérite de présenter une telle société à une époque où l'écologisme n'était pas à la mode, encore inexistant.

Cette première citation du « Seigneur des anneaux » nous mettra tout de suite dans l'ambiance : « Contemplant (la vallée), je vis qu'alors qu'autrefois elle était verte et belle, elle était à présent remplie de puits et de forges ». Cette industrie (que Tolkien n'aime pas) est bien sûr au service du mal, au service du Prince Noir de Mordor. De même Sylverbarbe (nous y viendrons plus loin) en parlant de Saroumane, déclare : « Il a un esprit de métal et de rouages ; et il ne se soucie pas des choses qui poussent.(...) Et il est clair maintenant que c'est un traître noir. » Et La Pustule (avec un nom pareil, il ne saurait être sympathique) a fait venir les Hommes de Sharcoux dans la Comté, « Et ils déversent des ordures exprès ; ils ont pollué toute l'Eau inférieure, et ça descend jusque dans le Brandevin. S'ils veulent faire de la Comté un désert, ils prennent le chemin le plus court. » Et voilà, ce sont bien les Hommes, envoyés par le Pouvoir des Ténèbres qui apportent la pollution qui détruit la nature.

L'écologie chez Tolkien est donc plus une vision sociale que scientifique. D'ailleurs, s'il se donne le mal de citer quelques espèces de la faune et de la flore de la forêt, il ne montre jamais une véritable connaissance de cette science de l'écologie.

Les végétaux sont le plus souvent nommés, et les arbres sont l'objet de toute son attention, à tel point qu'il en fait de véritables personnages. Il y a des bûcherons dans « Bilbo », non pas de grossiers assassins d'arbres, mais de véritables jardiniers de la forêt. La forêt de pins est la première rencontrée, puis, de grands et vieux chênes, une futaie de hêtres (futaie qui montre la présence de bûcherons). Dans « Le seigneur des anneaux », les essences sont plus nombreuses : les ormes, les sapins, les saules, les vieux cèdres (sont-ils toujours vieux ?). Puis, que ce soit dans l'un ou dans l'autre, les arbustes sont plus souvent nommés pour leurs baies : mûre, noix, aubépine, sorbier. Les arbres ont leurs gardiens : les Ents, dont l'un d'entre eux se nomme Sylverbarbe. Voici comment Tolkien décrit ce dernier : « Sa forme était semblable à celle d'un Homme, presque d'un Troll, de haute taille, quatorze pieds au moins, très robuste, avec une haute tête et presque pas de cou. Il était difficile de dire s'il était vêtu d'une matière ressemblant à une écorce verte et grise ou si c'était sa propre peau. En tout cas, les bras, à une certaine distance du tronc n'étaient pas ridés, mais recouverts d'une peau lisse et brune. Les grands pieds avaient sept doigts chacun. La partie inférieure de la longue figure était couverte d'une vaste barbe grise, broussailleuse, presque rameuse à la racine, ténue et mousseuse à l'extrémité. Mais sur le moment, les Hobbits ne remarquèrent que les yeux. Ces yeux profonds les examinaient à présent, lents et solennels, mais très pénétrants. Ils étaient bruns, traversés d'une lueur verte. » Et Pippin, rapporte l'impression qu'il ressentit : « On aurait dit qu'il y avait derrière, un énorme puits rempli de siècles de souvenirs et d'une longue, lente et solide réflexion ; mais la surface scintillait du présent : comme le soleil qui miroite sur les feuilles extérieures d'un vaste arbre ou sur les ondulations d'un lac très profond. » N'est-ce pas là une magnifique description de l'idée que nous pouvons avoir (mais que, peut-être, nous avons beaucoup plus de mal à exprimer) d'un très vieil arbre. Et ces Ents, en devenant vieux, finissent par devenir des Huorns, presque des arbres. Tolkien ne manque jamais une occasion de réprouver l'abattage anarchique des arbres. Il le fait par la bouche de Sylverbarbe : « Aux lisières, ils (les gens de Saroumane) abattent des arbres — de bons arbres (...) Bon nombre de ces arbres étaient mes amis. » Puis, dans « Le retour du roi », « La perte et le dommage principaux étaient les arbres, car sur l'ordre de Sharcoux (Saroumane) ils avaient été férocement coupés dans la Comté. » D'autres végétaux sont cités, sans érudition particulière : l'oseille, la fraise des bois, le thym, la sauge, la marjolaine et le soleil jaune, les fougères, le trèfle, le sainfoin, l'incarnat, le mélilot blanc, l'iris, le laurier. Bien sûr, il est question d'herbes aromatiques (elles sont citées ici), notamment pour faire un ragoût de lapin dont nous ne connaîtrons pas la recette, et d'une herbe médicinale cicatrisante appelée Athelas.

Puis, il y a la faune. Les vertébrés d'abord : loups appelés Wargs, alliés des terribles gobelins, des aigles qui sauvent nos héros (ils sont bien obligés de leur donner de la viande à manger, ce qui ne semble pas trop déranger les principes des Hobbits), des lapins et des lièvres, des ours, des cerfs, des écureuils (immangeables !), des poissons, des chauves-souris, une biche et des faons, une grive (qui servira de messager), des étourneaux et des pinsons, des « charognards », des corbeaux et des corneilles, des blaireaux, une loutre, des cygnes et... un dragon qui est lui-même une catastrophe écologique ! Les invertébrés ensuite : les abeilles et leurs faux-bourdons, les mouches et les araignées, des papillons dont le « mars-pourpre » « qui recherche les cimes des forêts », des escargots.

Une liste à la Prévert qui montre le soin que prend Tolkien à bien montrer l'intérêt écologique qu'il porte à sa société, le même souci qui le conduit à produire de magnifiques cartes géographiques du pays, support des sociétés qu'il a inventées.

Ce qui est le plus merveilleusement écologique chez Tolkien, c'est la présence d'un réseau serré de cours d'eau, fleuves et rivières que nos héros doivent traverser ou suivre leur cours en suivant la berge ou par la navigation. Un passage de « Bilbo » montre la connaissance qu'avait l'écrivain de la morphologie des fleuves et des conflits d'usage de leur cours. Étant passionné de cours d'eau, je ne peux résister au plaisir de cette longue citation : « La conversation roulait entièrement sur le trafic qui allait et venait sur le cours d'eau et sur l'accroissement de la circulation sur la rivière, à mesure que les routes de l'est à Mirkwood disparaissaient ou étaient à l'abandon ; et sur les querelles entre les Hommes du lac et les Elfes de la Forêt au sujet de l'entretien de la Rivière et de la Forêt et des soins à apporter aux berges. Ces régions avaient beaucoup changé dans les années récentes et depuis les dernières nouvelles qu'avait eues Gandalf. De grandes crues et des pluies diluviennes avaient gonflé les eaux qui coulaient vers l'est ; il y avait eu aussi un ou deux tremblements de terre (que d'aucuns attribuèrent au dragon — accompagnant leur évocation d'une malédiction et d'un sinistre signe de tête en direction de la Montagne). Les marais et les fondrières s'étaient étendus de plus en plus largement de part et d'autre. Les sentiers avaient disparu, de même que maints cavaliers et voyageurs qui avaient tenté de trouver les chemins pour traverser. La route des elfes à travers la forêt, que les nains avaient suivie sur les conseils de Beorn, arrivait maintenant à une fin incertaine et peu fréquentée à l'orée orientale de la forêt ; seule la rivière offrait encore un moyen sûr pour se rendre au nord, des lisières de Mirkwood aux plaines dominées par la Montagne qui s'étendaient au-delà, et la rivière était gardée par le roi des Elfes de la Forêt. » Voilà la conversation qu'entend Bilbo, caché dans un des tonneaux assemblés en un grand radeau pour descendre la rivière vers le lac des Hommes...

Tolkien évoque également quelques niveaux trophiques. Les Hobbits sont plus ou moins végétariens, les voyageurs mangent le lembas, pain de voyage des Elfes qui nourrissait et donnait grande endurance, les Trolls mangent les hommes, Gollum mange des poissons et des gobelins, les loups mangent tout, les aigles mangent des lapins et des lièvres, les papillons et les abeilles butinent les fleurs, les araignées mangent les mouches (sauf les géantes qui mangent les Hobbits), les écureuils sont immangeables aux Hommes, Elfes, Nains et Hobbits, la grive mange des escargots.

Enfin, dans une scène centrale de l'histoire du « Seigneur des anneaux », la belle Galadriel fait des cadeaux aux membres de la Communauté de l'Anneau, cadeaux qui s'avéreront décisifs pour leur avenir. Le plus étonnant est celui qui est offert au serviteur de Frodon, Sam : « Il y a dans cette boîte de la terre de mon verger, et elle est sous l'influence de la bénédiction que Galadriel est encore en état de conférer. (...) Reverriez-vous tout stérile et devenu désert, il y aura peu de jardins en Terre du Milieu dont la floraison puisse rivaliser avec celle du vôtre, si vous y répandez cette terre. »

Tolkien est plus écologiste sur le plan idéologique que sur le plan scientifique. L'écologie scientifique n'est pas un domaine où il montre la même érudition que dans celui de la philologie qui était sa spécialité. Son écologie tiendrait plutôt de la biogéographie du XIXème siècle, qui donnera naissance plus tard à l'écologie, et de la philosophie d'Aristote : pour chaque espèce « une seule et même fin se trouve réalisée à chaque fois, mais de façon différente, selon les moyens plus ou moins adéquats dont elle dispose. »(Dictionnaire des philosophes PUF)

Tolkien et la psychanalyse

Bilbo sort du ventre de sa mère (son trou de Hobbit qu'il regrette tout au long du voyage) pour aller tuer le dragon qui possède désormais l'or des Nains. Il était bien au chaud dans son trou, mais à cause de ce maudit Gandalf, il lui a fallu traverser la forêt pleine de dangers, de Trolls mangeurs d'hommes, de loups affamés et de gobelins féroces. Lors de cette quête vers l'âge adulte, il connaîtra le pouvoir grâce à l'anneau qui rend invisible.
Tolkien affirmait qu'il était un Hobbit. Il n'a jamais dit qu'il était Bilbo, mais on peut aisément le croire en constatant que ce dernier transmet l'anneau à Frodon dans « Le seigneur des anneaux » et tente d'écrire un livre qui rapporte ses aventures. Comme Tolkien, il a du mal à le terminer et finira par le laisser

faire à son deuxième lui-même, Frodon. Mais que cherchait donc Tolkien ?

Tout jeune enfant, il perdit son père et, comme pour compenser cette absence, la religion joua un rôle de plus en plus important dans la vie de Mabel, sa mère. Elle entraîna son fils Ronald dans cette foi. Mais la vie continua à être cruelle pour l'écrivain qui perdit sa mère et qui fut élevé par un prêtre, le père François. La religion, qui le tint jusqu'à la fin de ses jours avait remplacé son père. Le jeune homme Ronald est amoureux d'Édith, plus âgée que lui, et ils se voient en cachette. Quand le père François l'apprend, il le leur interdit. Après leur mariage qui finira par survenir, Ronald apprendra qu'Édith est fille illégitime ; elle n'a donc pas de père. Il aimait beaucoup Édith qu'il mit en scène dans le « Silmarillion » à travers le personnage de Luthien dans le conte « Beren et Luthien ».

Bien des années plus tard, à la mort de son épouse, il écrivit à son fils : « La tristesse et la souffrance de notre enfance, dont nous avons trouvé l'un par l'autre notre délivrance sans jamais vraiment guérir des blessures qui se révélèrent plus tard comme des infirmités : les souffrances que nous avons endurées dès la naissance de notre amour.(...) »

Mais Tolkien avait deux vies, la fameuse dualité de sa personnalité. Il y avait le père de famille, l'amoureux de sa femme, et, le compagnon d'autres hommes dans les débats intellectuels et spirituels, « une société mâle, universitaire et turbulente », comme le souligne Humphrey Carpenter, qui rajoute : « Il maintint toujours une barrière entre les deux versants de sa vie (...) S'il (...) avait mieux montré (à Édith) son côté "rat de bibliothèque", s'il lui avait fait connaître ses amis, elle aurait mieux supporté la place que tout cela prit dans son mariage. » Plus loin dans sa biographie, Carpenter précise : « Elle (Édith) voyait bien qu'une part de lui-même ne devenait vivante qu'en compagnie des hommes de son genre. Plus précisément, elle remarqua son affection pour Jack Lewis et lui en voulut. »

Tout cela est très net dans l'œuvre de Tolkien, faite d'aventures exclusivement masculines, de combats virils d'où les femmes sont quasiment absentes. Les rares femmes présentes jouent un rôle fondamental dans la psychologie de l'histoire sans être des partenaires sexuels des protagonistes. Cela n'est pas étonnant non plus quand on sait le rôle central joué dans la psychologie de l'écrivain par la religion et sa mère. Une fois de plus, Carpenter l'évoque dans la biographie : « A un certain niveau on ne peut expliquer sa foi catholique que comme une question spirituelle ; à un autre, elle était liée de près à son amour pour sa mère qui avait fait de lui un catholique et qui était morte (croyait-il) pour sa religion. Et, de fait, on peut voir son amour pour elle comme une des lignes directrices de sa vie et de son œuvre. »

Les grands symboles psychanalytiques du rêve sont constamment présents dans les aventures de Bilbo et celles de Frodon. Cavernes et grands arbres, eau stagnante et courante, miroir de l'âme et aigles qui sauvent les héros des loups, passages de fleuves et de rivières, dragon qui dort dans une caverne. À l'instar de Lovecraft, mais sur un tout autre registre, Tolkien a dû utiliser ses rêves pour inventer ses merveilleuses histoires.

À la lumière de la psychanalyse, deux personnages jouent un rôle déterminant dans la construction et la mise en scène de l'œuvre, tel un rêve réalisé (au sens strict du réalisateur de cinéma) par l'inconscient. Il s'agit de Gollum, personnage qui fait la liaison entre « Bilbo » et le « Seigneur des anneaux », et de Galadriel, femme jouant le rôle de révélateur.

Dans « Bilbo », l'affreux Gollum possédait l'anneau. Mais il l'avait perdu, ou plutôt, ce dernier s'était séparé de lui. C'est Bilbo qui le ramassa dans l'horrible tunnel des gobelins. « Même dans les tunnels et les cavernes que les gobelins ont faits pour leur propre compte, vivent d'autres créatures inconnues d'eux, qui se sont faufilées de l'extérieur afin de séjourner dans les ténèbres. » C'est le cas du vieux Gollum, « une créature petite et visqueuse ». Cette créature fut autrefois un homme. Quelle déchéance ! C'est l'Anneau qui en fut responsable. Gollum vécut près de l'eau noire d'un lac souterrain. Il se nourrissait des poissons aveugles du lac et ne dédaignait pas de déguster un gobelin par-ci par-là en le surprenant par-derrière après s'être rendu invisible grâce à l'Anneau. Ce Gollum « se parlait toujours à lui-même, n'ayant pas d'autre interlocuteur ». Bilbo rencontra cette créature qui l'aurait bien croqué, mais il tenait en main une épée. Alors ils se lancèrent dans le jeu des énigmes, jeu sacré. Bilbo réussira à fuir grâce à l'Anneau. Gollum jouera un rôle décisif dans la fin du « Seigneur des anneaux ». Il est curieux qu'entre les deux œuvres, Tolkien fît ainsi de Gollum un maillon décisif dans la chaîne de la trame de son récit. En racontant à Frodon l'histoire de l'Anneau, Gandalf lui apprit que Gollum y avait joué un rôle décisif. L'Anneau fut perdu dans les sombres étangs parmi les Champs d'Iris. Sméagol et Déagol étaient amis. Sméagol ne s'intéressait qu'à ce qu' il se passait en bas : sous la terre et sous l'eau. Il était donc prédestiné à devenir Gollum. En pêchant, Déagol trouva l'Anneau au fond de l'étang. Sméagol le réclama et n'obtenant pas satisfaction, il tua son ami pour lui voler l'objet. Il profita des pouvoirs de l'Anneau et se fit chasser de chez lui. Détestant le soleil, il se réfugia sous terre : « Il monta donc de nuit jusqu'aux hautes terres, et il trouva une petite caverne d'où coulait la sombre rivière ; et il se glissa comme un ver dans le cœur des montagnes et disparut de la connaissance de quiconque. L'Anneau descendit avec lui dans les ombres, et même celui qui l'avait fabriqué, quand son pouvoir eut commencé de décliner, ne put rien en savoir. » Mais, tout de même ! Gollum n'est pas un Hobbit ! Si ! Rétorque Gandalf, et d'expliquer : « Il y avait bien des choses très semblables dans le fond de leurs pensées et de leurs souvenirs. Ils se comprirent remarquablement bien (...) (Gollum et Bilbo). Pensez aux énigmes qu'ils connaissaient l'un et l'autre (...) »

Voilà donc bien un personnage qui joue remarquablement bien le rôle du complexe inconscient qui maintient oublié longtemps quelque chose de néfaste, ici l'Anneau, qui l'a corrompu lui-même et qui remonte à la surface. Une fois l'objet retourné à la surface, l'inconscient Gollum, ce glouglouteur, ne lâchera plus les protagonistes jusqu'au moment où il retrouvera l'Anneau et se détruira avec lui. Voilà donc la cause de la névrose : le Pouvoir Ténébreux de l'Anneau, son effet sur l'inconscient : Gollum. Il ne manque plus que le psychanalyste.

Ce rôle est joué par Galadriel. Une femme, et quelle femme ! Gollum apparaît déjà dans « Bilbo », la Dame Galadriel seulement dans le livre II du « Seigneur des anneaux ». Galadriel, la Dame de Lorien vivait à Caras Galadhon avec le Seigneur Celeborn. Ce sont des Elfes éternels. Pour les atteindre, il fallait monter un interminable escalier... « C'est une longue ascension pour qui n'est pas accoutumé à pareils escaliers, mais vous pourrez vous reposer en chemin. » Annonça Haldir à ses compagnons. Lorsque la Dame parla, les compagnons de la Communauté de l'Anneau constatèrent que « Sa voix était claire et harmonieuse, mais plus profonde qu'il n'est habituel aux femmes. » Cette femme est si impressionnante que Sam a rougi sous son regard et Pippin, l'ayant remarqué, se moqua de lui. Sam lui expliqua : « J'avais l'impression de ne rien avoir sur moi, et je n'aimais pas ça. Elle semblait regarder à l'intérieur de moi et me demander ce que je ferais si elle me donnait la chance de m'envoler vers chez nous dans la Comté. » Cette femme (déesse ?) extraordinaire fabriqua un miroir de l'âme en remplissant une vasque de l'eau du ruisseau et en soufflant dessus : « Voici le miroir de Galadriel (...) » Dit-elle. Regarder ce miroir ou s'allonger sur le divan, ça se ressemble... Sam y vit Ted Rouquin qui coupait des arbres ! Voici ce qu'y vit Frodon, entre autres : « L'obscurité tomba. La mer se souleva et une grande tempête fit rage. Puis il vit, détachée sur le soleil qui descendait, rouge sang, dans des nuages fuyants, la silhouette noire d'un grand vaisseau aux voiles lacérées montant de l'ouest. Puis une large rivière, coulant à travers une ville populeuse. Puis une forteresse blanche avec sept tours. Puis derechef un navire aux voiles noires. (...) Mais soudain, le Miroir devint totalement noir (...) Dans l'abîme noir apparut un Œil Unique qui grandit lentement, jusqu'à occuper presque tout le miroir. » Quel rêve !

Lorsque la Communauté repartit, Dame Galadriel offrit des cadeaux à tout le monde. Deux d'entre eux seront décisifs dans l'avenir, sans parler des bijoux et fanfreluches. Sam reçut une boîte de terre qui aura permis, avec la graine qu'elle contenait de replanter l'arbre du Champ de la Fête et bien d'autres. Elle offrit à Frodon une fiole de la lumière de l'étoile d'Eärendil fixée dans des eaux de sa source. Elle saura apporter la lumière dans les ténèbres.

Ceci dit, si Galadriel fait rougir Sam par son regard perçant, les symboles de la fécondité sont nombreux dans l'œuvre de Tolkien. Ainsi, les Ents-femmes, (les Ents sont les gardiens des arbres) étaient de merveilleux jardiniers. Hélas, les Ents ont perdu les Ents-femmes. Mais on ne saura jamais pourquoi ni comment. L'eau est source de vie bien sûr, mais aussi souvent source de mort, particulièrement, l'eau morte des Marais des Morts sur lesquels des chandelles invisibles, les chandelles des cadavres, éclairaient ce lieu sinistre. « Il y a dans l'eau des choses mortes, des faces mortes, dit-il avec horreur. Des faces mortes. » De même les obsèques de Boromir se sont déroulées sur la rivière à laquelle son corps fut confié sur une embarcation qui l'emmena jusqu'à l'océan.

Il faut attendre le livre VI du « Seigneur des anneaux », pour que des idylles amoureuses se nouent. Faramir et Eowyn de Rohan se marièrent, de même que Sam et Rosie. Frodon lui, se contenta de terminer le livre de Bilbon. Pourtant, dès le début du livre II, « soudain il parut à Frodon qu'Arwen se tournait de son côté, et la lumière des yeux de la jeune fille tomba de loin sur lui et lui perça le cœur. Il resta immobile sous le charme (...) » Désolé, cela n'eut pas de suite...

Finalement toute l'histoire, tous ces contes de la quête de l'Anneau ne constituent-ils pas un rêve, un gigantesque, fantastique rêve interminable et complexe que Tolkien a mis douze années à faire pour nous le transmettre dans de merveilleux livres ?

N'est-ce pas Eomer qui dit, dans le livre III du « Seigneur des anneaux » que « Les rêves et

les légendes surgissent à la vie, de l'herbe
même ».

La science-fiction dans le cycle d'Ender

Le thème principal de la science-fiction
d'Orson Scott Card dans le cycle d'Ender est la
conquête du cosmos et, donc, la rencontre
avec d'autres espèces. De ce thème, en dé-
coulent plusieurs autres. Celui de la génétique
d'abord, science qui caractérise les différences
des espèces entre elles et qui semble le mieux
convenir à l'auteur pour illustrer ses théories
nietzschéennes. L'écologie ensuite, car qui dit
génétique, dit espèces avec leur environnement de vie. Enfin, dans l'infinité du cosmos, il
faut pouvoir communiquer entre les hommes,
et pour cela, il faut mettre en place des systèmes de communication instantanés et gérer
tout cela avec l'informatique mise en réseaux
grâce à ce système performant. Les mutations
génétiques ont des effets curieux sur le peuple
de la planète taoïste de la Voie, puisqu'elles
produisent chez eux une maladie : la psycho-
névrose obsessionnelle qui leur fait croire à
l'existence des dieux.

Mais la conquête du cosmos et la rencontre
d'autres espèces intelligentes ne va pas sans
conflits et donc, sans guerre. Le premier livre
du cycle : « La stratégie d'Ender » raconte par
le menu détail l'entraînement militaire d'enfants surdoués afin de vaincre et détruire une
espèce concurrente : les doryphores. De nouvelles armes sont inventées, mais nous n'en

connaîtrons que le principe : « La science a évolué (...) Nous (...) sommes en mesure de contrôler la pesanteur. De la créer, de la supprimer. » Quant aux doryphores, le pouvoir des humains utilise la peur de leur nouvelle invasion pour maintenir l'espèce humaine mobilisée. C'est que ces insectes avaient voulu envahir la terre avec une véritable armada. Seul Mazer Rakham réussit à les vaincre et il participera à l'entraînement d'Ender, car il est parti voyager dans l'espace à des vitesses proches de la lumière et revenu des siècles plus tard alors qu'il n'avait vieilli que de quelques années. Cette méthode permettra à Ender, dans les deux autres volumes de la trilogie, de vivre trois mille années en ayant à peine la cinquantaine... Mais revenons aux doryphores. Graff, l'officier qui suit Ender explique : « Les doryphores étaient des êtres qui auraient parfaitement pu apparaître sur Terre, si les choses avaient tourné autrement un milliard d'années auparavant. Au niveau moléculaire, il n'y avait aucune surprise. Le matériel génétique lui-même était identique. Ce n'était pas un hasard si, aux yeux des êtres humains, ils évoquaient des insectes. Bien que leurs organes soient beaucoup plus complexes et spécialisés que ceux des insectes, et possèdent un squelette interne, ayant renoncé presque complètement à leur squelette externe, leur structure physique rappelait toujours leurs ancêtres, qui devaient beaucoup ressembler aux fourmis de la Terre. » La guerre contre les doryphores se justifie ainsi, selon les militaires :

« (...) Il ne s'agit pas seulement de traduire d'une langue dans une autre. Ils (les dory- phores) n'ont pas de langue. Nous avons utili- sé tous les moyens possibles pour tenter de communiquer avec eux, mais ils ne possèdent même pas de machines qui leur permettraient de voir que nous envoyons des signaux. Et peut-être ont-ils essayé de nous projeter des pensées et ne comprennent-ils pas pourquoi nous ne répondons pas.

— Ainsi, toute cette guerre repose sur le fait que nous ne pouvons pas nous parler ?

— (...)

— Et si nous les laissions tranquilles ?

— Ender, nous ne sommes pas allés chez eux, ils sont venus chez nous.

— (...)

— Les doryphores ne parlent pas. Ils trans- mettent leurs pensées et c'est instantané, comme l'effet philotique.

— (...)

— (...) Les doryphores sont des insectes. Ils sont comme des fourmis et des abeilles. Une reine, des ouvrières. »

Et Valentine, la sœur d'Ender précisera encore les choses : « Plutôt que d'amplifier les diffé- rences entre les individus, le langage pouvait tout aussi bien les adoucir, les minimiser et arrondir les angles pour permettre aux gens de s'entendre même s'ils ne comprenaient pas vraiment. »

Après avoir détruit les doryphores à la tête des armées humaines, Ender, rongé de re- mords, retrouvera une reine survivante qui l'attirera sur les lieux de sa cachette en reconstituant une scène du jeu informatique qu'il utilisait lors de son entraînement. Sans l'autorisation de personne, il décidera de l'installer sur Lusitania où elle se reproduira et construira des vaisseaux spatiaux pour retourner vers les étoiles, mais, cette fois, sans esprit de conquête, car, grâce à Ender, la communication a pu être établie entre les deux espèces. Il apprendra encore à mieux les connaître et saura ainsi que les doryphores « voient la chaleur comme nous voyons la lumière. (...) De la peinture thermique » en quelque sorte.

Graff, officier instructeur d'Ender, lui avait parlé d'une grande découverte, la physique philotique qui permet les transmissions instantanées d'un point de l'espace à un autre quelle que soit sa distance. Card n'avait pas encore assez réfléchi à cette physique à ce stade de son œuvre puisqu'il fait dire à son personnage : « Je ne peux pas t'expliquer la physique philotique. De toute manière, personne ne la comprend. Ce qui compte, c'est que nous avons construit l'ansible. Le nom officiel est : Émetteur Instantané à Parallaxe Philotique, mais quelqu'un a exhumé ansible d'un vieux livre... » Explication un peu légère que Card reprendra au début de « Xénocide »... « Les philotes se combinent pour produire une structure durable — un méson, un neutron, un atome (...) — ils s'entrelacent. (...) Les philotes sont les plus petits éléments constitutifs de la matière et de l'énergie. » Mieux encore : « Le philote est l'âme ». Le problème est donc posé de voyager plus vite que la lumière. « Arriver quelque part avant sa propre image. (...)

Comme si on traversait un miroir pour rencontrer son double de l'autre côté. » Les humains y parviendront en utilisant les explications de la reine des doryphores. « Quand ils créent une nouvelle reine, ils font venir un genre de créature d'un espace-temps parallèle. » C'est cet espace-temps qu'ils appellent Dehors et qu'ils rejoindront pour créer matériellement leurs désirs. Le royaume de Dieu...

Les êtres humains rencontreront d'autres espèces dans l'univers. Sur la planète Lusitania vivent les Piggies. De petits nains sympathiques à la tête de cochons. Longtemps, les « xénologues » (ceux qui étudient les étrangers) ont cherché quel est le mode de reproduction des Piggies (ou pequeninos). Ils découvriront qu'elle se fait selon un système compliqué de synergie entre l'animal et le végétal. Ces pequeninos, au début gênants, feront frôler la catastrophe à Lusitania, mais, comme, selon Nietzsche, de la catastrophe peut naître la meilleure des choses, ils permettront aux humains de faire une énorme découverte scientifique. En effet, les pequeninos ne vivent et ne se reproduisent que grâce à un virus intelligent, mais mortel pour les humains, la descolada. Cette dernière est « la forme de vie la plus dangereuse de tout l'univers. (...) Elle s'adapte (...) évolue délibérément. Intelligemment.(...) La descolada a été amenée par un vaisseau interstellaire. » Il faudra trouver un virus mutant qui continue à « soutenir » la vie des Piggies, mais qui soit inoffensif pour l'homme. Il suffira d'aller « Dehors » pour le réussir.

Une autre espèce est présente dans ce cycle. Elle a la particularité de n'être représentée que par un seul individu qu'Ender a appelé Jane. « Comme tous les êtres intelligents, elle avait un système de conscience complexe. Deux mille ans auparavant, alors qu'elle n'avait que mille ans, elle avait créé un programme d'autoanalyse. Il mit en évidence une structure très simple comportant approximativement trois cent soixante-dix mille niveaux distincts de conscience. » (!) Le lecteur saura que Jane était née des jeux informatiques d'Ender et de l'imagination extraordinaire du joueur, et qu'elle existe à l'intérieur de son corps. Elle communique instantanément grâce aux ansibles. « Il n'est pas trop absurde que Jane ait été créée par les reines pendant la campagne menée par Ender contre elles. »

Card est extrêmement cohérent avec lui-même : sa science-fiction cadre bien avec sa philosophie et sa vision de la religion. Il met en place un système basé sur certaines connaissances scientifiques pour montrer un univers vivant, véritable création en perpétuel mouvement.

Et voici, en guise de conclusion, comment, à la fin, il fait décrire l'univers par un de ses personnages, univers dont la géométrie ne peut pas être euclidienne (c'est le moins qu'on puisse dire) :

« Représentez-vous l'instant présent comme la surface d'une sphère en expansion, d'un ballon qui se gonfle. D'un côté le chaos. De l'autre la réalité. Ça n'arrête pas de se dilater (...) de faire jaillir de nouveaux univers continuellement. (...) Envisagez-la comme une sphère de rayon infini (dont la) surface serait absolument plane (...) Et (dont) on ne pourrait jamais faire le tour. (...) Et maintenant, en partant du bord, on monte dans un vaisseau spatial et on se dirige vers l'intérieur, vers le centre. Plus on s'éloigne du bord, plus l'univers vieillit. On retraverse tous les anciens univers. »

Donc, l'univers n'a pas de commencement ni de fin.

« La réalité fonctionne comme ça parce que c'est l'essence de la réalité. Tout ce qui fonctionne autrement retombe dans le chaos. Tout ce qui fonctionne de la même manière passe dans la réalité. »

ELSA **LANCHESTER** & BORIS **KARLOFF**

la Fiancée
de Frankenstein

UN FILM DE
JAMES WHALE

CNC   POSITIF   Inrockuptibles   Vocable   CLA   CARLOTTA

DERNIÈRES RÉFLEXIONS
avant les films

La Mandragore

Dans le domaine de l'occultisme, le cinéma fantastique est assez pauvre. Il est vrai que ce sujet n'est pas facile à traiter. Il y a eu d'abord tous les films sur la Mandragore, cette femme artificielle créée à partir de la plante du même nom arrosée par le sperme d'un pendu. Cette créature n'a pas dépassé 1952 au cinéma. Pourquoi ? Certainement parce qu'elle apparaît par trop invraisemblable, la science-fiction ayant habitué les spectateurs à des explications plus rationnelles ; il en est de même d'ailleurs du Golem qui disparut encore plus tôt des écrans pour les mêmes raisons. Il faut dire également que ces créatures pourraient être également classées dans la catégorie des monstres au cinéma.

La forêt et le gothique

Nous allons revenir à la littérature et appeler à notre secours la remarquable étude de Maurice Lévy : *Le roman "gothique" anglais*, 1764 – 1824.

L'architecture gothique imite la forêt. Ce style architectural peut donc apparaître comme naturel. Dans la forêt, on est sous le couvert des arbres, la vue ne porte pas loin, et le symbole phallique de la futaie n'est plus à démontrer. C'est cette architecture qui est la base de l'imaginaire gothique. C'est pourquoi le cinéma gothique se définit d'abord comme mettant en place un décor de lieux fermés dans lesquels l'angoisse naît en partie du fait de l'ignorance de ce qui se cache derrière ces obstacles. Ainsi, un film moderne comme *Alien* de Ridley Scott (1979) s'inscrit bien dans cette classification. Un autre film, comme *Event Horizon*... de Paul Anderson (1997) se déroule dans un vaisseau spatial dont, d'ailleurs, le décorateur a cultivé le style gothique, notamment pour le bloc médical, dans lequel se déroulent les plus atroces événements et qui est conçu comme une crypte d'église.

Si vous avez de l'imagination et que vous la laissez vagabonder, lorsque vous entrez dans une forêt vous avez peur. De quoi ? Vous ne le savez pas. Le lieu couvert, la vue limitée par tous ces obstacles qui peuvent cacher Dieu sait quoi, tout cela entretient la peur.

Dans cette forêt, le chevalier errant poursuit sa quête, essentiellement une quête de son propre personnage, de sa propre nature. C'est ce que fait le héros de *Dark City* d'Alex Proyas, ou celui de *The Crow* du même réalisateur. Dans ces deux films, la forêt est remplacée par la ville, une ville tentaculaire, dont de nombreux aspects rappellent l'architecture gothique, particulièrement dans *Dark City* qui possède la particularité de changer chaque nuit, en même temps que se perd la mémoire de ses habitants, comme celle du personnage du *Château d'Otrante*.

« Le suspense est d'autant plus captivant qu'il est associé à la terreur, principal ressort de

l'action. Manifestement, l'intention de l'auteur est de faire peur, et il y réussit souvent, moins par les conséquences morales d'actes répréhensibles, que par les circonstances mystérieuses qui les accompagnent. » Maurice Lévy s'exprime ainsi dans son ouvrage *Le Roman "gothique" anglais* à propos du roman *Le Château d'Otrante*. Cette citation peut être aisément appliquée aux films que je qualifie de gothiques. Comme *Event Horizon* de Paul Anderson (1997) : la terreur y est installée dès le début. Une des premières images montre le visage du héros au travers d'un hublot de station spatiale et la caméra s'éloignant brutalement montre l'exiguïté de ce lieu alors que l'espace est immense. Comme la crypte est étroite au regard de la Création.

Le loup-garou

Un autre mythe de la même orientation que Docteur Jekyll est bien plus fascinant, c'est celui du Loup-Garou. C'est qu'il présente une morale inversée de celui du Dr Jekyll. Il ne s'agit pas du Mal qui est en nous, mais de la Bête ! Et qui osera affirmer qu'il n'a jamais été fasciné par cette bestialité que nous devons réfréner ? Quel plaisir de pouvoir courir dans la forêt et chasser, dévorer à pleines dents...

Nosferatu de Murnau *et tous les films de vampires de la Hammer présentent de nombreuses scènes dans la forêt*

L'inquiétant Knock vient de recevoir une lettre du comte Orlok, de Transylvanie (ce qui signifie : « Au-delà de la forêt »).

Un vieux monsieur s'approche de Hutter et lui dit : « Vous ne pouvez aller plus loin maintenant, la bête gronde dans les bois. »

La monstrueuse parade *de Tod Browning 1932*
Dans la forêt, sous la pluie battante, Cléo est poursuivie par d'autres monstres...

La fiancée de Frankenstein *de James Whale 1935*
Le monstre marche dans la forêt ; il boit dans une rivière alimentée par une belle cascade et voit son image terrifiante reflétée par la surface de l'eau.

Rendez-vous avec la peur *de Jacques Tourneur 1957*
Une voiture fonce dans la nuit. Ses phares éclairent la route de la forêt et les branches des arbres... Le conducteur affiche un air très préoccupé.
(...)
Finalement, Holden y va tout seul Il emprunte le bois pour entrer en secret dans le bâtiment. Après escalade du mur, pénétration par le grenier, Holden descend lentement un magnifique escalier. Il est filmé de dos, en contre-plongée. Au premier plan, une main entre dans le champ et se pose sur la rampe. Puis, il passe devant une table sur laquelle il voit un chat. Il détourne le regard un instant, et quand il regarde de nouveau, il n'y est plus. Entré dans la bibliothèque, il commence à lire un livre de notes de Karswell qui donne la clé

du livre des démons. Soudain, les portes se ferment toutes seules et le chat, de nouveau présent, se transforme en léopard ! Combat entre l'homme et la bête, Holden saisit un tisonnier qu'il lâche aussitôt. La lumière s'allume et Karswell entre dans la pièce :

— Pourquoi avoir lâché le tisonnier ?

— Il est brûlant !

— Pas du tout, répond Karswell en tenant le tisonnier à deux mains, mais vous êtes tout pâle.

Le léopard ? « Un démon mineur, simple gardien... » D'ailleurs, il est redevenu un chat. Holden repart à travers le bois malgré l'avertissement de Karswell. Il marche dans le bois inquiétant et des traces fumantes s'inscrivent dans le sol derrière lui. Une boule de fumée se forme dans le ciel et poursuit Holden qui finit par fuir, effrayé. À la sortie du bois, l'entité fumeuse arrête de le poursuivre.

Le masque du démon *de Mario Bava 1960*

Un professeur, le docteur Kruvajan, et son assistant, Andreï Gorobec, voyagent en diligence. Ils se rendent à Moscou pour assister à un congrès et sont en retard. Pour gagner du temps, Kruvajan paie le cocher afin qu'il aille au plus court à travers la forêt. Ce dernier a peur de rencontrer la sorcière dans ce lieu maléfique.

Evil Dead de Sam Raimi 1982. Des jeunes gens ont loué une vieille cabane dans la forêt pour passer un week-end. Dans la cave, ils trouvent un grimoire de magie noire et un magnétophone qu'ils mettent en marche. Horreur, l'appareil contient un enregistrement d'incantations qui font venir d'horribles entités qui prennent possession des pauvres jeunes. Beaucoup de sang et d'horreur, de membres coupés, de tripes à l'air. Il fallait oser non ?

Tolkien et l'écologie

L'écologie chez Tolkien est donc plus une vision sociale que scientifique. D'ailleurs, s'il se donne le mal de citer quelques espèces de la faune et de la flore de la forêt, il ne montre jamais une véritable connaissance de cette science de l'écologie.

Les végétaux sont le plus souvent nommés, et les arbres sont l'objet de toute son attention, à tel point qu'il en fait de véritables personnages. Il y a des bûcherons dans « Bilbo », non pas de grossiers assassins d'arbres, mais de véritables jardiniers de la forêt. La forêt de pins est la première rencontrée, puis, de grands et vieux chênes, une futaie de hêtres (futaie qui montre la présence de bûcherons).

(…)

Les invertébrés ensuite : les abeilles et leurs faux-bourdons, les mouches et les araignées, des papillons, dont le « mars-pourpre » « qui recherche les cimes des forêts », des escargots.

Une liste à la Prévert qui montre le soin que prend Tolkien à bien montrer l'intérêt écologique qu'il porte à sa société, le même souci qui le conduit à produire de magnifiques cartes géographiques du pays, support des sociétés qu'il a inventées.

Ce qui est le plus merveilleusement écologique chez Tolkien, c'est la présence d'un réseau serré de cours d'eau, fleuves et rivières que nos héros doivent traverser ou suivre leur cours en suivant la berge ou par la navigation. Un passage de « Bilbo » montre la connaissance qu'avait l'écrivain de la morphologie des fleuves et des conflits d'usage de leur cours. Étant passionné de cours d'eau, je ne peux résister au plaisir de cette longue citation : « La conversation roulait entièrement sur le trafic qui allait et venait sur le cours d'eau et sur l'accroissement de la circulation sur la rivière, à mesure que les routes de l'est à Mirkwood disparaissaient ou étaient à l'abandon ; et sur les querelles entre les Hommes du lac et les Elfes de la Forêt au sujet de l'entretien de la Rivière et de la Forêt et des soins à apporter aux berges.

(...)

La route des elfes à travers la forêt, que les nains avaient suivie sur les conseils de Beorn, arrivait maintenant à une fin incertaine et peu fréquentée à l'orée orientale de la forêt ; seule la rivière offrait encore un moyen sûr pour se rendre au nord, des lisières de Mirkwood aux plaines dominées par la Montagne qui s'étendaient au-delà, et la rivière était gardée par le roi des Elfes de la Forêt. »

(...)

« On aurait dit qu'il y avait derrière, un énorme puits rempli de siècles de souvenirs et d'une longue, lente et solide réflexion ; mais la surface scintillait du présent : comme le soleil qui miroite sur les feuilles extérieures d'un vaste arbre ou sur les ondulations d'un lac très profond. » N'est-ce pas là une magnifique description de l'idée que nous pouvons avoir (mais que, peut-être, nous avons beaucoup plus de mal à exprimer) d'un très vieil arbre. Et ces Ents, en devenant vieux, finissent par devenir des Huorns, presque des arbres. Tolkien ne manque jamais une occasion de réprouver l'abattage anarchique des arbres. Il le fait par la bouche de Sylverbarbe : « Aux lisières, ils (les gens de Saroumane) abattent des arbres — de bons arbres (…) Bon nombre de ces arbres étaient mes amis. » Puis, dans « Le retour du roi », « La perte et le dommage principaux étaient les arbres, car sur l'ordre de Sharcoux (Saroumane) ils avaient été férocement coupés dans la Comté. »

Vampires au cœur végétal !

Voici comment le célèbre Eliphas Lévi traite des vampires dans son traité *Histoire de la Magie*, édité en 1859 : *« (…)*

« [...] Il existe encore un grand nombre de procès-verbaux sur l'exhumation des vampires. Les chairs étaient dans un état remarquable de conservation, mais elles suintaient le sang, leurs cheveux avaient cru de manière extraordinaire et s'échappaient par touffes entre les fentes du cercueil. La vie n'existait plus dans l'appareil qui sert à la respiration, mais seulement dans le cœur qui d'animal semblait devenir végétal. Pour tuer le vampire, il fallait lui traverser la poitrine avec un pieu, alors un cri terrible annonçait que le somnam-

bule de la tombe se réveillait en sursaut dans une véritable mort. (...) »

Le monstre végétal dans la station polaire

Dans *La Chose d'un autre monde* (1951) de Christian Nyby, le monstre extraterrestre endormi dans les glaces du pôle, est réveillé par des explorateurs inconscients. La terreur vient de l'existence de ce tueur, si différent qu'il est de nature végétale[3], dans un lieu clos et isolé de tout.

Pour copier les humains, des cosses végétales ?

Dans *L'invasion des profanateurs de sépulture*[4] (1956) de Don Siegel, les méchants extraterrestres ont un développement larvaire identique aux insectes, car ils deviennent adultes dans une chrysalide, appelée « cosse » ce qui tendrait à représenter plutôt un végétal, sales petits aliens qui prennent carrément la place des humains.

Don Siegel s'était inspiré d'un roman de Jack Finney (1955), mais avait détourné le propos de l'écrivain pour faire une allégorie anticommuniste...

---

[3] Nature inspirée de celle des "Grands Anciens" dans le très court roman de Lovecraft *Les Montagnes hallucinées,* dans lequel, justement des explorateurs retrouvent des corps de ces entités dans la glace de l'antarctique.

[4] Il y a eu deux remakes à ce film : « L'invasion des profanateurs » (1978) de Philip Kaufman et « Body Snatchers » (1993) d'Abel Ferrara. « Body Snatchers » est le vrai titre du livre de Jack Finney, livre qui ressemble d'ailleurs étrangement à l'histoire de « Le père truqué » (1955) de Philip K. Dick...

Xenocide de Card[5]

Les êtres humains rencontreront d'autres espèces dans l'univers. Sur la planète Lusitania
vivent les Piggies. De petits nains sympathiques à la tête de cochons. Longtemps, les
« xénologues » (ceux qui étudient les étrangers) ont cherché quel est le mode de reproduction des Piggies (ou pequeninos).Ils découvriront qu'elle se fait selon un système compliqué de synergie entre l'animal et le végétal.
Ces pequeninos, au début gênants, feront frôler la catastrophe à Lusitania, mais, comme,
selon Nietzsche, de la catastrophe peut naître
la meilleure des choses, ils permettront aux
humains de faire une énorme découverte
scientifique.

Les Films

Voici les chroniques de films dans lesquels j'estime que la Nature joue un rôle fantastique. Je n'ai pas chroniqué dans cet ouvrage tous les films de vampires et de zombies. Je renvoie le lecteur à mes livres *Vampires au cinéma* et *Zombies au cinéma* chez le même éditeur. J'ai quand même pris certains films dans lesquels les vampires ou les zombies sont nés d'une contagion par un virus ou le fruit d'activités « scientifiques » comme les *Frankenstein*.

Homunculus de Otto Ripert (1916), série de six épisodes. Homunculus, homme artificiel créé par un savant va exercer une vengeance terrible sur son créateur. Seul le quatrième épisode : *La vengeance d'Homunculus* a survécu et un morceau du cinquième. Pouvoir et capital, violence des foules, font de « Homunculus » un film prémonitoire dont certaines scènes ne sont pas sans rappeler le *Metropolis* (1927) de Fritz Lang.

Der Januskopf de Murnau (1920)
Adaptation du roman de Stevenson : *Docteur Jekyll et Mister Hyde*

Nosferatu de Friedrich Wilhelm Murnau (1922), la version expressionniste du Dracula de Bram Stoker. On n'a pas fait mieux depuis. Voir le chapitre sur les chefs-d'œuvre. Voici ce qu'en disait Rudol Kurtz, dans son essai *Expressionnisme et cinéma* : « *Murnau [...] tente dans son film de créer l'impression inquiétante de l'atmosphère qui règne sur les esprits à l'aide d'éléments qui ne sont peut-être pas encore de l'expressionnisme en toute connaissance de cause, mais qui apparaissent semblables à ses formes. Cette aventure effrayante que Henrik Galeen avait transcrite de façon magistrale dans son manuscrit, et au cours de laquelle des visions superposées de rats, de bateaux pestiférés, de vampires, de voûtes obscures, de charrettes noires tirées par des chevaux à la vitesse de l'éclair, s'interpénètrent et s'entremêlent de manière démoniaque, échappait d'emblée à une interprétation naturaliste. Murnau en souligna le caractère irréel, sa mise en scène dépendait de visions élaborées avec art, et il réussit à traduire cette horreur que ne peuvent rendre des formes naturelles.* » Voilà le mot lâché : des formes naturelles. Ce qui fait hésiter Kurtz à qualifier ce film d'expressionniste (car pourtant, il l'est) c'est qu'il a été entièrement tourné en décors naturels. Ainsi, le Carfax du roman de Stoker, est, dans Nosferatu, le grenier à sel de Lübeck. Ce qui caractérise ce chef-d'œuvre de l'expressionnisme, c'est que ce courant artistique se traduit dans la manière de filmer, (et particulièrement de la lumière, du montage et du cadrage) et non pas des décors naturels, qui sont rendus irréels, justement par l'art de filmer du cinéaste....

Les Mains d'Orlac de Robert Wiene (1924), les mains d'un assassin greffées sur un pianiste qui a perdu les siennes dans un accident de train. Orlac est interprété par Conrad Veidt qui joua le somnambule du Dr Caligari (1919). Autres versions : par Karl Freund en 1935 – Edmond T. Greville en 1961. Tobe Hooper développe le même thème, mais avec un œil au lieu des mains, dans le dernier sketch de *Body Bags* (1993).

La Mandragore de Henrik Galeen (1927), la Mandragore se dit Alraune en Allemand, d'où le nom donné à la merveilleuse jeune fille produite grâce à la fécondation par le sperme d'un pendu.
On connaît d'autres versions qui s'appellent toutes *Alraune* : Eugen Illes (1918) – Michael Curtiz (d'origine hongroise et qui s'appelait alors Mihaly Kertesz) (1918) – Richard Oswald (1930) – Arthur Maria Rabenalt (1952).

Frankenstein de James Whale (1931), prodigieux avec Boris Karloff ! De nombreux critiques comparent la scène célèbre et très émouvante du monstre avec la petite fille au bord de l'eau avec une scène du *Golem* de Paul Wegener (1920) où on voit une petite fille tendre un fruit au monstre. Film américain qui donnera une impulsion expressionniste au cinéma fantastique d'outre-Atlantique.

Dr Jekyll et Mr Hyde de Rouben Mamoulian (1932) et de Victor Fleming (1941)

Freaks (La Monstrueuse parade) de Tod Browning (1932), chef-d'œuvre du cinéma qui met en scène de véritables « monstres » de cirque pour une fantastique histoire d'amour entre un nain et une trapéziste. La censure a interdit le film. Le fait que Browning ait embauché de véritables monstres a fait scandale à l'époque et a interrompu gravement la carrière du cinéaste. Cette légende est si tenace, qu'elle a été reprise à propos du film *Vol au-dessus d'un nid de coucou* (Milos Forman 1975) qui se déroule dans un asile psychiatrique : on racontait que le cinéaste avait utilisé de véritables aliénés tellement les vrais comédiens qui jouaient ce rôle étaient bons... Il faut dire que l'un d'entre eux y ressemble fortement à un des "monstres" de *Freaks*... Voir au chapitre des chefs-d'œuvre.

Alfred Hitchcock rend hommage à ce film dans *Saboteur* (1942) avec la scène des "monstres" du cirque.

L'île du docteur Moreau de Erle C. Kenton (1932), une panthère transformée en magnifique jeune fille... Mais, hélas, chassez le naturel, il revient au galop ! ... Un remake en 1977 par Don Taylor avec Burt Lancaster et en 1996 par Frankenheimer avec Richard Burton... Une adaptation du livre de H. G. Wells.

King Kong de Ernest B. Schœdsack – Merian C. Cooper (1933), un grand singe ramené à New York s'évade et enlève la belle jeune fille dont il est amoureux. Célèbre scène de King

Kong sur l'Empire State Building entouré d'avions qui lui tirent dessus.

Il y eut ensuite : *Le Fils de King Kong* (1933) d'Ernest B. Schœdsack – *Monsieur Joe* (1943) d'Ernest B. Schœdsack – *King Kong contre Godzilla* (quelle idée !) (1963) d'Inoshiro Honda – *La Revanche de King Kong* (1967) d'Inoshiro Honda – *King Kong* (1976) de John Guillermin – *King Kong revient* (1977) de Paul Leder – *Le Colosse de Hong Kong* (1977) de Ho Meng-Hua – *King Kong II* (1986) de John Guillermin.

L'homme invisible de James Whale (1933), le célèbre héros de H. G. Wells est de plus en plus de mauvaise humeur à cause de son état. Superbes images expressionnistes.

Le personnage de Wells a donné lieu à de nombreuses adaptations, une suite d'abord : *Le Retour de l'homme invisible* (1940) de Joe May (une première suite *La Revanche de l'homme invisible* n'a jamais été diffusée en France), le feuilleton télévision de la fin des années cinquante et, une fois n'est pas coutume, une vision comique du personnage par John Carpenter dans *Les Aventures d'un homme invisible* (1992). Enfin, Paul Verhœven a réalisé *The Hollow Man* (2000)

La Fiancée de Frankenstein de James Whale (1935), le meilleur de tous les *Frankenstein*. Scène sublime d'humanité avec le violoniste aveugle et fabuleuse coiffure de la fiancée, coiffure reprise dans *Frankenstein ju-*

nior de Mel Brooks (1974). Voir au chapitre des chefs-d'œuvre.

Les Mains d'Orlac de Karl Freund (1935), thème repris de nombreuses fois par le cinéma fantastique : deux mains greffées rendent un homme criminel, car elles appartenaient à un assassin. Avec le grand Peter Lorre dans le rôle du Dr Gogol, interprétation qui arracha cette exclamation à Charlie Chaplin quand il eut vu le film : « Lorre est le plus grand acteur vivant » ! John Huston présente un extrait des *Mains d'Orlac* dans son film *Au-dessous du volcan* (1984).

Le Mort qui marche de Michael Curtiz (1936), Boris Karloff interprète un génial et très humain « Mort qui marche » vengeur. (Il avait déjà interprété ce genre de rôle dans *Le Fantôme vivant* (voir ci-dessus).

Le Fils de Frankenstein de Rowland V. Lee (1939). Décors tordus et ombres expression-nistes comme dans *Le Cabinet du docteur Ca-ligari* (1919 – Robert Wiene)

Dr Cyclops de Ernest B. Schœdsack (1940), un docteur à la très mauvaise vue réduit les êtres vivants en miniatures... On commence là à parler de radioactivité.

Le Loup-garou de George Waggner (1941), belle scène avec un télescope qui m'a fait pen-ser à Hoffmann et au roman *La Nuit de Wal-purgis* de Meyrink. La forêt est somptueusement fantastique. Et, bien sûr, il y a Bela Lugosi dans un petit rôle!

La Féline de Jacques Tourneur (1942), c'est ce film qui rend le mieux l'épouvante de ce qui se passe hors-champ... Le spectateur est terrifié par des ombres et sa propre imagination.
Une suite par Robert Wise en 1944 : *La Malédiction des hommes-chats*. Il y a un remake en 1982 réalisé par Paul Schrader.

Le Spectre de Frankenstein d'Erle C. Kenton (1942)
Avec Bela Lugosi et Lon Chaney Junior.
La malédiction de Frankenstein plane encore sur le village.
Le Monstre n'est pas mort, « il a survécu à la mine de soufre ».
Ygor le gardien emmène le monstre voir un des deux fils du docteur Frankenstein. Ce fils est psychiatre, il soigne les "fous". Ygor pense que ce docteur peur maîtriser la foudre qui pourrait guérir le Monstre. Une version fantastique de l'électrochoc. Enfin la solution sera cherchée dans la greffe d'un nouveau cerveau.
D'autre part, le Monstre s'intéresse à la jolie fille du docteur, qui est fiancée au procureur.
Comme d'habitude Lon Chaney Jr (qui n'est jamais arrivé à la cheville de son père) est très emprunté et Bela Lugosi cabotine.
Ah ! la fée électricité !
Scénario tiré par les cheveux, mauvais acteurs… mais ces vieux films de l'Universal ont gardé tout leur charme.

Frankenstein rencontre le loup-garou de Roy William Neill (1943). Malgré son titre racoleur, ce film n'est pas si mal. Il renvoie bien sûr au *Frankenstein* de James Whale, ou plutôt à sa suite *La Fiancée de Frankenstein* (1935) avec le prologue dans le cimetière et aussi au *Loup-garou* de Waggner (1941). Il y a tous les ingrédients des films d'horreur modernes : une explication "scientifique" ("c'est un lycanthrope") qui permet de rendre l'histoire rationnelle donc plus vraisemblable donc plus horrible... Il y a la Gitane qui *sait.* Le monstre est pris dans la glace et Bela Lugosi a enfin rencontré le rôle qu'il avait refusé pour le *Frankenstein* de Whale et accepté alors par Boris Karloff. Le docteur n'a pas besoin de la foudre, il utilise l'énergie hydraulique et tous les instruments de la science moderne de l'époque, même la radiographie !

L'Homme-léopard de Jacques Tourneur (1943), la bête rôde et tue, mais on ne la voit pas.

La Fille du loup-garou de Henry Levin (1944), au musée des horreurs, sur l'occultisme et le surnaturel, on raconte la fabuleuse histoire de Marie Latour, la fille loup-garou qui avait tué son mari et avait disparu. Le fils, lui, ne croit pas aux loups-garous... Discours du guide au musée : *« Vous allez voir et entendre des choses incroyables et votre imagination fera le reste... »*

Le Récupérateur de cadavres de Robert Wise (1945), un médecin paie un homme mystérieux pour obtenir des cadavres afin de réaliser des expériences. Magnifique interprétation de Boris Karloff. Ombres et lumière, mort et vie : doit-on tuer pour les progrès de la science ?

Une autre adaptation de la nouvelle de Stevenson : *L'impasse aux violences* de John Gilling (1960).

Le Boulanger de l'Empereur de Martin Fric (1951)
L'Empereur du Boulanger de Martin Fric (1951)

DVD Artus Films publié en 2005.

Le deuxième film est la suite du premier. Ce dernier comprend 16 pièces et le second 12 pièces.

Ce film tchécoslovaque met en scène de manière théâtrale, en deux films, les nombreux caprices de l'empereur *Rodolphe 2* (1552-1612). C'était l'empereur des Romains, mais aussi le roi de Bohême et de Hongrie. Il est devenu fou à la fin de sa vie. C'est à cette période qu'est consacré le film. L'empereur est joué par le superbe Jan Werich, qui joue aussi le rôle du Boulanger, car, ce dernier est le sosie de l'empereur plus jeune. Les faits se déroulent à Prague où siégeait l'empereur, ville du Golem par excellence.

Le comédien qui joue l'empereur est bien maquillé tel qu'il se présentait réellement dans un portrait connu. D'autre part, de nombreuses références historiques sont présentes, par exemple, le fait que Rodolphe 2 avait accueilli à Prague et rémunéré, le grand astronome Tycho Brahe sur la fin de sa vie, en tant qu'astrologue, car, à cette époque, les astronomes étaient avant tout des astrologues….

Donc l'empereur fait de nombreux caprices, et, pour les satisfaire s'entoure de nombreux charlatans : alchimiste, magicien et astrologue, en rappelant qu'en aucun cas Tycho Brahe n'était un charlatan, l'astrologue présenté dans le film n'est pas Tycho Brahe.

Au début du film, le boulanger (prénommé Matej) raconte : « À Prague se trouvait un rabbin qui s'est aperçu qu'une énergie immense se trouvait dans la matière. Même dans l'argile tout ordinaire. (…) Rabbi en a donc fait un pantin géant et l'a appelé Golem. Et avec un drôle de mécanisme… Comment ça s'appelait ?... Le Shem. Et avec ce Shem il a animé le Golem(…) et avec lui sa force colossale. »

Matej continue : « Une fois il est arrivé que le Rabbi Löw l'a oublié, et ce géant se mit à tout casser. (…) Le rabbin lui a donc ôté la vie et l'a enterré quelque part… »

Le boulanger a fait des croissants, mais il n'y a rien pour le peuple, car tout est pour l'empereur.

Le premier film se déroule avec les caprices insensés de l'empereur. Il demande l'eau de jouvence à l'alchimiste, de belles apparitions féminines au magicien et le *Golem* !

Le film (tourné sous le régime communiste) dénigre systématiquement ces « professions »

ésotériques, dont les représentants sont terrifiés par l'empereur.

Finalement le Shem (une bille qui s'encastre
dans le front du Golem) sera trouvé après le
Golem.

Matej est emprisonné (car il a donné les croissants au peuple), mais va tomber dans des
souterrains où le Golem sera trouvé…

Dans le deuxième film, un concours de circonstances fera qu'il sera pris pour l'empereur
rajeuni, car ce dernier a consommé l'eau de
jouvence préparée par l'alchimiste, mais qui,
en fait, n'en est pas une…

La bataille pour la possession du Shem sera
terrible et le Golem sera domestiqué pour
fournir de l'énergie aux fours du boulanger… et
autres.

Le DVD comprend les deux films, mais aussi
de très intéressants suppléments.

Par exemple, Blazena Urgosikova nous explique comment le Golem a été traité au cinéma. La légende du Golem au cinéma n'est pas
l'ancienne légende. Elle date du 19e siècle.
C'est l'expressionnisme allemand qui a donné
l'impulsion au cinéma. En ce qui concerne le
Golem, c'est, bien sûr, le film de Paul Wegener
(voir ci-dessus) qui présentait trois versions.
Ce film a donc donné l'impulsion de la série de
films sur Frankenstein. Par exemple, comme je
l'ai fait, on compare la scène dans Frankenstein de la petite fille qui donne une pomme au
« monstre » à la même scène du Golem. Elle
nous parle aussi du film de Julien Duvivier. Elle
explique que si les films de Martin Fric sont

des films comiques, celui de Julien Duvivier est un vrai film de terreur.

Le film de Fric était tributaire du régime communiste. Ainsi, le Golem devient, à la fin, la base du socialisme et du bonheur pour le peuple. Mais ce film est antérieur au réalisme socialiste. Il n'a rien à voir avec le réalisme socialiste.

Il y a deux autres films tchèques : *Slecna Golem* et *Posledni Golem*.

Lost Continent de Sam Newfield (1951)
Une fusée expérimentale s'écrase quelque part sur Terre.

Une expédition part la récupérer. Ils sont obligés de gravir une montagne (maudite par les autochtones) et trouvent au sommet une jungle préhistorique et des dinosaures. Le discours "scientifique" n'a ni queue ni tête et l'intrigue est sans intérêt. Les monstres sont très bien pour l'époque.

Ce film reste bien implanté dans le souvenir...

La Chose d'un autre monde de Christian Nyby (1951) avec quel mépris certains critiques parlent de la *« carotte extraterrestre »* pour parler de l'alien de ce film qui m'avait terrifié dans mon enfance. Beaucoup de critiques attribuent sa réalisation à Howard Hawks qui en fut le producteur, mais, pitié laissons à Nyby la paternité de son chef-d'œuvre ! Cette histoire est adaptée d'une nouvelle de John W. Campbell *La Bête d'un autre monde* (1938). Campbel qui s'est visiblement largement inspiré d'un petit roman de

Lovecraft *Les Montagnes hallucinées.* C'est le chef-d'œuvre des films d'épouvante des années cinquante. La scène au cours de laquelle les savants ont planté les graines du monstre et se sont aperçus qu'elles ont germé n'a jamais été égalée.

John Carpenter a réalisé en 1982 un remarquable remake. Un autre remake de la période faste du cinéma fantastique espagnol, avec Peter Cushing et Christopher Lee : *Terreur dans le Shangaï express* (1972) par Eugenio Martin, reprend tous les ingrédients de Dracula, Frankenstein, Dr Jekyll et les morts-vivants...

Le Monstre des temps perdus d'Eugène Lourie (1953).

Ce film est sorti un an avant « Godzilla » d'Inoshiro Honda, bien plus célèbre pourtant... Il raconte une histoire identique et eut également beaucoup de succès. Un monstre est libéré par une explosion atomique expérimentale dans l'arctique. On apprendra plus tard qu'il s'agit d'un redhosaure. Un type l'a vu. Personne ne le croit. Le psychiatre, lui, parle d'hallucinations. Les psychiatres n'ont jamais la cote dans les histoires fantastiques. Mais alors ce monstre est doublement dangereux : par sa taille (gigantesque !) et aussi parce que son sang est contaminé. Pas question d'éclabousser la ville de son sang. L'armée est désemparée ! Mais le type qu'on ne croyait pas a une idée : utiliser l'isotope radioactif. Ça désinfecte ! Voilà un film qui doit énerver les

écolos ! Vive l'armée américaine et les scientifiques ! (quand ils croient aux monstres...)

Godzilla d'Inoshiro Honda (1954).
Rappelons que Honda voulait faire un film
contre la bombe atomique. Mais, à cause de la
censure, il ne pouvait pas. Alors, il a inventé
ce monstre issu de la mer et des radiations de
la bombe. Ce premier *Godzilla* (en noir et
blanc) est un très bon film, saisissant. Contrairement à tous ceux qui ont suivi. Hollywood ne
pouvait pas se priver de ce film. Mais, à la sortie de la guerre avec le Japon, il était difficile
d'accepter de montrer un film joué uniquement par des Japonais. Ils ont donc rajouté
des scènes avec un acteur américain (Raymond Burr). Il vaut mieux voir la version originale.

20 000 Lieues sous les mers de Richard
Fleischer (1954), quand Jules Verne avait inventé le sous-marin. Le calmar géant n'est pas
trop mal rendu. Autres versions : celle de
George Méliès en 1907 et celle de Stuart Paton
en 1916. Il paraît que Christophe Gans en
préparait une autre version en 1997. On retrouve un hommage répété à cette œuvre de
Jules Verne dans le film *Sphere* de Barry Levinson (1997).

L'étrange créature du lac noir de Jack Arnold (1954), il faut respecter ce qui n'est pas
comme nous, même une créature mi-homme,
mi-poisson. Effet fantastique de la projection
en trois dimensions.

Une suite sans grand intérêt par le même : *La Revanche de la créature* (1955).

Tarantula de Jack Arnold (1955), une araignée dont la monstruosité est le produit des recherches d'un savant sème la terreur. Heureusement qu'il y a l'armée et une nouvelle arme : le napalm !

La Revanche de la créature de Jack Arnold) (1955).
La suite de *L'étrange créature du lac noir* (1954) du même réalisateur.

L'invasion des profanateurs de sépultures de Don Siegel (1956) et **L'invasion des profanateurs** de Philip Kaufman (1978) ainsi que **Body Snatchers** d'Abel Ferrara (1993). Ces trois films sont tirés du roman *Body Snatchers* de Jack Finney (1954), qui avait été accusé d'anticommunisme, car on faisait le rapprochement entre les extraterrestres qui envahissent l'esprit et le corps des humains avec l'idéologie communiste...

Rodan de Inoshiro Honda (1957). D'abord un ver géant mis à jour lors de fouilles. Ensuite le ver est mangé par des créatures volantes préhistoriques nées d'un œuf gigantesque (toujours sous terre...) Honda continue avec ses monstres nés de l'obsession de la bombe atomique.

Le Sang du vampire de Henry Cass (1958)

C'est le retour de la Hammer dans les salles. Donc Artus Films profite de ce regain d'intérêt pour éditer des films de ce superbe studio relativement oubliés. Et c'est formidable.

Ce film contient donc tous les ingrédients du film d'horreur british des années 50 : l'assistant du vampire difforme, les belles serveuses aux profonds décolletés à la taverne, le chirurgien genre Frankenstein, et les couleurs, superbes couleurs ! Et aussi les chevauchées dans la forêt, l'arrivée au sinistre château qui est une prison et le laboratoire dans les sous-sols gothiques du château.

La Revanche de Frankenstein de Terence Fisher (1958), le meilleur des Frankenstein de Fisher interprété par Peter Cushing, tous produits par la Hammer. C'est vraiment un très bon film. Le docteur Frankenstein utilise son hôpital comme « gisement » de pièces de rechange humaines.

La Mouche noire de Kurt Neuman (1958), adaptation du roman de George Langelaan. Un chercheur met au point un système de transport de matière en la décomposant dans une cabine et la recomposant dans une autre reliée à la première. Il tente l'expérience sur lui-même, mais ne fait pas attention qu'une mouche se trouve avec lui dans la cabine de départ... Avec le génial Vincent Price. La dernière image (reprise pour l'affiche) est entrée dans l'histoire du cinéma avec la petite mouche à tête humaine prise dans une toile d'araignée... terrifiant !

L'homme H d'Inoshiro Honda (1958), des hommes sont liquéfiés et absorbent tous les gens normaux sur leur passage. Terrifiant ! Tout cela à cause de la bombe atomique.

Voyage au centre de la Terre de Henry Levin (1959), adaptation de Jules Verne. Plus de l'aventure que du fantastique.

Le Testament du docteur Cordelier de Jean Renoir (1959), le meilleur film adapté du *Dr Jekyll et Mr Hyde*. C'est un film pour la télévision. Le grand Renoir, bien sûr... Les autres sont un peu ennuyeux... sauf *Mary Reilly*.
Citons : *Der Januskopf* de Murnau (1920) – *Dr Jekyll et Mr Hyde* de Rouben Mamoulian (1932) et de Victor Fleming (1941) – *Les Deux visages du Dr Jekyll* de Terence Fisher (1960) – *Dr Jerry et Mr Love* de Jerry Lewis (1963) – *Dr Jekyll and Sister Hyde* de Ward Baker (1971) et, sur le même thème, *La Machine* de François Dupeyron (1994) – *Mary Reilly* de Stephen Frears (1995).

Les Yeux sans visage de Georges Franju (1960), un chirurgien enlève et opère d'innocentes jeunes filles auxquelles il prélève leur visage pour reconstituer le visage détruit de sa fille bien aimée. Brrr... Un vrai film d'horreur comme on en voit peu hélas dans le cinéma français.

La Petite boutique des horreurs de Roger Corman (1960), un employé minable d'un magasin de fleurs a trouvé des graines dans une poubelle. Une fois plantées, elles donnent une plante qui parle et qui mange les êtres humains. Film culte ! Une séquelle plutôt comédie musicale (1986) par Franck Oz. Le look de la plante a été souvent repris, particulièrement dans *Gremlins 2* (1990).

Gorgo d'Eugène Lourié (1960). La grosse bébête vous fera rire, mais les décors et la lumière sont superbes. À la fin, la maman s'en va au fond des mers avec son petit…

La Nuit du loup-garou de Terence Fisher (1961), célèbre pour le maquillage du loup, dont la photo est souvent utilisée pour illustrer le genre.

Le Jour où la Terre prit feu de Val Guest) 1961.*« Ils ont traficoté dame Nature ! » – « Ils vont bien faire quelque chose ! » – « C'est de la science-fiction. »* Telles sont quelques paroles collectées ici ou là pendant le film. Bombes atomiques (US et soviétiques), taches et éclipses solaires, brume soudaine en plein été suivie d'un cyclone. Bizarre non ? Avec leurs bombes… Il fait de plus en plus chaud à Londres et Val Guest filme les cartes postales. Ce film bavard aux dialogues "bateau" a dû rester dans la mémoire des "bonnes femmes" qui accusent la bombe de détraquer la météo…

La Révolte des Triffides de Steve Sekely et Freddy Francis (1962). Je me souviens très bien de ce roman de John Wyndham publié si mes souvenirs sont bons chez Fleuve Noir. Assez terrifiant. Le film lui est un peu vieillot, mais possède ce charme irrésistible des vieux beaux...

L'Horrible cas du Dr X de Roger Corman (1963). Un pauvre docteur voit le monde comme au travers des rayons X. Il en deviendra fou. Seul Roger Corman est capable de traiter un sujet aussi difficile pour en faire un film attachant.

Les Oiseaux d'Alfred Hitchcock (1963), les oiseaux attaquent et tuent, on ne sait pas pourquoi et on ne le saura jamais. Scène célèbre de l'incendie de la station-service produite par trois ingrédients : les horribles oiseaux, un automobiliste ivre qui fume et de l'essence qui coule. Les effets spéciaux sont stupéfiants et le suspens insoutenable.

Twice-Told Tales de Sidney Salkow (1963). Salkow a réalisé l'année suivante "Je suis une légende" adapté du roman de Matheson. Twice-Told Tales, jamais projeté en France à ma connaissance (sauf à la télé) est un petit bijou de film d'horreur qui adapte trois contes de Nathaniel Hawthorne (donc, trois contes puritains...), ce qui est suffisamment rare, car c'est un auteur difficile à adapter à l'écran :
– *L'Expérience du docteur Heidegger :* De l'eau de jouvence trouvée qui sourd dans le caveau où repose le corps de Sylvia. Les deux frères retrouvent la jeunesse grâce à

cette eau et redonnent vie à Sylvia. Mais cela va faire ressortir les cadavres des placards et la malédiction règne, car elle est la mère de la culpabilité.

– *La fille de Rappaccini :* Une très belle jeune fille dans un si beau jardin à Padoue. Mais cette jeune fille est empoisonnée ! C'est la punition de son père qui veut la préserver du péché et la garder pour lui seul... Ah ! La culpabilité !

– *La Maison aux sept pignons :* Cette maison est le siège d'une malédiction. Et (donc) elle est hantée. Toujours la culpabilité. Et un amour interdit.

L'esprit puritain et le sentiment de culpabilité de Hawthorne dont un ancêtre fit brûler les sorcières de Salem sont vraiment bien rendus.

Les Premiers hommes sur la Lune de Nathan H. Juran (1964), un savant invente une substance qui inverse la gravité. Il l'utilise pour aller dans la lune où les voyageurs font connaissance avec le peuple de là-haut. Ces « gens » ressemblent à des insectes.

Mothra contre Godzilla d'Inoshiro Honda **(**1964), une énorme mite, puis ses deux larves, viendront à bout de Godzilla.

L'empreinte de Frankenstein de Freddie Francis (1964)
Film de La Hammer au Titre original : *The Evil of Frankenstein.*
Les prologues des films de La Hammer sont toujours très denses. Ici on assiste à

l'enlèvement du corps d'un défunt par un individu peu recommandable d'apparence, ceci
sous les yeux d'une innocente jeune fille. Le
laboratoire du baron Frankenstein est très co-
loré et très animé avec moult vapeurs (produites par l'azote liquide du responsable des
effets spéciaux). Les opérations post mortem,
bien que seulement suggérées, sont terrifiantes. Peter Cushing en docteur de l'horreur
est toujours aussi bon. « Le travail du diable »
affirme le prêtre de la paroisse. Le château du
baron ressemble à celui du comte Dracula.
Quant à l'étincelle de vie, elle provient de la
fée électricité comme l'avait indiqué Mary
Shelley.

Dans un film de Frankenstein tout est dans la
créature. Ici elle est plutôt ratée.

Nouveauté : cette créature aime la chair
fraîche, du moins dans la première partie du
film.

Une histoire à dormir debout, mais il y a Peter
Cushing.

Je suis une légende de S. Salkow et U. Ragona (1964). Un beau petit film en noir et
blanc dans lequel Vincent Price est excellent.
Cette adaptation du roman de Matheson a certainement bien inspiré d'autres films comme,
par exemple, *La Nuit des morts-vivants* (1968)
de George Romero. Un seul être humain a
survécu sur notre Terre peuplée de vampires.

Die Monster Die de Daniel Haller (1965). Daniel Haller fut décorateur de Roger Corman.
Dans ses films (il en a peu réalisés) on recon-

naît les brumes, les cimetières et les maisons des films de Corman, et pour cause ! Ce film se veut une adaptation de la nouvelle de Lovecraft « *La Couleur tombée du ciel* ». L'histoire au cinéma n'a gardé que l'idée centrale (une météorite tombée du ciel…) et tente de reconstituer l'ambiance lovecraftienne. C'était l'époque où les rythmes étaient lents et l'ambiance primait. Le film est assez agréable à regarder… Avec le grand Boris Karloff.

Mutiny in outer Space de Hugo Grimaldi (1965)
Ce film commence par aborder le problème des déchets spatiaux. Quelle plaie !
Il y a, comme toujours, une belle fille, même deux belles filles.
Un vaisseau revient de la Lune avec des échantillons de glace. Il rejoint la station spatiale. Le copilote a des démangeaisons. Il a une espèce de mycose à la jambe.
Il y a une mycose mortelle dans les échantillons de glace provenant de la Lune. Le commandant de la station spatiale devient fou (mal de l'espace !) et l'épidémie se répand dans la station.
Quelle catastrophe !
Très chouette film ! Dommage que les monstrueuses mycoses soient très nulles.

The Curse of the Fly de Don Sharp (1965)
La suite de *La Mouche noire* de Kurt Neumann (1958).

La famille Delambre poursuit des expériences de téléportation qui évidemment ne réussissent pas du premier coup.

Un joli film noir et blanc en CinémaScope qui vaut rien que par le prologue : l'évasion de l'héroïne d'un asile d'aliénés...

Le Diabolique docteur Z de Jesus Franco (1965). En noir et blanc expressionniste. Un laboratoire avec des cornues qui glougloutent et laissent tomber des vapeurs, des animaux dans des cages... deux belles assistantes, une brune et l'autre blonde (la fille du docteur.) *« L'origine du bien et du mal est purement physiologique »,* déclare le docteur Z. Sa fille est capable de pratiquer sur elle-même une délicate opération de chirurgie esthétique et le flic a des triplés... On retrouve la moitié de cet excellent film dans *L'horrible docteur Orloff.* C'est pourquoi les deux sont bons.

La Guerre des monstres d'Inoshiro Honda (1966), de plus en plus de monstres ! Avec *Les Envahisseurs attaquent* (1968) d'Inoshiro Honda on atteindra le maximum, l'overdose de monstres. Ici, on se contente de deux monstres ... Pour la liste des films avec Godzilla, voir ci-dessous *Godzilla* de Roland Emmerich (1998) et la liste des films à thème.

Le Voyage fantastique de Richard Fleischer (1966), voyage à l'intérieur du corps d'un transfuge de l'est pour sauver les secrets qu'il détient. Impressionnant à l'époque pour les effets spéciaux. L'histoire se passe en 1995 ;

le scénariste n'avait pas prévu que l'URSS n'existerait plus à cette date.

La Planète des singes de Franklin J. Schaffner (1968), un vaisseau spatial américain perdu atterrit sur une planète dont l'espèce dominante intelligente est le singe. Aventures, guerres et amour pour découvrir que cette planète est la Terre après la guerre nucléaire. Scène finale fabuleuse où Charlton Heston découvre les restes de la statue de la Liberté au bord de la plage. *« Ils les ont fait sauter leurs bombes ! »* Hurle-t-il...
Nombreuses suites : *Le Secret de la planète des singes* de Ted Post (1970) – *Les Évadés de la planète des singes* de Don Taylor (1971) – *La Conquête de la planète des singes* (1972) et *La Bataille de la planète des singes* (1973) de J. L. Thomson – *La Planète des singes* (2001) de Tim Burton – *La Planète des singes : les origines* (2011) de Rupert Wyatt – Une série de télévision : *La Planète des singes* (1974).

Le Peuple des abîmes de Michael Carreras (1968). Je me souviens très bien d'avoir vu autrefois au cinéma la bande-annonce de ce film. Je n'ai jamais oublié la scène qui montre la chaloupe de sauvetage sur une mer d'huile avancer lentement dans le brouillard au milieu d'horribles et gigantesques algues, monstrueuses. Hélas je n'ai jamais eu l'occasion de voir ce film jusqu'à récemment. Et je n'ai pas été déçu par rapport à l'effet qu'avait produit sur moi la bande-annonce. Un très bon petit film sur la mer, les horreurs qu'elle cache ; des aventures fabuleuses... Ces thèmes ont été repris par *Virus* et *Un cri dans l'océan*.

La Malédiction de Dunwich de Daniel Haller (1969) est aussi une adaptation de Lovecraft, de sa nouvelle « *L'Abomination de Dunwich* ». Ici on s'ennuie carrément, car l'ambiance est surfaite et les acteurs très mauvais.

Quand les dinosaures dominaient le monde de Val Guest (1969), par le réalisateur du *Monstre* (1955). Dinosaures délicieux en carton-pâte et belles jeunes filles en bikini. Du rétro très agréable...

Lâchez les monstres de Gordon Hessler (1970) avec le trio infernal : Vincent Price, Peter Cushing et Christopher Lee. Une histoire de savant fou qui crée une espèce nouvelle. Pas trop mal ficelé.

Les Soleils de l'île de Pâques de Pierre Kast (1971). Un très beau film de SF sur l'île de Pâques, si fascinante... L'île est magnifiquement mise en scène.

Je suis un monstre de Stephen Weeks (1971). Une adaptation pas terrible du *Dr Jekyll et Mr Hyde* avec Christopher Lee et Peter Cushing. Le Dr Marlowe se transforme en Mr Blake le méchant. Freud est appelé à la rescousse pour rendre ce thème un peu plus actuel. (Le produit inventé par le Dr Marlowe supprime le *surmoi*). Christopher Lee a remis un dentier et les effets spéciaux sont nuls.

Délivrance de John Boorman (1972)
Je n'avais pas jugé ce film fantastique et ne l'avais pas inclus dans mon livre *Un siècle de cinéma fantastique* (2005). Je n'ai pas vraiment changé d'avis, mais, en fait, ce film a été lé matrice d'un nouveau genre, le *survival.* Dans les films de ce genre, une bande de personnes civilisées se retrouvent perdues en pleine nature et assaillies par des dégénérés qui vivent là coupés de la civilisation, retombés, en quelque sorte, en leur état naturel : sauvage et sans pitié. Du coup, les victimes, si elles veulent s'en sortir, deviennent comme leurs agresseurs...

Le Monstre est vivant de Larry Cohen (1973), le film commence sur les chapeaux de roue : un accouchement se termine très mal, infirmières et médecins sont égorgés par le nouveau-né qui prend la fuite. Le monstre est bien vivant, produit par l'action d'un nouveau contraceptif. Il sèmera mort et terreur sur son passage. L'horreur se terminera dans les égouts. Original non ? Suites : *Les Monstres sont toujours vivants* (1978) et *La Vengeance des monstres* (1987) du même.

Wicker Man de Robin Hardy (1973). Délicieux film avec Cristopher Lee sur un scénario d'Anthony Shaffer. Les cultes celtiques, entièrement assis sur la nature, contre le christianisme. Le "Wicker Man" – gigantesque homme en osier dans lequel on sacrifie un être humain en allumant l'osier avec l'être humain à l'intérieur – clôt le film avec ce génial brin d'épouvante sans effet spécial. Excellent film qui n'a pas rencontré suffisamment de public…

Zardoz de John Boorman (1973), dans le futur, en 2293, les êtres humains, après destruction de notre civilisation actuelle, ont inventé une nouvelle société médiévale dominée par le dieu Zardoz. Cette société sera détruite par le beau Zed (Sean Connery).

Soleil vert de Richard Fleischer (1973), la pollution a détruit toutes les ressources alimentaires de la planète. Seule une société de classes sans pitié permet à une caste privilégiée de survivre. Pour nourrir la populace, on utilise les cadavres des hommes pour produire le nouvel aliment : Soleil vert ! Magnifique et émouvante scène de la mort volontaire du vieillard devant de belles images écologiques (du passé)…

Les Vierges de la pleine lune de Paolo Solvay (Luigi Batzella) 1973
Une fille court dans les bois en chemise de nuit : ultra classique !
À la recherche d'un anneau maléfique au pays des vampires. Au château de Dracula !
Ce château a été vu dans de nombreux films de même catégorie…
Le réalisateur tente quelques plans expressionnistes. Et des plans osés : les promenades

solitaires dans le château sont filmées en contre-plongées au plafond.

Les scènes d'amour sont ennuyeuses.

À la photographie c'est Aristide Massaccesi, qui est un des nombreux pseudonymes de Joe D'Amato.

Frissons de David Cronenberg (1974), *« Le but véritable était de montrer l'immontrable, de dire l'indicible. Je ne pouvais pas proposer ces parasites hors champ parce que personne n'aurait su ce qui se passait. »* David Cronenberg interviewé par William Beard, Piers Handling et Pierre Véronneau. Ce film raconte le développement et la transmission de parasites qui transforment leurs hôtes en furieux maniaques sexuels. Les parasites croissent dans le ventre de leur victime et s'échangent par le bouche-à-bouche... Avec la merveilleuse Barbara Steele, actrice fétiche de Mario Bava.

Frankenstein junior de Mel Brooks (1974), merveilleuse parodie des *Frankenstein* de James Whale. La scène la plus délirante est celle où la gouvernante se présente avec la même coiffure que la fiancée de Frankenstein.

Le Massacre des Morts-vivants de Jorge Grau (1974)

Ce film a été tourné 6 ans après la sortie du film *La Nuit des Morts-vivant* de George A. Romero. Plusieurs scènes de ce *Massacre des Morts-vivants* sont tournées de manière à montrer au spectateur que le réalisateur rend hommage à Romero. Il reprend les thèmes de

Romero : les morts reviennent à la vie à cause d'une pollution, à cause d'une activité humaine néfaste…

Jorge Grau est espagnol. Le film est une co-production italo-espagnole-anglaise… très vampirisée par les Italiens. Il est sorti en salles dans de nombreux pays et donc affublé de nombreux titres aussi divers que variés.

Venons-en au film.

Le premier plan est très joli avec un beau mouvement de la caméra. Mais le reste ne sera pas toujours du même niveau.

Et puis alors, dès le début, il y a, ah ! Horreur ! une MACHINE qui envoie des ONDES…

Dès le début un petit hommage à Romero avec une jeune femme dans une voiture attaquée par un mort-vivant. Zombie que l'on retrouvera presque tout au long du film.

En général les acteurs ne sont pas bons à part le jeune homme, personnage principal du film, et dans une moindre mesure la jeune femme.

Comme il y a des morts violentes, la police s'en mêle avec un « commissaire » très borné. Ils l'appellent « commissaire »… Est-ce ainsi qu'on appelle ce genre de flic en Angleterre où se situe l'action du film ?

De fait, le scénario est très malin et habile (mais peut-être un peu lourd quand même) et fait en sorte que jamais le flic en question n'aperçoit le moindre mort-vivant, et persiste donc à croire que c'est le jeune le responsable de tous ces morts, victimes des zombies…

L'hôpital a l'air d'un château hanté alors qu'à l'intérieur il est très moderne. On ressent trop bien le tournage en deux lieux différents. Les zombies sont un peu ridicules. Le responsable des effets spéciaux utilise beaucoup les abats d'animaux, et tout cela est plus dégoûtant qu'effrayant. Enfin, les zombies s'enflamment comme de la paille. La fin est trop facile.

Je sais j'entends dire : « mais à cette époque ». Soit ! Le film mérite d'être vu, car c'est le précurseur du genre en Europe... Il sera suivi plus tard des chefs-d'œuvre de Lucio Fulci, qui n'ont, je crois, rien à devoir à ce film. À part, peut-être, *Zombi 3* sorti en 1988 (qui a aussi d'autres titres) dans lequel des produits chimiques zombifient les gens sur une île avec de méchants militaires comme dans *Le Jour des Morts-vivants* de Romero, sorti trois ans plus tôt. Un des plus mauvais films de Fulci... On ne peut pas toujours être bon.

Comme toujours aux éditions Artus films (ici en compagnie de Studiocanal) le supplément est particulièrement intéressant, avec David Didelot, qui récite sans erreur et sans jeter un œil sur un papier son savoir immense sur ce film, le réalisateur et ses acteurs, et sur l'histoire du cinéma bis. C'est excellent ! C'est donc notre ami David qui dit que ce film est le précurseur des films de zombies... En n'oubliant, comme il l'a dit lui-même, qu'il y a eu avant *La Nuit des morts-vivants*. En fait ce n'est que le deuxième précurseur.

Il y a une scène dans le film (pas très bien tournée) dans laquelle des bébés, semble-t-il contaminés par les radiations de la MACHINE, sont devenus agressifs et mordent le héros... C'est assez original à cette époque. Et c'est la même année, en 1974 que Larry Cohen sort son film *Le Monstre est vivant*, dans lequel une femme enfante d'un bébé monstre qui tue tout le personnel médical dans la salle d'accouchement. Prélude très saisissant, bien au-dessus de ce *Massacre des Morts-vivants*. Ce film de Larry Cohen sera suivi de deux suites et d'un remake bien des années plus tard. Ce thème du bébé monstre va se répandre dans le cinéma de genre comme la peste noire au Moyen-Âge…

David fait également un parallèle avec le film ultra ennuyeux de Jean Rollin *Les Raisins de la mort* tourné en 1978… Là ce sont les produits de traitement de la vigne qui zombifient les morts…

Enfin, bref, revenons à notre film *Le Massacre des Morts-vivants* : il est à voir comme un monument à la gloire du cinéma bis de morts-vivants qui a réussi le tour de force à faire des histoires de zombies, celles qui sont aujourd'hui les plus répandues et les plus regardées dans le genre fantastique…

Chair pour Frankenstein de Paul Morrissey (1974), Victor Frankenstein vit avec son épouse (sa sœur de lait…) Elisabeth et leurs enfants dans son château. Il veut créer un homme viril qui pourra être le géniteur d'une espèce nouvelle. Il décapite un pauvre homme en se trompant sur la "marchandise". Horreur gore en trois dimensions : les organes s'écoulent des ventres ouverts, le sang gicle des corps décapités. À la fin, le fils Frankenstein prendra la relève en brandissant fièrement un bistouri…

Les Dents de la mer de Steven Spielberg (1975), un énorme requin sème la panique sur la plage. Scènes fantastiques dans le petit bateau du chasseur de requins au cours de la nuit : on a peur du lendemain... Suites : *Les Dents de la mer 2* de Jeannot Szwarc 1978 – *3* de Joe Alves 1983 – *4 : La Revanche* de Joseph Sargent 1987.

Le Sixième continent de Kevin Connor (1975), marins anglais et allemands de la Première Guerre mondiale apprendront à vivre ensemble dans ce monde oublié où vivent les dinosaures (en carton-pâte). D'après E. R. Burroughs, le scénario est écrit par le grand écrivain de Fantasy, Michael Moorcock. Une suite à ce film : *Le Continent oublié* (1977) réalisé par Connor qui a adapté un autre cycle de Burroughs dans le film : *Centre Terre 7e continent* (1976)

Centre Terre 7e continent (1976) Voyage au centre de la Terre ou vivent des primitifs opprimés et des créatures monstrueuses.

Rage de David Cronenberg (1976), une jeune femme ayant subi une greffe de peau s'aperçoit qu'elle a désormais besoin de se nourrir de sang, utilisant un appendice qui lui sort sous le bras. Elle vampirise donc les gens en les embrassant et leur transmet la rage. C'est une épidémie, la loi martiale est décrétée... L'angoisse ne se base pas sur des effets spéciaux, mais sur les mises en situation et la couleur rouge de la plupart des scènes. Cronenberg en parlant de son film, refuse de considérer le désordre qui y règne comme un chaos social : « *Mon expérience personnelle de la vie en société ne ressemble pas à celle de* Rabid *(Rage) où les gens se déchaînent dans les rues. Je n'ai jamais vécu cela. C'est donc vraiment un exemple d'un désordre intérieur plutôt qu'extérieur.* » Pourtant... Un film terrifiant.

Tentacules de Oliver Hellman (1977)
Producteur : Ovidio G. Assonitès... Avec Henry Fonda !
Il existe un Tentacules de Yassi Wain (2001)
Des êtres humains, dont un bébé, sont retrouvés dans l'océan atrocement mutilés. (Je sais on utilise souvent ces mots dans les chroniques de ce genre de films, mais comment faire autrement ?)
Un flic et un journaliste enquêtent et se posent des questions sur d'importants travaux menés par une multinationale au fond de la mer.
Deux plongeurs vont inspecter les profondeurs et ne reviennent pas vivants ;
Ce film ne respecte aucune règle habituelle : le journaliste est un vieillard barbu, le flic un gros balourd.
Il y a beaucoup de vues sous-marines, des gros plans sur un poulpe qui évitent de mettre en œuvre de coûteux effets spéciaux.
La mer a des dents, mais aussi des tentacules.

Piranhas de Joe Dante (1978), des jeunes inconscients et trop curieux ouvrent une vanne dans un laboratoire militaire abandonné et, catastrophe ! les piranhas mutants passent dans le lac situé à proximité. Gare ! Séquelles : *Piranhas 2 : les tueurs volants* (1981) de James Cameron et *L'invasion des Piranhas* (1984) d'Anthony Dawson (pseudonyme d'Antonio Margheriti).

Nosferatu de Werner Herzog (1979), le réalisateur d'Aguirre rend hommage à Murnau avec ce remake. Quelques légères modifications du scénario donnent une autre orientation à ce film pourtant très proche du précédent. Jonathan (le Hutter de Murnau) ne prend pas une voiture à l'auberge pour se rendre au col de Borvo, il y va à pied. Ce qui permet à Herzog de filmer une nature sauvage et inhospitalière. À la fin, si Dracula (Orlock chez Murnau) meurt, comme dans le premier film, à cause du chant du coq, le professeur, sceptique jusque-là, mais désormais convaincu, lui plante quand même un pieu dans le cœur (méthode jamais utilisée par Murnau) ce qui permet aux autorités de l'arrêter pour assassinat du comte, car il tient dans sa main l'arme du "crime" ensanglantée. Jonathan, vampirisé, prend la place du vampire. *« Il est toujours fécond le ventre qui engendra la bête immonde. »*

Stalker d'Andreï Tarkovski (1979), la lenteur du cinéaste au service d'une quête d'un nouveau Graal. Tiré du roman des frères Strougatski, géniaux écrivains soviétiques de science-fiction, ce film prodigieux nous entraîne avec le Stalker dans la *zone*, interdite, car très dangereuse, étendue laissée stérile par des extraterrestres descendus là autrefois et repartis sans autre forme de procès. Le guide, le S*talker*, se fait payer cher pour emmener les "touristes" dans cet endroit fabuleux. Leur but : la chambre des désirs, qu'ils atteindront, mais qui ne pourra satisfaire aucun désir... Un chien passe alors que le Stalker dort sur un îlot au milieu d'une mare croupissante. Débris de véhicules militaires, ruines de maisons, nature luxuriante, temps gris ; le Stalker vérifie si le chemin est sans embûche en lançant devant lui de longues ficelles attachées à des boulons. En voyant ce film aujourd'hui, cette zone délabrée, abandonnée et dangereuse, ne préfigurait-elle pas la société soviétique décadente ? Le Stalker doit payer cher ses séjours répétés dans la zone. Son enfant est mutant : la dernière image du film, alors que le bruit du train qui passe est assourdissant, montre la petite fille faisant déplacer un verre avec le regard. Aller dans la zone débouche sur la création d'une autre humanité....

Chromosome 3 de David Cronenberg (1979), de mystérieux meurtres sont perpétrés par des nains. Ce sont les membres de la même famille qui sont assassinés. Une femme engendre ces créatures en les faisant pousser sur son corps et les envoie pour une vengeance psychotique. C'est qu'elle est soignée par un psychiatre qui incite ses patients à donner une expression physique à leur rage. Nola Carveth le prend strictement au mot. « *En tant que pures créatures de la rage, les enfants de la progéniture sont idiots, asexués, inarticulés, ne voient qu'en noir et blanc et, [...] ne vivent pas longtemps.* » [6]

L'enfer des zombies de Lucio Fulci (1979). Sorti la même année que le *Zombie* de George Romero, ce film avec son titre original de *Zombi 2* veut se présenter comme sa suite... D'ailleurs, Fulci – le maître italien de l'horreur – réalisera *Zombi III* ... Le prologue du film est le même que celui de *Zombie* : quelqu'un tire une balle dans la tête d'un cadavre ficelé dans son drap mortuaire et qui semble reprendre vie. Puis, on voit plusieurs plans qui rappellent ceux du *Nosferatu* de Murnau : un voilier sans équipage s'approche d'un port. Ici, c'est New York. D'ailleurs, le scénario ressemble à celui de *Nosferatu* : avec ce voilier arrive une terrible épidémie... Le plaisir de la chair est poussé à son comble par la consommation des êtres vivants par les morts. Le monstre (qu'on ne voit pas, mais le cinéaste nous fait entrevoir au loin des silhouettes titubantes...) est derrière la porte. Et il y a même un mort-vivant sous-marin qui tente de manger un re-

---

[6] William Beard, dans son article *L'esprit viscéral : les films majeurs de Cronenberg* recueilli dans *L'horreur intérieure*...

quin vivant ! Une scène unique dans les films de ce genre... La dernière scène (les morts-vivants sur le pont de Brooklyn) annonce le film de Romero, et surtout, le dernier de la trilogie du réalisateur américain : *Le Jour des morts-vivants* (1985 – voir ci-dessous) et surtout *Zombi 3* de Fulci. *L'Enfer des zombies* passé à la télé a été amputé de quelques scènes certainement jugées trop gores (si mes souvenirs sont bons...) Les maquillages sont loin de valoir ceux de Tom Savini... mais le film est excellent ! Contrairement aux films de Romero qui suscitent une réflexion métaphysique sur l'avenir de l'espèce humaine, ceux de Fulci traitent notre chère humanité en dérision avec le style du Grand-Guignol...

Prophecy de John Frankenheimer (1979)
Poursuite dans la nuit avec trois types en tenue de spéléologue avec casque, lampes de poche et chiens. En fait, ce sont des bûcherons… Ils meurent tous, mais le film prend bien soin de ne pas révéler comment. Mais à entendre le cri du dernier tué, ça doit être horrible.
Puis un orchestre symphonique. Manif d'Indiens, misère dans le ghetto noir.
Les Indiens ne veulent pas qu'une papeterie exploite leur forêt du Maine. Un médecin est chargé de faire le négociateur. Il y va avec sa femme qui est enceinte, mais qui ne la sait pas. Elle joue du violoncelle. Ils apprennent que les Indiens croient qu'un être mythique appelé Katahdin enlève les gens qui ont disparu.

Le conflit se présente comme une contradiction d'intérêts indiens contre bûcherons.

Une famille fait de la randonnée et du camping (« *Délivrance* » ?)

« Ici tout devient gros, très gros », déclare le vieil Indien.

Des problèmes d'environnement sont évoqués (pollution ?)

De fait, il y a effectivement une gigantesque usine de pâte à papier. Matériau de base : les arbres ! On fait une petite visite...

Le problème d'environnement ? C'est tout simplement le mercure (Hg). On évoque même Minamata au Japon et l'intoxication des pêcheurs de la baie ainsi nommée par le mercure.

À quoi sert le mercure dans une papeterie ? À fabriquer le chlore (Cl2) qui est utilisé pour le blanchiment du papier.

Le mercure s'accumule le long de la chaîne alimentaire et produit des malformations du fœtus chez la femme. On a en mémoire cette image de la Japonaise de Minamata qui lave son enfant monstrueux dans une bassine...

Dans ce film, le scénariste développe cette idée archi utilisée dans la SF de la pollution qui engendre des monstres. C'est donc la cas et, de plus, la femme du héros est enceinte !

Le film disserte bêtement sur l'évolution du fœtus...

Les campeurs se font attaquer par les monstres. La police accuse les Indiens...

Un film très idéologique sur le génocide indien et la pollution industrielle.

Alien de Ridley Scott (1979), ce monstre est devenu une célébrité. Un cargo spatial sur le retour vers sa base reçoit un signal d'alarme provenant d'une petite planète. Une expédition y est envoyée. On y trouve l'épave d'un vaisseau extraterrestre. Dans la soute des œufs attendent, tel le fourmi-lion, qu'un être passe à proximité. Un des cosmonautes sera attaqué par une larve sortie de l'œuf. Cette larve a introduit un rostre dans son estomac et y a pondu un œuf. Le biologiste du bord qui a fait ostensiblement l'erreur de laisser entrer un passager contaminé soigne le malade. Celui-ci reprend vie, mais un petit monstre sort de son corps lui infligeant une atroce et mortelle blessure. Désormais, c'est une guerre sans merci entre ce monstre et l'équipage qui sera décimé. Seule Ripley, la jeune femme magistralement interprétée par Sigourney Weaver saura terrasser le monstre. Ce film a plusieurs importances : il rompt avec la science-fiction héritière de *2001*, tout axée sur le développement technologique et ses répercussions, et renoue avec le style de l'écrivain Lovecraft qui a su, justement, allier la science et les techniques à de profondes et archaïques pulsions de la vie. Ainsi, le monstre d'Alien est-il proprement lovecraftien, et son créateur, Carlo Rambaldi, semble bien s'être inspiré des monstres de l'écrivain américain. Enfin, l'action prend toute son importance et sert à montrer du doigt les horreurs que l'on ne voit pas, mais que l'on nous fait deviner hors champ, comme cette scène de recherche du chat dans les soutes du vaisseau spatial. Le scénario développe une argumentation serrée : si ce monstre a été introduit dans notre univers, c'est de la faute aux dirigeants de la compagnie et de la société des hommes qui ont organisé cette introduction par l'intermédiaire du biologiste médecin qui n'est qu'un robot à leurs ordres. Quatre suites à ce jour : *Aliens, le retour* de James Cameron (1986), *Alien 3* de David Fincher (1992), , *Alien la résurrection* (1997) de Jean-Pierre Jeunet et *Alien contre Predator* de Paul Anderson (2004). Jusqu'à Alien 4, les films sont interprétés par Sigourney Weaver.

Scanners de David Cronenberg (1980), lutte entre des télépathes capables de transmettre une énergie considérable dans un autre corps humain jusqu'à le détruire. Le héros découvrira que le scanner qu'il poursuit est son frère et que le savant qui l'envoie leur père, véritable créateur de l'espèce des scanners grâce à un nouveau produit. Une suite : *Scanners II* (1990) de Chistian Duguay et encore quelques autres.

L'avion de l'apocalypse d'Umberto Lenzi (1980)
Titre original pompeux : « Incubo »
Mauvais acteurs, mauvais film, maquillages nuls, scénario lourdingue. Rien ne tient debout. Les victimes se laissent faire… N'est-ce pas tout cela qui fait le charme de ce film resté célèbre ?
Des fous furieux assoiffés de sang sortent d'un avion de transport de troupes qui atterrit sans

autorisation. La pire de toutes les scènes est celle de l'ascenseur. (Ça vous obligera à regarder le film pour savoir)
Nous avons droit à un petit discours écolo.
Les « zombies parlent, courent, tirent à la mitraillette…
Quant à la fin…

Hurlements de Joe Dante (1980), un petit village tranquille où rôdent les loups-garous. Ce film fut célèbre pour sa scène de transformation d'un homme en loup-garou. Les rares spectateurs qui restent jusqu'au bout du générique de fin sont récompensés par un extrait du *Loup-garou* de Georges Waggner (1941). Très nombreuses suites qu'il serait lassant d'énumérer. Seul *Hurlements 2* est sorti en France, mais ne casse pas trois pattes à un canard…

Wolfen de Michael Wadleigh (1980), à New York, les Indiens se transforment en loup pour venger le génocide.

Horrible de Joe D'Amato (1981)
DVD Bach Films Titre original *Rosso Sangue*.
Un film très sadique… éprouvant.
Un homme en jeans et chemise ouverte est poursuivi par un autre en imperméable. Ne nous laissons pas tromper : sans doute que le poursuivi est le méchant et le poursuivant le gentil.
Dans une maison, un enfant et sa nourrice ; le chien aboie devant la porte que le petit garçon ouvre. L'homme poursuivi qui fait de gros

yeux est là ! Il est éventré ! Ses boyaux pendent entre ses doigts.

Hôpital, salle d'opération où on opéré le blessé [Les chirurgiens semblent remuer une omelette plutôt que d'opérer...]

L'homme se réveille en pleine opération. Les docteurs lui objectent un supplément d'anesthésiant.

Ensuite on voit un vieil homme ivre persécuté par des jeunes en moto. Dans les films d'horreur, ce genre de scène désigne de prochaines victimes.

La police arrive et engueule l'ivrogne alors que les motards sont partis. Les policiers sont appelés pour l'arrivée du blessé à l'hôpital.

Salle d'opération : « Je ne pense pas qu'il s'en sortira ! Adrénaline ! »

Les battements de cœur repartent.

« Une capacité de récupérer si vite n'existe pas ! » S'exclame le chirurgien. « Ce qui m'a frappé c'est la coagulation si rapide du sang ! » Poursuit-il.

[Qu'est-ce qu'ils fument dans ces films à cette époque !]

Dehors (il fait nuit) les policiers interpellent le poursuivant du blessé. Il montre son passeport.

[C'est assez mal joué. Parfois les images sont mal cadrées.]

Le blessé n'a aucun papier sur lui. Ils trouvent des pièces de monnaie grecque. Or l'homme rencontré la nuit par les policiers est grec. Le blessé se réveille à l'hôpital sous le regard de ce dernier. Le policier expulse ce dernier.

L'inspecteur sort de la chambre d'hôpital, appelé au téléphone.

Le blessé se réveille, se lève et… tue l'infirmière en lui perçant le crâne avec une perceuse de chirurgie. La police arrive trop tard.

Le monstre s'est rhabillé et fuit dans la nuit. C'est un géant bien baraqué.

Le Grec collabore avec la police pour traquer ce monstre.

« Le cerveau de ce monstre a grossi après l'opération. Il est immortel et peut régénérer ses cellules facilement. » Explique le chirurgien.

Le Grec est un prêtre. « Quelle est la raison qui le pousse à tuer ? » « Il est possédé par le démon. » Répond le prêtre qui explique qu'il faut détruire le cerveau de cette machine à tuer pour le tuer.

Le monstre tue un employé du nettoyage malgré les balles qui lui transpercent la poitrine. Il le fait en passant son crâne à la scie sauteuse.

L'inspecteur et le prêtre traquent le tueur.

Un des motards –voir plus haut) tombe en panne à proximité : le monstre le tue après avoir été renversé par une voiture.

(…)

Il reconnaît la voiture qui l'a accidenté et qui était conduite par le père du petit garçon du début et va pénétrer dans l'appartement.

Ce petit garçon et sa sœur handicapée sont gardés par une jeune fille qui va bêtement ouvrir la porte, car le chien pleure… Elle prend un coup de pic de terrassier sur la tête…

La nourrice qui prend la relève arrive.

[Au centre de l'intrigue, il y a un match de foot américain.]

Chassé-croisé dans la maison entre le monstre, le petit garçon et la nourrice. Suspense !

Le tueur fait cuire la nourrice en la maintenant la tête dans le four de la cuisine…

La petite handicapée réussit à se lever et, pour se défendre, crève les yeux du monstre avec des ciseaux.

[C'est l'affiche du film : le monstre aux yeux crevés.]

La fin est superbe : l'affrontement entre la jeune handicapée et le monstre aveugle.

Le curé chasseur de monstre arrive. Affrontement.

Tout sera résolu par la hache !

Superbe scène finale !

Bonus.

Christophe Lemaire journaliste présente Joe D'Amato qui a tourné *Horrible* après une flopée de films pornos, dont le fameux *Tarzan X*. Le scénario de ce film a été pompé sur celui d'*Halloween* de Carpenter. Ce film, dit-il, comme beaucoup de films d'horreur, est un prétexte pour des scènes gore. On ne le regarde que pour les scènes gore comme on ne regarde que les scènes de cul dans les films pornos.

Le film a une ambiance américaine. Plusieurs éléments tendent à faire croire au spectateur que nous sommes aux USA. Le comédien qui joue le monstre est George Eastman, de son vrai nom, Luigi Montefiori. Il était également le monstre dans le film Anthropophagous de Joe D'Amato (1980)…

Le Loup-garou de Londres de John Landis (1981), le mythe transposé en pleine ville de Londres. Ce film est devenu un film culte. Il traite le thème du loup-garou comme détaché du sujet, sur un mode comique, mais comme si le cinéaste ne l'avait pas voulu. Cela donne un effet intéressant. Une suite a été tournée à Paris et au Luxembourg (*Le Loup-garou de Paris* d'Anthony Waller (1997).

Au-delà du réel de Ken Russel (1981), grâce à l'absorption de substances extraites de champignons et au sommeil profond, un chercheur retourne à l'animalité et même avant… Une très belle variation moderne du loup-garou !

La Ferme de la terreur de Wes Craven (1981)
Avec la superbe Sharon Stone.
Une bande de (belles) filles sème la pagaille parmi un clan de puritains arriérés dans une campagne perdue.
Oui, mais un tueur rôde et regarde par la fenêtre les filles se déshabiller.
Et un serpent dans la baignoire, une araignée dans la grange ?
Le fils du grand prêtre des puritains, frère d'un des assassins, tombe amoureux d'une des filles…
Et c'est dur de résister à l'appel de la chair !

Une histoire d'incube. Pas le meilleur de Wes Craven.

La Guerre du feu de Jean-Jacques Annaud (1981), une fabuleuse adaptation du roman de Rosny Ainé. Pas un seul mot n'est prononcé durant tout le film. Très surprenant à l'époque. Certains ont cherché des poux dans la tête du réalisateur parce qu'il n'aurait pas respecté la réalité de l'époque préhistorique. Mais, chers critiques, il n'a jamais voulu faire un film documentaire... !

Creepshow de George A. Romero (1982), sketches fantastiques élaborés avec Stephen King. Devant le succès de ce film, un *Creepshow 2* a été réalisé par Michael Gornick en 1987. Le sketch *L'autostoppeur*, en hommage à un sketch du même titre de l'émission télé *La Quatrième dimension* est un chef-d'œuvre de gore au service du fantastique quotidien.

La Créature du marais (1982) Un petit film de sériez Z adapté d'un comics. (Il y a eu une séquelle : *La créature du Lagon* (1989) de Jim Wynorski, assez agréable également...)

Evil Dead de Samuel Raimi (1982), une bande de jeunes passent le week-end dans une cabane isolée dans la forêt, séjour loué dans une agence. Dans la cave, ils trouvent un manuscrit de peau et un magnétophone. Ils écoutent de mystérieuses incantations psalmodiées sur la bande. Elles appellent d'horribles démons invisibles qui possèdent les corps et les esprits. « Viens avec nous... » Entendent-ils murmurer dans leur crâne. Ce film que Sam Raimi a réalisé à vingt-deux ans avec un très faible budget est devenu un film culte. Gore et terreur grandiloquente produisent deux effets : la terreur ou le rire devant les exagérations du film. C'est en tirant parti de ce deuxième effet que Sam Raimi a réalisé deux suites de plus en plus extravagantes : *Evil Dead 2* en 1987 et *L'armée des ténèbres* en 1993.

Poltergeist de Tobe Hooper (1982), une famille américaine bien tranquille, une maison dans un lotissement moderne, mais hantée. La hantise se manifeste d'abord par la télévision... Effets spéciaux impressionnants. Un vrai renouvellement du thème de la maison hantée qui a su sortir de l'ambiance gothique. Suites : *Poltergeist II* de Brian Gilson 1986 et *III* de Gary Sherman 1988.

La Féline de Paul Schrader (1982). Remake de *La Féline* (1942) de Jacques Tourneur. Un peu gore, mais il était difficile de réussir après Jacques Tourneur...

Blade Runner de Ridley Scott (1982), les répliquants, nouvelles créatures produites par l'homme ne peuvent vivre que quelques années. Ils sont utilisés comme main-d'œuvre dans les mines des autres planètes. Certains s'évadent et réclament le droit de vivre, car ils sont vraiment humains. Le blade-runner est l'agent qui est chargé de les poursuivre et de les éliminer. Dans le Los Angeles du futur, la chasse au répliquant est sans pitié. À la fin un répliquant sauvera la vie du blade-runner qui se demandera encore plus, du coup, s'il en est un lui aussi (de répliquant). Il y a deux versions. Dans la première, cette question ne se pose pas et le blade-runner file le parfait amour avec le répliquant femelle... Harrison Ford joue le rôle du blade-runner et Rutger Hauer interprète le fameux Batty, répliquant charismatique. Où est le bien et le mal ? Qui ose donner et prendre la vie ?

The Thing de John Carpenter (1982), remarquable remake plein d'action, d'horreur et de suspense de *La Chose d'un autre monde* (1951). L'idée du chien qui transporte la Chose dans son corps a été reprise dans *Alien 3* et *Hidden*. Carpenter, très influencé par Lovecraft, reprend le thème de l'horreur interne qui débouche sur la transformation physique. D'ailleurs le roman de Campbel dont est tiré ce film doit vraisemblablement son inspiration au petit roman de Lovecraft : *Les Montagnes hallucinées* dans lequel des archéologues découvrent sur le continent Antarctique les corps gelés d'Anciens qui reviennent à la vie après avoir été décongelés....

Cujo de Lewis Teague (1983), un brave chien possédé par un démon devient enragé. (D'après Stephen King)

Razorback de Russel Mulcahy (1984), lutte à mort entre un sanglier monstrueux et un chasseur. Clins d'œil à *Massacre à la tronçonneuse*...

Ladyhawke, la femme de la nuit de Richard Donner (1984), elle se transforme en aigle le jour, il se transforme en loup la nuit... comment les amants vont-ils se retrouver ? Superbe histoire.

La Compagnie des loups de Neil Jordan (1984), loup-garou et psychanalyse des contes de fées de Bruno Bettelheim. Ennuyeux comme la plupart des films de Neil Jordan.

C.H.U.D. de Douglas Cheek (1984), attention dans le métro on rencontre d'horribles mutants issus de l'effet de déchets sur les clochards. Ce film serait bien si les monstres n'étaient pas aussi nuls.

Legend de Ridley Scott (1985), conte médiéval qui a consacré le début de la grande carrière de Tom Cruise. Pour combattre l'emprise du mal sur le monde, ce qui a été rendu possible par l'assassinat de la Licorne, deux très jeunes adolescents sauront mobiliser les forces du bien. Superbes images, décors fabuleux.

Peur bleue de D. Attis (1985), variation sur le loup-garou par Stephen King.

Dune de David Lynch (1985), je ne reconnais pas « mon » David Lynch dans ce film. Mondes de sables et messie sauveur, Lynch empile de somptueux tableaux qui constituent un film.

Re-animator de Stuart Gordon (1985), délirante adaptation des nouvelles de Lovecraft *Herbert West, réanimateur*. Mettez des images-chocs du genre : une tête coupée qui parle et qui voit le magnifique corps nu d'une jeune fille, son père transformé en mort-vivant et vous serez terrifiés par ce jeune étudiant qui a découvert un produit qui redonne la vie aux cadavres lorsqu'on le leur injecte. Une suite (très gore...) avec le même acteur (Jeffrey Combs) : *Re-animator 2* par Brian Yuzna qui a poursuivi avec *Beyond Re-animator* (2003).

Critters de Stephen Herek (1986), tout ce que fait la nature n'est pas obligatoirement bon, la preuve : les Critters. Terreur comique qui critique les défenseurs des animaux. De petites bestioles poilues et munies de fortes dents pointues sautent sur les humains et les dévorent. Suites : *Critters II* de Nick Garris 1988 – *III* de Kristine Peterson 1991 – *IV* de Rupert Harvey 1992. Commentaire à la fin de ce dernier film : « *Aucun Critters n'a été tué ou blessé au cours du tournage de ce film* ».

La Mouche de David Cronenberg (1986), un savant découvre un procédé de translation des corps. Il entre dans une cabine, sa structure se désagrège en atomes qui sont transportés par un câble dans une autre cabine. Là, un ordinateur perfectionné qui a parfaitement enregistré la structure intime de la matière du corps translaté, le reconstitue. Et cela marche ! Un jour, une mouche s'est introduite dans la cabine de départ. L'ordinateur combine les deux patrimoines génétiques, celui de l'homme et de l'insecte. La transformation physique et psychique sera terrible. Du pur Cronenberg qui ne pouvait être que fasciné par cette histoire de transformation... Suite : *La Mouche 2* par Chris Walas 1992, la vie de l'enfant dont le père fut La Mouche 1...

Remake de *La Mouche noire* de Kurt Neumann (1958) tiré lui-même du roman de George Langelaan

La Malédiction céleste de David Keith (1986)

Une adaptation de la nouvelle de Lovecraft *La couleur tombée du ciel* (1927).

Un fermier n'arrive pas à joindre les deux bouts et un homme riche antipathique (bien sûr, puisqu'il est riche) veut lui acheter sa ferme. La météorite tombe (les effets spéciaux sont nuls) et l'infection extraterrestre s'étend.

Il y a aussi un agent immobilier qui veut spéculer sur les terrains, y compris sur celui où est tombée la météorite qui empoisonne l'eau du puits.

Ce film est insupportable.

Angel Heart – Aux Portes de l'enfer d'Alan Parker (1987)

Je me suis finalement forcé à voir ce film qui ne me disait rien qui vaille. Et mon intuition s'est avérée juste. Il y a beaucoup de ventilateurs filmés à contre-jour et aussi un ascenseur pour descendre en enfer.

Ce film est vaseux. Mickey Rourke en détective privé est mauvais. Robert de Niro est absolument cabotin, et le scénario est … vaseux. Oui, le jeu de mots est faible, ok, puisque la moitié du film s'enlise dans les vases des bayous de la Nouvelle Orléans.

Mais quel ennui avec cette histoire de pacte – oublié - avec le diable, pacte que ce dernier va faire revenir à la mémoire de l'intéressé avec ses méthodes des plus cruelles.

Une petite citation : *"Il y a assez de religions pour se haïr, pas assez pour s'aimer"*. Une petite déclaration de Louis Cyphre… (En anglais ça se prononce comme Lucifer…)

Epidemic de Lars von Trier (1987). Images mal cadrées, surexposées, on distingue mal… il paraît que c'est de la recherche… Le réalisateur (avec son éternel air fat) joue son propre rôle. Il met même son nœud papillon à la fin ! Le comble de l'horreur consiste à décrire le pus d'un furoncle et de le comparer à un dentifrice à rayures d'une marque connue. D'ailleurs, plus loin dans le film, on assistera à l'autopsie d'un tube de ce dentifrice. Lars von Trier filme surtout une succession de monologues (c'est plus facile !) Il n'échappe pas à ses obsessions : il filme un hôpital et une autopsie. Original, non ? À la fin ils crèvent le furoncle. Beurk... Et certains parlent de gore en parlant de ce film !

Robocop (Paul Verhœven (1987, un flic justi-
cier, quasiment invincible, combat pour la justice. C'est une combinaison entre un être humain et un robot dont la profonde humanité
émeut le spectateur, particulièrement quand
lui reviennent ses souvenirs de sa vie anté-
rieure d'être humain. Suites : *Robocop 2*
d'Irvin Kershner 1990 – *Robocop 3* de Fred
Dekker 1992. (Et une série télé du même
nom.)

Predator de Mac Tiernam (1987), un extraterrestre chasseur a choisi notre planète pour
une affreuse chasse à l'homme. Un commando
de marines est exterminé dans la jungle. Il y a
une suite : *Predator 2* dans la jungle des villes.
Et une séquelle : *Alien contre Predator* de Paul
Anderson (2003)

Abyss de James Cameron (1989), ce film relance l'intérêt des films sous-marins. Une base
sous-marine aux prises avec de méchants militaires qui veulent détruire de magnifiques extraterrestres qui ont choisi les abysses marins
pour s'installer sur Terre. Les gentils seront
sauvés grâce à eux. *Abyss* est inspiré de
M.A.L. (1988) autrement dit *Mutant aquatique
en liberté* de Sean Cunningham.

Simetierre de Mary Lambert (1989), quelquefois la mort est préférable. Pas aussi bien que
le roman de Stephen King. La suite : *Simetierre 2* de la même en 1992.

La Nurse de William Friedkin (1990). Auprès de mon arbre, je vivais z'heureux... On ne s'ennuie pas avec ce petit film du réalisateur de *L'Exorcisme*. Y a-t-il d'autres films avec des arbres fantastiques et vicieux ? Je me souviens évidemment de *Sleepy Hollow* de Tim Burton... et puis j'ai de vagues souvenirs de films avec Hercule ou Maciste. Mais ça va me revenir !

Darkman de Sam Raimi (1990), un chercheur brûlé vif dans son labo par des vilains méchants. Il en réchappe, défiguré, mais se refait tous les visages qu'il veut grâce à son invention : une peau artificielle, qui hélas ne dure pas longtemps... Génial le labo bricolé dans l'usine abandonnée ! Mon rêve d'adolescent ! Il existe deux suites : *Darkman II* (1994) et *Darkman III* (1996) toutes deux réalisées par Bradford May.

Hiruko de Shinya Tsukamoto (1990). Il ne s'agit pas vraiment d'araignées, mais de démons avec de salles pattes qui décapitent leurs victimes pour n'en faire qu'à leur tête. En quelque sorte, une espèce de *S.O.S. fantômes japonais*... Un film délirant comme seuls savent le faire les Japonais !

Arachnophobie de Frank Marshall (1990), une monstrueuse araignée est amenée dans le cercueil d'un photographe qu'elle avait piqué. Gare !

La Secte de Michele Soavi (1991). Terreur des insectes, puits de l'enfer, sadisme barkérien, lente évolution vers l'horreur. Pas mal du tout. Une influence de Lovecraft avec l'immense puits ? Et Masterton et Barker ?

Xangadix de Rudolf Van Den Berg (1991). Un film d'horreur dont l'action se déroule en Hollande, ce n'est pas fréquent ! Et pas si mal que ça... Un médecin crée sept créatures qui doivent servir un démon apporté d'Amazonie et qui a la forme d'un fœtus.... Des septuplés psychopathes, les septuplés de l'horreur à la recherche d'une petite sœur qui ignore tout de l'affaire, la pauvre. Juste avant un massacre horrible, les futures victimes regardent un extrait de *Laurel et Hardy*... Une histoire de légende à la Masterton, inspirée d'une histoire de Ray Frumkes...

Edward aux mains d'argent de Tim Burton (1991), merveilleuse adaptation du thème de Frankenstein. La créature, inachevée est touchante de naïveté dans ce lotissement américain. Critique des manies made in USA. Avec quelle habileté et avec quel art Tim Burton a su renouveler le genre ! Ici, comme dans les films de James Whale, le héros est bien la « chose », mais le cinéaste lui donne un nom : Edward. Le savant qui l'a créé, joué par Vincent Price, meurt dès le début. Grâce à ces modifications du scénario, Burton traite d'un tout autre sujet que celui traité par les autres films de Frankenstein. Le pauvre Edward n'est pas fini, ce qui lui donne des qualités (celles de bien tailler les haies et les cheveux), mais aussi une différence qui finira par le faire per-

sécuter par les gens normaux. Ces persécu-
teurs sont clairement désignés comme des
Américains moyens, puisque toute l'action se
déroule dans un lotissement. Il est aussi question des rêves d'adolescents qui cherchent
l'absolu dans un monde bassement matérialiste.

Leprechaun de Mark Jones (1992)
Un père et sa (jolie) fille emménagent dans
une maison inhabitée depuis dix ans. Dans la
cave, le Leprechaun est resté enfermé depuis
tout ce temps.
« Cette maison, tu l'as reprise au comte Dracula ? » Demande la fille écœurée.
Cette jeune fille est jouée par la comédienne
Jennifer Allison. Elle porte une petite robe qui
donne juste envie de la lui enlever, c'est vrai
quoi... qu'est-ce qu'elle a à nous montrer
qu'elle cache un si joli corps ?
Ah ! La revoilà ! Elle a changé de tenue : elle
porte un débardeur moulant et un short. Il ne
faut pas trop en cacher.
Donc, ils réveillent le Leprechaun, bien sûr. Le
farfadet cordonnier !
Nous assistons tout au long du film à la lutte
incessante, et sans vraiment d'intérêt, entre le
Leprechaun et... tout le monde, car il veut ré-
cupérer son or !
Un peu lassant...
« *Le Leprechaun (...) le cordonnier du Petit
Peuple* », écrit Arthur Machen dans *Le Petit
Peuple* (1927).
Il y a deux suites qui font une série...

Dr Rictus de Manny Coto (1992), l'image de synthèse au service du gore. Un horrible docteur massacreur à la poursuite d'une tendre adolescente cardiaque... Très bonne musique rock !

Universal Soldier de Roland Emmerich (1992), dans un futur assez proche on saura faire revivre les morts pour en faire des soldats invincibles. Mais c'est sans compter sur l'amour... La suite : *Universal Soldier : le combat absolu* (1999) de Mic Rodgers avec Jean-Claude Vandamme et aussi *Universal Soldier 2* et *Universal Soldier 3* (1998) de Jeff Woolnought sans Jean-Claude (films télé)...

Troll 2 de Joe D'Amato et Claudio Fragasso (1992). Je n'ai pas vu le *Troll 1* de John Buechler (1985). Ce *Troll 2* est un film de série ultra Z, mal filmé, mal joué, la musique est ringarde. D'Amato a quitté Emmanuelle... Le scénario a quelque intérêt : il semble vaguement inspiré d'Arthur Machen (si ! si !) et de *The Stuff* de Larry Cohen (1985) (une histoire de parasite pas piquée des vers...). De plus il se moque des végétariens ! Le pseudo du réalisateur annoncé au générique est Drake Floyd...

Cronos de Guillermo del Toro (1992). Le *Cronos* du vieil alchimiste du XVIe siècle est retrouvé dans une statue. Une petite machine d'horlogerie en or que n'aurait pas reniée Clive Barker... Il lèche la tache de sang par terre. Il s'appelle Jesus Gris (!) Il ne veut pas l'éternité, car il ne veut pas tuer. Le prologue est formidable ! Anne Rice n'avait rien inventé...

Jurassic Park de Steven Spielberg (1993), que les dinosaures sont terrifiants, même en image de synthèse. Film qui pose deux problèmes de société : celui des manipulations génétiques et celui du risque technologique majeur. Grâce aux cellules du sang d'un dinosaure contenu dans un moustique préhistorique conservé dans la résine fossile, des scientifiques reconstituent des vrais dinosaures. Un groupe financier crée un parc d'attractions. L'informaticien responsable des mesures de sécurité du parc les désamorce le temps de fuir avec un échantillon génétique des bestiaux. Il se fera dévorer en cours de route. Ce qui est formidable dans ce film, c'est que les effets spéciaux se sont mis au service d'une vraie histoire, d'un vrai suspense. C'est de la vraie science fiction. D'autre part, l'appui de paléontologistes a permis de respecter rigoureusement les connaissances actuelles dans la reconstitution des corps et des mœurs des différentes espèces. Comme d'habitude, Spielberg centre son histoire autour des enfants ce qui a certainement pour but de mieux attendrir le spectateur.
Ne pas rater la suite : *Le Monde perdu* (1997) dans laquelle les effets spéciaux ont été encore perfectionnés (on voyait les trucages avec une vidéo au ralenti dans le premier), notamment, on passe d'une technologie robotique à l'image numérique sans coupe, dans le même

plan. Une troisième séquelle : *Jurassic Park 3* de Joe Johnston (2001)

Star Trek : generations de David Carson (1994)
Le capitaine Kirk meurt, renaît et renaît…
Le lien de tout cela est un homme qui a trouvé le Nirvana en détruisant un système solaire au moment où passe un « ruban » spatiotemporel qui vous envoie dans le « Nexus ».
Bof…

Frankenstein de Kenneth Branagh (1994), dernière et merveilleuse adaptation du roman de Mary Shelley. Branagh revient aux sources : Victor Frankenstein n'est pas ce savant démoniaque qui renaît toujours de ses cendres, image développée par les films de la Hammer, et qui est véhiculée dans l'esprit de presque tous les spectateurs d'aujourd'hui. Non ! C'est un vrai scientifique, *« Prométhée moderne »* comme l'indique le sous-titre de Mary Shelley, personnage mythique qui veut le bien de l'humanité. Comme le roman, le film commence au Pôle Nord, alors que Victor y achève sa poursuite du *« monstre »,* de la *« chose sans nom »,* et c'est Victor qui raconte ses aventures au capitaine du navire bloqué dans les glaces, en quelque sorte son homologue, puisqu'il est parti aussi à la découverte de connaissances nouvelles. Le film insiste sur l'humanité du savant, son humanisme même, sa fébrilité dans ses recherches, fébrilité rendue cinématographiquement par le montage des scènes de la fabrication du monstre. Il développe un thème sous-jacent dans le roman de Mary Shelley, celui du complexe d'Œdipe. Victor a créé un monstre. C'est donc son enfant. Mais, comme le souligne ce dernier à la fin du film, lui son père, ne *« lui a même pas donné de nom... »* Et, comme Victor n'a pas voulu lui donner de femme, le monstre a tué la sienne en lui arrachant le cœur ! Victor n'a pas supporté cette mort et a fait de sa femme un monstre également... Scène cruelle et horrible où elle se voit monstrueuse et se fait brûler vive ! Scène terrible de souffrance humaine quand, à la fin, le monstre se plaint de l'abandon de son père... C'est le film le plus proche du roman de Mary Shelley, bien que certaines scènes ajoutées n'existent pas dans le roman. Ce film, produit par Francis Ford Coppola, est dans la même veine que le *Dracula* de ce dernier. Il reprend les thèmes humains de l'amour et de la sexualité, seulement sous-entendus dans l'œuvre littéraire.

Wolf de Mike Nichols (1994), avec Jack Nicholson qui joue le loup-garou, on en a pour son argent.

Leprechaun 3 : Leprechaun à Las Vegas de Brian Trenchard-Smith) 1995.
« Le Leprechaun [...] est le cordonnier du Petit Peuple » écrit Arthur Machen dans sa nouvelle *Le Petit Peuple* (1927). Ce film, comme son titre l'indique est la troisième séquelle du petit gnome cruel qui adore l'or. Je n'ai pas vu le deuxième. Celui-là se tient.

Darkly Noon de Philip Ridley (1995), dans une forêt mythique, un personnage mystique et le châtiment du péché.

Ghost in the Shell de Mamoru Oshii (1995). Est un film extraordinaire ! Il traite du même thème que *Blade Runner* (1981) de Ridley Scott : un cyborg a-t-il le droit d'être un humain ? L'animation est fantastique ; elle utilise des cadrages, fausses perspectives et mouvements surprenants qui créent véritablement un nouvel univers dans l'esprit du spectateur et donnent de la chair (c'est le cas de le dire...) aux personnages. Une suite en 2004 : *Ghost in the Shell Innocence* du même réalisateur.

Waterworld de Kevin Reynolds (1995) semblerait inspiré du roman de Ballard, *Le Monde englouti*, mais bien loin du romantisme nostalgique de ce grand écrivain... Film au plus gros budget de l'histoire du cinéma à la date de sa sortie. Mais on a fait encore mieux depuis. Denis Hopper est toujours aussi bon en méchant. Le tout début est surprenant : soudain la caméra s'approche de la Terre que l'on voit dans le générique de l'Universal jusqu'à être filmée en gros plan alors que les continents disparaissent dans l'océan. Superbe raccourci cinématographique qui explique tout sans une parole ! Autrement, on a affaire au héros solitaire type western, différent des autres (celui-ci est un mutant), à des batailles médiévales avec des engins à moteurs sur la mer, à une cité engloutie (une station de ski avec les télésièges, c'est dire si la mer est montée haut...),

un antre de pirates constitué d'un vieux pétrolier (il faut bien du carburant pour leurs engins). Tout cela est une histoire biblique avec
une terre promise, un enfant qui montre le
chemin, enfant qui fut trouvé bébé dans un
panier à la dérive. Cela ne vous rappelle rien ?

Mary Reilly de Stephen Frears (1995), une
version originale du *Dr Jekyll et Mr Hyde*.
L'histoire vue par Mary Reilly, la servante du
Dr Jekyll. La violence, elle l'a déjà connue de
la part de son père qui la martyrisait. Ces terribles souvenirs sont inscrits dans sa chair
sous forme de profondes cicatrices que le Dr
Jekyll n'a pas manqué de remarquer. Alors que
Mary raconte comment son père l'enfermait
sous l'escalier avec un rat qui la mordait cruellement, le docteur s'exclame : *« C'est une histoire terrifiante, Mary ! »* Il y a aussi l'enfer de
la vie des domestiques chez un riche lord en
cette époque puritaine de l'histoire de
l'Angleterre. C'est le Dr Jekyll qui annonce
l'arrivée de Mr Hyde aux domestiques. Mais,
au fond, le plus terrible des Mr Hyde n'était-il
pas le père de Mary ? *« C'était comme s'il portait un autre homme en lui, et que l'alcool le
faisait ressortir. »* Déclara Mary au docteur qui
répondit : *« Peut-être lui rendait-il sa liberté...
»* Mr Hyde, lui, *« a surgi de l'ombre comme si
l'ombre l'avait englouti. »* Le sang des abattoirs était déversé dans la rue (il n'y avait pas
d'égout...) et, comme le déclare Hyde : *« Cet
hôpital et les abattoirs partagent les mêmes
caniveaux, c'est plus commode... »* Tout est
dans la suggestion dans ce magnifique film

(sauf les très bons effets spéciaux de la fin), la monstruosité n'est pas physique, mais morale ! Hyde, est, en quelque sorte, l'exécuteur des basses œuvres de Jekyll. Et il y a le désir... Les tentations physiques de Mary prennent le visage de Hyde... Car, déclare Hyde : *« Je suis le contrebandier. Il (Jekyll) n'est rien de plus que la cachette où j'ai trouvé refuge. »* À la fin, Mary s'éloigne seule dans le brouillard. Ah ! Le brouillard de Londres !

Scarabée de William Mesa (1996). Pas grand-chose ne m'avait échappé au fond dans le fait que j'ignorais la sortie de ce film : Alien + Predator, à Borneo = ennui (sauf la fille qui est très belle).

The Arrival de David Twohy (1996). Ils arrivent les extraterrestres. D'abord, ils veulent détruire l'espèce humaine en développant l'effet de serre. Ah ? On ne savait pas que c'était eux... Eux, ils disent qu'ils vont simplement accélérer ce que les humains de toute façon étaient en train de faire, mais plus lentement. Ne soyons pas méchants : l'idée n'est pas mauvaise et le film est excellent. Les extraterrestres de ce film sont reconnaissables à leurs... genoux. Une suite : *The Second Arrival* de Kevin S. Tenney (1998)

Planète hurlante de Christian Duguay (1996), la nouvelle espèce créée par l'homme et qu'il ne domine plus, les *« Épées mobiles autonomes »* (EMA) citent Shakespeare en tuant. *« On ne peut plus se fier aux appa-*

rences » déclare le héros du film. Les pierres ne sont pas des pierres, mais des animaux ; les enfants ne sont pas des enfants (rapprochement avec *Le Village des damnés* et *La Nuit des morts-vivants*) ; les soldats ne sont pas des soldats ; la fille n'est pas une fille... ce sont des modèles 3 et 2 des EMA. L'obsession de Philip K. Dick que la réalité n'est pas ce qu'elle est, obsession qui parcourt toute son œuvre et notamment la nouvelle qui a inspiré ce film (*Second Variety*) est parfaitement rendue. La guerre entre le Nouveau Bloc Economique et l'alliance a enfanté une espèce cruelle qui ne manque pas d'humour noir...

L'ombre et la proie de Stephen Hopkins (1997), deux lions (appelés Fantôme et Ténèbre) quasiment invincibles, déciment les ouvriers d'un chantier de construction d'une voie ferrée en Afrique. Très beau film.

Event Horizon, *le vaisseau de l'au-delà* de Paul Anderson (1997). Clive Barker a fait des adeptes. C'est l'atmosphère terrifiante de l'écrivain anglais de l'horreur que l'on retrouve dans ce film : du gothique à l'état pur, avec son architecture, ses grosses ferrailles, et ses instruments de torture. Cette ambiance est mêlée à de très belles images de science-fiction : planètes, vaisseaux spatiaux qui défilent. Ils ne sont pas si modernes que cela d'ailleurs, car les images transmises restent à deux dimensions. On retrouve l'atmosphère gothique partout : l'Event Horizon est un immense vaisseau en forme de croix, les décors sont sombres (« *Cet endroit est une tombe* » déclare le capitaine). L'Event Horizon n'était pas revenu après être passé *« de l'autre côté »*. Il a réapparu quelques années plus tard. Tout l'équipage est mort. Il ne reste d'eux que des débris affreux, témoignant d'une horreur sans nom (me voilà influencé par Lovecraft, c'est l'ambiance...) Le bloc médical ressemble à une crypte. On retrouve le même thème que dans *Solaris* (1972) d'Andreï Tarkovski, car, dans le vaisseau, les êtres humains développent leurs angoisses à partir de leur psyché et des névroses qu'ils ont contractées. Mais ici on a affaire à un film d'horreur. L'entité maléfique n'est jamais connue, donc jamais nommée, jamais vue. Seul l'homme qui avait construit le vaisseau la représente par son visage aux yeux crevés et à la peau découpée. Sam Neill est toujours aussi bon dans ce genre de rôle. Il y a les classiques débats entre le rationnel et l'irrationnel. C'est toujours ce dernier qui a raison, car les faits sont têtus, et même le rationnel ne peut pas les contourner. Nous sommes donc vraiment dans une sombre histoire du gothique le plus classique, les combinaisons spatiales remplaçant les armures. Voyons ce que dit Maurice Lévy, spécialiste du Roman gothique[7] : *« Roman médiéval et art gothique relèvent au même titre, en effet, de cette faculté tant décriée pendant l'âge classique : l'imagination. »* Et encore : *« Selon Blair* (ne pas confondre avec le Premier ministre anglais, il s'agit ici d'un critique littéraire

---

[7] In *Le Roman gothique anglais*.

du dix-huitième siècle NDLA) *à mesure que le monde progresse, l'entendement gagne du terrain sur l'imagination ; l'homme s'applique à mieux connaître la cause des choses, et s'en émerveille de moins en moins [...] Ce vieillissement de l'imagination explique qu'il faille se tourner vers les premiers âges des civilisations pour trouver une poésie authentique, toute poésie étant "fille de l'imagination"* ». Et enfin : « *La nuit accroît nos craintes par l'incertitude où elle nous plonge. C'est parce qu'elle est terrible en soi qu'on l'associe aux fantômes et non pas, comme le prétendait Locke, parce qu'elle est associée aux fantômes qu'elle est terrible.* »

Ces citations montrent parfaitement la démarche du film, car là où s'est rendu l'Event Horizon est « *une dimension de pur chaos* ».

L'île du docteur Moreau, de John Frankenheimer (1997), après trois autres versions de la fameuse histoire de H. G. Wells – l'écrivain anglais de science-fiction – John Frankenheimer s'est attaqué audacieusement à une nouvelle adaptation de cette œuvre. Il fallait certainement le faire avec les moyens modernes de maquillages et effets spéciaux qui sont, effectivement, très bien utilisés. Ici, le film est en deux parties : une première avec un Marlon Brando très kitsch, véritable autodérision de l'acteur – particulièrement pour son rôle dans *Apocalypse Now* (1979), de F.F. Coppola – et une deuxième, après la mort du docteur Moreau, personnage qu'il interprète, quand les bêtes *humanisées* deviennent les personnages principaux. Bien sûr, ce n'est pas un chef-d'œuvre et Frankenheimer n'est pas un très grand maître. Mais pourquoi renâcler devant un film bien fait qui ose l'autodérision et qui adapte correctement une œuvre littéraire aux dernières découvertes scientifiques ? *« Le diable est un ramassis de gènes. Je l'ai coincé dans mon microscope »*, déclare le docteur Moreau.

Relic de Peter Hyams (1997), est une histoire de monstre. Qui n'adore pas les histoires de monstre, dragons et ogres des contes de fées de notre enfance ? *Relic* voudrait nous montrer un monstre moderne. Comment le scénariste et le créateur de la créature ont-ils procédé ? Tel le docteur Frankenstein, ils ont mis tous les membres et organes des monstres de l'histoire du cinéma et de la littérature dans leur chaudron intellectuel et en ont créé un nouveau. Enfin, du moins le croient-ils. On pourrait s'imaginer que l'histoire est tirée de : *L'horreur dans le musée* (1933) d'Hazel Heald, nouvelle révisée par Lovecraft. Mais pas du tout, rien à voir. Effets spéciaux obligent. Alors, prenez *Alien* (1979) de Ridley Scott, ajoutez une pointe du *Retour des morts-vivants* (1984) de Dan O' Bannon, une pincée de *Gremlins* (1984) de Joe Dante, un bon kilo de *Jurassic Park* (1993) de Steven Spielberg, une petite ironie du *Blob* (1988, de Chuck Russel, un remake d'un film de série B, *The Blob* (1958) d'Irvin S. Yeaworth Jr.), une petite goutte de *La Chose d'un autre monde* (1951) de Christian Nyby, et surtout de son remake (1982), *The Thing* de John Carpenter, et, pour finir, ne pas oublier un zeste de *Planète interdite* (1956) de Fred M. Wilcox. *The Relic* est aussi un roman homonyme de Douglas Preston et Lincoln Child.

Nirvana de Gabriele Salvatores (1997), les cinéastes italiens se sont fait une solide réputation dans la reprise des thèmes du cinéma américain, thèmes qu'ils ont parfois enrichis et développés avec beaucoup d'originalité. Ce fut le cas du western dit "spaghetti" et des films d'horreur, notamment des histoires gore et de morts-vivants. Dans le domaine de l'horreur, ils ont su, avec des cinéastes comme Dario Argento, notamment, prendre une voie originale. Cela n'a jamais été le cas pour le cinéma de science-fiction. Dans ce domaine-là, les Américains semblaient imbattables. Eh bien non ! Avec *Nirvana*, les Italiens semblent vouloir suivre la même voie que pour les films d'horreur : le dépassement du système américain de traitement cinématographique du thème. L'Italien Gabriele Salvatores s'inspire ouvertement du grand écrivain américain de science-fiction, Philip K. Dick et s'appuie sur les images et le scénario du film *Blade Runner* (1982), de Ridley Scott, adaptation de la nouvelle de Philip K. Dick *Les Androïdes rêvent-ils de moutons électriques ?* Et ce diable d'Italien invente vraiment quelque chose de nouveau ! Dick s'est toujours demandé si le monde dans lequel nous vivions était bien réel ! Et c'est de cette question que traite toute son œuvre. Mais chez lui, c'est plus une question psychiatrique que philosophique. Il exprime ainsi dans ses écrits un profond humanisme. De monde virtuel, il en est question dans *Nirvana*. Ici, ce n'est pas le Los Angeles de *Blade Runner*, mais peut-être Milan, une vaste métropole, véritable tour de Babel dans laquelle les hommes cherchent à se comprendre. Pour cela, ils essaient de se *connecter*, au sens informatique du terme. Drogues diverses (et P. K. Dick en avait essayé beaucoup...), interface entre la chair et la machine (un des personnages a vendu ses yeux pour vivre et s'est fait greffer des objectifs en noir et blanc...), entre l'électronique et le système nerveux, virtuel vivant et réel mort : les personnages ne savent plus s'ils sont réels ou inventés par le monstrueux système de domination des multinationales de l'informatique. Les gros plans alternent avec des cadrages et des perspectives qui donnent à penser à l'image virtuelle des jeux vidéo. Lorsque les personnages vivants sont ceux du jeu, les couleurs changent sans cesse : surtout le rouge à lèvres de Maria qui devient vert et sa robe moulante qui passe du jaune au violet, etc. La maladie mentale devient une partie de plaisir et la fille aux cheveux bleus veut « *Changer le monde* » ! Mais ne vous y trompez pas, il ne s'agit pas d'un changement politique ou économique. Il s'agit d'un changement *intérieur,* car le monde existe-t-il réellement en dehors de nous ? D'ailleurs cette fille a perdu tous ses souvenirs. Elle pourra assimiler ceux de Lisa, morte depuis longtemps, grâce à un système greffé à son cerveau.... « *Les morts aiment*

regarder les vivants les pleurer », déclare So-
lo, le personnage du jeu qui est devenu réel à
cause d'un virus informatique... Ici, dans le
monde réel, il neige, nous sommes en décembre, là-bas, dans *Nirvana*, il tombe des
confettis....

Anaconda, le prédateur de Luis Llosa
(1997), un serpent géant qui avale ses proies
humaines comme vous gobez un œuf ! Ce film
pourrait être classé dans la catégorie des films
sur la nature terrifiante. Cette catégorie a été
inaugurée par *King Kong* (Schœdsack et Cooper – 1933), le gorille monstrueux, le seul
monstre de la nature qui fut à plaindre. Bien
plus tard, Steven Spielberg relance le mythe
avec L*es Dents de la mer* (1975), et puis Stephen Hopkins nous offre des lions avec
L'ombre et la proie (1996). Il y a eu aussi *Razorback* (Russel Mulcahy – 1984) qui met en
scène un sanglier chasseurs de chasseurs. Que
ce soit des requins ou des lions, on a affaire à
un prédateur sans pitié comme savent l'être
ces êtres instinctifs. Longtemps, ce qui était
fantastique c'est que de tels monstres pouvaient avoir une origine humaine. Ce fut le cas
dernièrement encore avec *Relic* (Peter Hyams
– 1997). Mais *Anaconda* s'inscrit bien dans
cette tradition du monstre "naturel", d'une
monstruosité de la nature qui n'est dangereuse que parce que l'homme y met son grain
de sel. D'ailleurs, les hommes font un dieu de
tels prédateurs. Et ce n'est pas chez le
monstre qu'on trouve le démon, *« mais en
chacun de nous »* comme le déclare le mé-

chant chasseur de serpents. Ce film est intéressant à bien des égards. D'abord pour la
perfection de ses effets spéciaux : un vrai
cours magistral sur la méthode de chasse de
tels serpents. Effrayant ! Ensuite pour l'étude
minutieuse de la nature et de ses dangers présents dans un système fluvial puissant comme
celui de l'Amazone. L'homme lui, ne doit pas
se laisser aller à ses instincts. La scène des
lucioles et de leurs appels lumineux pour la
reproduction sert de cours didactique sur ce
sujet.

Un Cri dans l'océan de Stephen Sommers
(1997). *« Qu'est-ce qu'il y a encore ? »* Telles
sont les dernières paroles du film alors que le
spectateur croit les héros tirés d'affaire sur
une île et que l'on entend des grognements
terrifiants. La caméra qui s'élève dans le ciel
montre un volcan en éruption et des arbres
démolis par une énorme créature que l'on ne
voit pas, mais dont on aperçoit les effets. Ils
ne sont pas sortis de l'auberge comme dirait
l'autre. Le cinéaste est bon, les effets spéciaux
excellents. Que demander de plus pour un tel
film d'horreur ? Les premières sombres images
des profondeurs avec leurs épaves sont saisis-
santes. Ici, la mer n'est pas accueillante : elle
est noire, il pleut tout le temps et la vedette
qui transporte les héros vers leurs destins est
toute rouillée... Quant au paquebot
« L'argonautica », les passagers devaient pouvoir y réaliser tous leurs rêves, mais il découvriront l'horreur des profondeurs. Le scénario
ressemble beaucoup à celui d' *Alien la résur-*

rection (1997) de Jean-Pierre Jeunet, avec un peu de *Titanic* (1997) de James Cameron, mais c'est dû à "l'air du temps des scénaristes", car Sommers ne peut pas avoir vu ces films avant de réaliser le sien ! Par contre on se demande si Stephen Sommers a lu Lovecraft. Car son monstre semble directement inspiré des œuvres de cet écrivain qui a beaucoup écrit sur la terreur provenant des profondeurs maritimes, car, selon lui, dans ces abîmes, dorment des monstres. Le monstre de *Un Cri dans l'océan* semble tout droit sorti des descriptions du grand Cthulu de Lovecraft...

Mimic de Guillermo del Toro (1997), une manipulation génétique (croisement de termite et de mante) détruit les cafards, mais produit une nouvelle espèce géante qui a la particularité de mimétisme avec les humains. Diabolique non ? Toute l'action se passe dans les *« tripes de la ville ».* C'est ainsi que le technicien de la station d'épuration désigne les égouts. Mais surtout dans le métro, et non plus dans un vaisseau spatial ou une station polaire. Magnifique scène de l'enlèvement de la belle par la bête. Le bruit des rames de métro ressemble à celui des insectes. Il y a de superbes scènes d'horreur.
Une séquelle : **Mimic 2** de Jean De Segonsac (2003) et même un **Mimic 3** !

Alien la résurrection de Jean-Pierre Jeunet (1997), dans une station spatiale, un médecin fait renaître Ripley et son monstre grâce aux manipulations génétiques (encore !). Contrairement à ce que dit J.P. Jeunet dans ses nombreuses interviews, je trouve que l'influence d'Hollywood est manifeste. Une fois de plus la Terre est menacée par les monstres. L'ambiguïté de la nature de Ripley (monstre ou être humain ?) n'est pas très bien rendue : il est dommage que la dernière scène qui suggère un accouplement avec le monstre ait été édulcorée, ne signifiant pratiquement plus rien ... Quant aux yeux du nouveau-né, il faut avoir lu un article sur le film pour voir que ce sont ceux de Ripley... Il y a quand même un peu de Jeunet dans ce film grâce aux acteurs et au directeur de la photo. Humour noir : le soldat attaqué par-derrière par un monstre sourit niaisement et ramène de derrière sa tête avec ses doigts un morceau de sa cervelle. Le pirate de l'espace descend un alien et sursaute devant une petite araignée... *« Tu es programmée pour être une conne ? »* Questionne Ripley en s'adressant à Call la jolie robot. C'est dans ce film que l'alien est le plus lovecraftien, dès les images du générique qui montrent en gros plan les parties des corps des sept autres mutants ratés avant Ripley. Un scénario faible, beaucoup d'action et la bête a perdu tout son mystère, car on en voit les moindres détails...

Sphere de Barry Levinson (1997). Avec Sharon Stone qui est toujours aussi formidable ! Quant au reste... une histoire d'extraterrestre perdu au fond des mers dans un vaisseau spatial américain venu du futur et échoué là depuis trois cents ans. Un petit suspens dû aux paradoxes des voyages dans le temps et un hommage appuyé à *Vingt mille lieues sous les mers* de Jules Verne. Michael Crichton semble avoir usé ses capacités d'imagination... Le genre de film où l'on s'y croit quand on le regarde, parce qu'il est bien fait, et on est déçu ensuite.

Bienvenue à Gattaca de Andew Niccol (1997). Ce sont les paroles qu'entend le héros du film à chaque fois qu'il entre dans cet endroit qu'il veut conquérir à tout prix. Et c'est là que se situe la faiblesse fondamentale de l'histoire : Vincent, l'être humain sorti du ventre de sa mère, qui possède une mauvaise vue, n'est pas vraiment mécontent de la société que lui offre Gattaca. Cela serait même plutôt le contraire : il veut la tromper pour mieux s'y intégrer afin d'atteindre un objectif individuel égoïste : partir dans l'espace. Il réussira avec la complicité finale de Gattaca par l'intermédiaire du flic généticien qui le laissera quand même passer bien qu'ayant découvert sa supercherie... Les moyens utilisés pour la substitution de personnalité sont grotesques : pourquoi laisse-t-on Vincent aspirer régulièrement le clavier de son ordinateur afin de ne pas y laisser des débris de son corps (morceaux de peau, d'ongle...) ? Comment un médecin dans une société aussi totalitaire et policée peut-il être assez con (excusez le terme...) pour laisser un suspect intervertir un flacon de sang ? Comment le flic n'a-t-il pas eu l'idée de demander à Jérôme de se lever ? Etc. À la fin, tout le monde est content, le héros s'envole, l'autre se brûle vif dans l'incinérateur et Gattaca continue à sévir, imperturbable, *« en ayant fait de la discrimination une science »...* Vincent s'en fout, il est parti sur Titan ! La démerde, y a que ça de vrai ! Et ce n'est pas tout : les voitures électriques font un bruit assourdissant ! Un pianiste a douze doigts (et pourquoi donc se sont-ils arrêtés à douze ?) Voilà un film génétiquement ennuyeux.

Dans le genre histoires d'in vitro, il y a deux tendances : celle qui en fait des êtres supérieurs, façonnés pour posséder toutes les qualités, comme dans *Bienvenue à Gattaca* et celle, inverse, où ils sont des parias, des êtres inférieurs artificiels, comme dans la série télévisée *Space 2063*. C'est comme on veut : l'histoire décidera d'elle même !

Men in Black de Barry Sonnenfeld (1997), est tiré d'un comic book (BD bon marché...) Marvel signé Lowel Cunningham dont Sonnenfeld a retiré le côté sombre et violent – dommage. La scène de la libellule du générique qui s'écrase sur le pare-brise de la voiture des immigrés clandestins est formidable. Le film accumule les types d'extraterrestres dont je tente ici de donner une liste : un gros monstre genre gastéropode, un autre qui grimpe aux murs (mais on ne voit que son apparence humaine, on l'appelle le céphalopoïde), un qui a la tête qui repousse quand on lui a arrachée, des espèces de sauterelles-grenouilles qui boivent du café, une espèce d'anémone de mer avec plein de doigts pour pianoter sur un tableau de commande et un œil, un calamar nouveau-né, un « bestiole » (un monstrueux cafard), un chien, un petit extraterrestre au crâne disproportionné qui pilote un faux corps humain dans la tête de ce dernier, et... Michael Jackson *(« pas très réussi »,* dit l'héroïne)... Autrement, quelques références cinématographiques comme celle de la série *Les Envahisseurs* par cette phrase d'un protagoniste : « *Un jeune type qui cherchait une route et que jamais il ne trouva* », et littéraire *Le Père truqué* de Philip K. Dick (encore lui !) ou, si vous préférez, *La Couleur tombée du ciel* de Lovecraft, toujours imitée... Évidemment, seule une élite peut « *savoir* », il faut laisser croire aux gens qu'ils ont de « *l'emprise sur les choses* » puisque le service des Men in Black a le devoir de « *mentir au peuple si on veut qu'il vive heureux...* » C'est pas un peu fasciste ça ? D'ailleurs notre univers ne vaut pas une chique ! Oh ! Pardon, pas une bille ! ... Le chanteur de rap Will Smith (que nous avons déjà vu dans *Independence Day*) est assez mauvais acteur, je le préfère chanteur dans son clip sur le film...

Le Loup-garou de Paris de Anthony Waller (1997). On attendait depuis longtemps ce remake du *Loup-garou de Londres* (1981) de John Landis. Pas mal réussi : toutes les idées ont été reprises (notamment les zombies en charpie, anciennes victimes du loup-garou), l'humour se mêle à l'horreur et au macabre. Ici la fin est heureuse contrairement à celle du film de John Landis. Ce qui change vraiment, ce sont les effets spéciaux, car les loups-garous sont en image numérique, ce qui n'est pas mal, ne soyons pas nostalgiques des bons vieux maquillages et maquettes en plastique s'il vous plaît. Un générique puissant qui vous donne envie d'en savoir plus, une fille qui perd sa chaussure comme Cendrillon (après avoir été sauvée du suicide par un saut en élastique d'un jeune Américain du haut de la tour Eiffel). On croit à un moment donné que cette fille est infirmière comme celle du film *Le Loup-garou de Londres*, mais on se trompe, car elle s'était déguisée pour venir voler un cœur (anato-mique) dans la salle d'opération de l'hôpital... Comme dans le film précédent, l'humour am-plifie la terreur. Il y a un autre conte de fées puisqu'on parle aussi du Petit Chaperon Rouge... Et puis un thème qui a été repris de *Full Eclipse* film de télévision d'Anthony Hickox dans lequel un sérum permet de se transformer en loup-garou quand on le veut pour mieux débarrasser le monde des êtres inférieurs qui l'encombrent... La scène de la fête et des gens qui se transforment en loups-garous n'est pas sans rappeler *Une Nuit en enfer* (1995) de Robert Rodriguez.

Starship Troopers de Paul Verhœven (1998), si seulement Robert Heinlein avait vu cela : une adaptation de son livre qui porte le même titre en anglais (*Étoiles, garde-à-vous !* en français) publié en 1959. Le film prend exac-tement le contre-pied du roman ouvertement fasciste. Les insectes géants contre qui les humains – de véritables petits nazis – font la guerre sont presque plus sympas. Dans la littérature SF, il y a d'autres histoires de guerre contre des insectes, comme *La Stratégie Ender* (1977) d'Orson Scott Card qui avait sûrement lu le roman d'Heinlein, ce vieux réactionnaire qui avait soutenu l'intervention américaine au Vietnam. Le cinéma ne possédait pas les moyens techniques pour traiter un sujet aussi difficile. Même la série de télévision *Space 2063* (1995) ne montrait qu'occasionnellement l'ennemi. Cette fois, Paul Verhœven a franchi le pas et a fait d'un roman réactionnaire un film de guerre contre la guerre. On retrouve des scènes de films de guerre fabuleux, notamment les films de guerre contre les Japonais, mais aussi les westerns (non ! je ne compare pas les Japonais et les Indiens avec des insectes...). Mais ici la guerre est montrée dans toute son horreur, et l'idéologie qui mène à la boucherie cette chair à canon constituée par l'infanterie est clairement désignée par les uniformes identiques à ceux de la Gestapo. C'est vrai qu'il n'est pas facile de décrypter cela. Mais le traitement infligé à la fin du film à la reine des insectes montre sans ambiguïté que la barbarie est aussi du côté des humains. Contrairement à Heinlein, Verhœven ne défend pas l'idéologie américaine. Il la critique violemment au travers, notamment, des démonstrations du « *Net* » (cette vaste *toile* d'information) d'une manière qui renvoie à CNN pendant la guerre du Golfe, mais aussi dans l'utilisation d'acteurs qui jouent volontairement mal et du style de la mise en scène parodiée des sitcom. Le réalisateur a aussi choisi des comédiens aux traits réguliers pour reprendre, dit-il, le style des bandes dessinées. Lors de leur première attaque de la planète des « *arachnides* », l'armée humaine subit des pertes énormes : cent mille morts ! Ce film est de la même veine que les grands films de guerre pacifistes comme *Les Sentiers de la gloire* (1957) et *Full metal jacket* (1987) de Stanley Kubrick, ou *Les Hommes contre* (1970) de Francesco Rosi. Ces films montrent comment l'infanterie sert de masse de manœuvre pour les ambitions personnelles des généraux. Et les insectes ? Un ennemi tout trouvé en ces temps où plus rien n'est clair et où l'Amérique ne se sent plus d'adversaire à sa taille… Les effets spéciaux sont superbes ; ils sont, ici, contrairement à d'autres films au service de l'histoire et du vrai artiste qu'est Paul Verhœven. *Starship Troopers* est un grand film politique !

Une séquelle : **Starship Troopers 2** de Phil Tippett (2003) et encore plusieurs ensuite…

In the Woods de Lynn Drzick (1998)

Ça commence avec une scène d'intervention de pompiers. Curieux non ? Puis on s'emmerde un peu. Mais on continue à regarder. La scène de ménage ensuite est très mal jouée. Ça ne donne pas envie de continuer, mais on continue quand même. Après dix-huit minutes de film, deux personnages font une virée dans la forêt avec chacun un fusil. Pour chasser quoi ? Ils trouvent dans une clairière une espèce de tombe de bric et de broc. Comme des gens ont disparu dans le coin, ils creusent pour savoir ce qui est enterré là. Ils trouvent un crâne avec trois cornes et de grosses dents. Ils ont peur. Après, ils retournent au bar... Le pauvre Alex, il a des problèmes alors il boit et Hélène ne comprend pas. On s'ennuie toujours à la trentième minute ! Alex trouve des restes humains en sortant de son garage, mais l'ennui persiste. C'est incroyable ce que c'est mal joué. Ne parlons pas des dialogues bâclés. Tout cela me fait penser aux films... d'Ed Wood Junior. Bon... le jeu de mots était trop tentant... Et quand les "effets spéciaux" arrivent, le jeu de mots se confirme !

Deep Impact de Mimi Leder (1998).N'avez-vous jamais regardé le ciel étoilé d'une claire nuit d'été ? Et, parfois, n'avez vous jamais ressenti une sourde terreur en imaginant les espaces infinis ? Parfois, la terreur vient du ciel ! Lorsque je vais voir un film, je prends des notes. Pour celui-ci, je vais conserver la chronologie de celles-ci que je vous offre intégralement : les Américains dévorent toujours des pizzas quand ils pianotent sur l'ordinateur. Suspens informatique de réseau : la connexion ne se fait pas ! Faut y aller en voiture... Les camionneurs américains boivent toujours des canettes en conduisant et le pauvre astronome téléphone avec son portable, le volant d'une main, le téléphone de l'autre. Alors, cela n'a pas manqué : canette + cigarette + téléphone portable = accident ! La mini catastrophe avant la vraie. Il faut faire durer un film, alors les préliminaires s'éternisent. Il y a un gros secret d'État dans l'histoire (une comète va heurter la Terre !), mais il est facile de découvrir la vérité sur Internet... (C'est bateau, non ?) Que cela manque de rythme ! Ah ? Un président américain noir. Pas mal !

Incroyable : le spécialiste du nucléaire dans l'équipe spatiale est Russe ! Quels sont les problèmes économiques et sociaux qui se produiraient après l'annonce de la fin du monde ? Ce problème devait être trop difficile à traiter... La gloire de l'astronome amateur fait plaisir, mais le montage du film ennuie. Il y a le vieux sage de l'équipage et les petits cons.. Enfin de belles images de science-fiction avec station orbitale et vaisseaux spatiaux. Mais un peu courtes. On se demande pourquoi le vaisseau spatial passe par le chemin le plus difficile : par la queue de la comète ! Alors qu'il était si facile de passer à côté ! Superbe l'atterrissage sur le sol de la comète ! Formidables scènes sur cet immense caillou qui file dans le ciel ! Ah, mais... Il y a toujours un problème. Il y a des Gremlins partout. Qui sera tiré au sort pour survivre ? Loi martiale et couvre-feu : l'autorité de l'État sera-t-elle suffisante ? Comme d'habitude le président des États-Unis croit en Dieu. Et pourquoi donc ont-ils sélectionné cette conne de journaliste ? On voit l'anarchie se développer... à la télé. Poignant la lecture de Moby Dick à l'astronaute aveugle ? Ce ciel étoilé est vraiment plein de menaces ! Le sacrifice individuel, la courte paille, l'embouteillage : l'horreur ! On comprend pourquoi la journaliste a été sélectionnée : pour qu'elle puisse se sacrifier. Quelle grandeur d'âme ! Elle pourra ainsi retrouver son vieux père et ils se feront de petits aveux pas chers. Superbes effets spéciaux de la catastrophe. Vive la montagne et à bas la mer ! Heureusement qu'il y a la bombe atomique ! Une pluie d'étoiles filantes et une saisissante image finale.

Voilà.

À l'approche du troisième millénaire, il est de bon ton de raconter des histoires de fin du monde. Visiblement, celle-ci n'a pas vraiment enthousiasmé la réalisatrice...

Le Mystère des fées (Une histoire vraie) de Charles Sturridge (1998). Les fées existent-elles ? Deux petites filles y croient et les ont photographiées. Elles ressemblent un peu trop à celles de Walt Disney, mais enfin... On aurait pu avoir une merveilleuse histoire avec un sujet pareil. Hélas, ce n'est pas le cas. Malgré la présence d'Arthur Conan Doyle (joué par Peter O'Toole) et Harry Houdini (joué par Harvey Keitel). Cela sera peut-être pour la prochaine fois. Si Arthur Conan Doyle a été convaincu par les photographies de ces fées ce ne fut pas le cas d'Arthur Machen[8].

Cette histoire a été également traitée par le film **Forever** de Nick Willing (1997)

Armageddon de Michael Bay (1998). On pourrait changer le titre du film et

---

[8] Arthur Machen (1863 – 1947) écrivit plusieurs histoires sur ce qu'il appelait « Le petit peuple ». Il est également l'auteur du récit : « Le Grand dieu Pan » (1894). Lovecraft était plein d'admiration pour cet écrivain anglais de « La science des fées »

l'appeler : *Les Pieds Nickelés sauvent le monde*. Au départ, c'est intéressant. On apprend (pour ceux qui ne le savaient pas...) qu'un météorite s'est écrasé sur la Terre il y a soixante-cinq millions d'années (il est tombé sur ce qui est la Sibérie aujourd'hui, mais le film ne le dit pas et on a du mal à reconnaître le coin sur la vue satellitale qui nous est présentée – une image de synthèse, rassurez-vous...) Le film reprend une explication aujourd'hui remise en cause par les scientifiques : c'est cet impact qui serait responsable de la disparition des dinosaures. Puis, ça démarre sur les chapeaux de roue : New York est bombardée. Carrément ! Le chauffeur de taxi croit que c'est Saddam Hussein. Mais il se trompe : ce sont des météorites. Il y a aussi l'astronome, comme dans *Deep Impact*, mais il ne fait qu'une apparition type étoile filante. On apprend alors que la fin de l'humanité est proche. Les larmes nous monteraient presque aux yeux, dites donc ! *« On peut faire quelque chose demande le président ? »* (Ah ! ah ! ah !) Oui, voilà ce qu'ils vont faire : ils vont recruter une bande de Pieds Nickelés spécialistes du forage et du bricolage et avec l'aide de la toute puissante technologie américaine, ils vont détruire cette putain de météorite qui menace le monde. Et vive les États-Unis ! À part cela, ceux qui ont fait le film ne semblent pas savoir non plus (comme ceux de *Star Wars*) qu'on n'entend pas de bruit dans l'espace. Mais vous connaissez un spectateur qui serait heureux de voir des images sans son, vous ? Si la technologie US est magnifique, il n'en est pas de même de la pauvre technique du défunt empire soviétique. Le cosmonaute (du nom d'Andropov, le même nom que l'ancien directeur du KGB, qui fut secrétaire général du PCUS un court moment...) est un merveilleux bricoleur. *« Il y a quelqu'un ? »* Questionne le cosmonaute américain en débarquant sur MIR. *« Touchez surtout à rien ! »* Ordonnera, plus tard, Andropov. Bon, ils vont toucher et tout va exploser. Sacrés Soviétiques va ! Il y a de l'émotion, il y a des bons effets spéciaux, les acteurs ne sont pas mauvais (mais pourquoi ils ont mis cette voix niaise pour doubler Bruce Willis ?), mais on en a un peu assez de cette idéologie, non ? Le monde se réduit à quelques Indiens qui prient dans un temple et à des Français représentés comme bergers coiffés d'un béret basque, avec les moutons et le Mont-Saint-Michel en arrière-plan ! Il y a bien une citation du *Dr Folamour* (1963) de Stanley Kubrick, mais c'est pour prendre complètement le contre-pied de ce chef-d'œuvre...

Godzilla de Roland Emmerich (1998). Fallait-il le faire ? Telle est la question que je me posai avant d'aller voir le film. En effet, je n'ai jamais été vraiment attiré par les monstres du cinéma japonais. Après le *Godzilla* de Honda qui est un bon film, on a assisté à une floraison de monstres qui détruisaient Tokyo à chaque film. Comment toute cette aventure a-t-elle commencé ? Honda voulait faire un film contre les bombardements atomiques de Nagasaki et Hiroshima. Mais la censure américaine veillant, il ne pouvait se permettre de traiter le sujet de manière réaliste. Alors il inventa le monstre né des explosions nucléaires américaines, sans que cela soit dit (mais cela se comprend très bien dans le film). Devant son succès phénoménal, Hollywood ne put se résoudre à laisser échapper une telle manne. Alors le film fut distribué aux États-Unis, mais... modifié ! En effet, la guerre contre le Japon étant encore très récente, il était difficile de montrer un film où il n'y avait que des Japonais... Alors on ajouta des scènes avec un journaliste américain joué par Raymond Burr. Incroyable ! La version originale japonaise est disponible en vidéo.

Bien, revenons au film de Roland Emmerich. Je disais qu'il avait fallu le faire. Effectivement, ce film a donné une vraie nouvelle vie au monstre grâce aux stupéfiants effets spéciaux. N'en déplaise aux ringards, les effets spéciaux avec les images de synthèse sont une nouvelle étape dans l'histoire du cinéma, après le son et la couleur... Et il faut bien admettre qu'ils apportent une capacité inouïe de donner vie à l'imagination au travers de l'image. Ni le « réalisme socialiste », ni le « néoréalisme », ni la « nouvelle vague » n'y peuvent changer quelque chose !

Le film commence par la Marseillaise et des images d'explosions nucléaires dans le pacifique, explosions dans l'atmosphère qui n'ont pas eu lieu en réalité depuis de nombreuses années, les derniers essais ayant eu lieu en souterrain. Puis, le début respecte le scénario du film de Honda : un cargo de pêche japonais

est coulé mystérieusement... Il y a aussi un survivant recueilli par les Français et qui répond à la question posée par l'agent secret :
— *Dis-moi ce que tu as vu grand-père ?*
— *Godzilla ! Godzilla !*
Des chalutiers américains seront coulés en étant aspirés vers le fond. La bête est passée du Pacifique à l'atlantique en traversant Panama... Pour rester dans le nucléaire (à croire que les Américains n'ont pas d'armement nucléaire), on va chercher un scientifique qui étudie la mutation des vers de terre à Tchernobyl. Méthode classique d'un scénario : les différents personnages sont filmés dans les différents coins du monde où ils ont leur activité.
Une magnifique transition : la caméra en hélicoptère filme une voiture qui roule sur une route au Panama, avec, de chaque côté de la voie, les traces géantes de la bestiole. Au plan suivant, la caméra filme de la même manière une rue de Manhattan, « La ville qui ne dort jamais ».
Ici, contrairement à *Independence Day*, du même réalisateur, l'armée américaine manque d'efficacité. Elle accumule même les maladresses. Il faudra la compétence et l'acharnement de l'agent secret français (joué par Jean Reno, toujours aussi superbe) pour permettre aux militaires US de régler le problème. D'ailleurs les maladresses militaires démolissent beaucoup plus New York (dont la population a été évacuée) que la grosse bête. Une très grosse bestiole très dure à tuer. Le film critique aussi les politiciens (le maire...),

la télévision... C'est donc l'anti *Indepedence Day* . Pourquoi Hollywood a-t-elle fait ce choix, disons... idéologique ? Eh bien, Hollywood se fout de l'idéologie, sauf quand elle intéresse le marché, les dollars, sonnants et trébuchants. Si l'idéologie d'*Independence Day* a agacé plus d'un spectateur, il était simple de les contenter cette fois avec un aussi gros budget. Et ça marche ! À part ça, on ne s'ennuie pas une minute. Le monstre est magnifique. L'humour est grinçant et la musique formidable. C'est filmé par un grand professionnel. À la fin il reste un œuf de Godzilla. À bientôt donc pour *Godzilla 2*...

Une petite erreur dans le film : les reptiles n'ont pas d'odorat. Mais, Godzilla est-il un reptile ? Il faut enfin noter qu'Emmerich rend hommage au film *King Kong* dans plusieurs scènes et, notamment, celle de la fin avec les battements de cœur du monstre...

Blade de Stephen Norrington (1998). De la techno et du sang... Le scénariste, David S. Goyer, déclare avoir découvert le personnage de Blade dans un comics : *Tomb of Dracula...* À partir de là, un nouveau personnage est né. Les chasseurs de vampires plaisent aux producteurs. Dans ce film, fort bien réalisé, avec des effets spéciaux au service de l'histoire, on donne des explications "scientifiques" au phénomène du vampirisme. Il y a beaucoup de bagarres (il faut donc aimer cela au cinéma...) et le scénario ressemble un peu à celui du *Cinquième élément* de Luc Besson... À part cela, on passe un bon moment sans s'ennuyer, et on retrouve bien notre plaisir d'adolescent en train de lire une bonne vieille BD ! Si on a vieilli trop vite, tant pis !

Virus de John Bruno (1998). Les cyborgs sont de retour ! Un merveilleux film d'horreur de science-fiction. Le must du fantastique. Un film où on ne s'ennuie pas une minute, à base de problèmes scientifiques, dans un lieu clôt, ici, un bateau abandonné... Avec le grand Donald Sutherland qui n'a jamais craint de jouer les méchants. Un spectacle bien filmé, bien monté, avec d'excellents effets spéciaux, d'excellents acteurs. Les images de tempête dans l'océan sont magnifiques et parfois plus terrifiantes que les monstres. Ces derniers sont également magnifiques dans leur horreur. L'équipe traditionnelle d'aventuriers est au complet : le trouillard, celui qui ne croit pas aux petits hommes verts, le traître, celui qui devient fou... Cette équipe à la recherche d'un trésor dans un milieu ultra hostile (le navire abandonné) me fait songer au magnifique western *Le Jardin du diable* (1954) d'Henry Hathaway. Là le milieu hostile était la montagne et le danger les Indiens... Tout le monde sait qu'aujourd'hui, ce sont les extraterrestres qui ont remplacé les Indiens dans le cinéma moderne américain. La station spatiale Mir est investie par une entité extraterrestre énergétique et transmet son signal au navire russe qui est un relais spatial sur l'océan. Quelques citations : *« On est des pièces pour lui. »* – *« La chose venue de Mir a besoin de courant... »* Les deux composantes de la terreur prométhéenne des écologistes sont la source de l'horreur présente sur le navire : l'énergie électrique et l'informatique... Ainsi, l'atelier de montage des cyborgs est proprement stupéfiant, car il renvoie, dans l'esprit du spectateur aux lignes de montage robotisées de l'industrie automobile... Le film finit par un cauchemar, mais, les dernières paroles sont : *« On s'en est sorti ! »*

Comportements Troublants de David Nutter (1998). David Nutter a réalisé certains des meilleurs épisodes de *X-Files* et aussi dans bien d'autres séries comme *Space 2063*. Il reprend le thème d'*Orange Mécanique*, c'est-à-dire faire de bons élèves intelligents avec des mauvais garçons. Mais que voulez-vous, depuis le docteur Frankenstein, tout le monde sait qu'il ne faut pas brutaliser la nature...

Le Fantôme de l'Opéra de Dario Argento (1998). *« Je ne suis pas un fantôme, je suis un rat ! »* affirme le fantôme à sa victime... Un rat de l'Opéra alors ? Voilà l'ambiguïté de ce film : parodie ou pas parodie ? Argento a abandonné l'expressionnisme pour le baroque. Son film ressemble au film *Le Masque de cire* (1996) de Sergio Stivaletti (voir ci-dessus). Argento avait déjà mis les rats en scène dans *Inferno*. Mais là les rats prennent forme humaine. Il y a même la grosse italienne des films de Fellini (un hommage ?), des vers, des araignées et des chauves-souris. Les scènes gore sont plutôt du genre comique, pleines de sens (il lui mange la langue, il est coupé en deux, il est empalé phalliquement), gros plan sur la plaie et... sur la luette de la Diva... Les queues de rat sont dans des bocaux et un type construit une balayeuse à rats. Enfin, tout le monde sait qu'un rat est dur à tuer. Mais il suffisait d'utiliser de la mort-aux-rats ! Alors, satire ou pas ?

De toute façon une manière nouvelle de traiter une histoire somme toute pas vraiment fantastique...

Peur Bleue de Renny Harlin (1999)

Ce film n'est pas un film de série B encore moins de série Z. C'est un film réalisé avec de gros moyens, des effets spéciaux inventifs et une belle réalisation.

Il a néanmoins sa place dans cette étude, qui ne comprend pas seulement des nanars.

Il s'agit d'un thème « scientifique » : le requin contre Alzheimer ! D'où son lien de parenté avec le film ci-dessous *SharkMan*.

Bien sûr, il y a bien d'autres films de requins tueurs, les descendants du film de Spielberg *Les Dents de la mer*. Mais ils n'entrent pas dans le concept qui réunit les films de ce livre. Par contre, nous y avons mis des films comme *Piranhas* de Joe Dante et autres suites... par exemple.

La chercheuse Susan combine des ADN de requins, alors elle crée... des monstres.

Carter, le plongeur qui n'a jamais été à l'école, est un dur de dur. Aucun requin ne lui résiste. Le prologue de film est saisissant sur ce point et le scénariste excellent.

Aucun requin ?

Il en endort un en vue de son opération. Suspense. Extraction du liquide cervical. Un complexe de protéines pour rendre sains des neurones humains malades : ça marche !

Mais le requin se réveille et sectionne le bras du scientifique présent à ses côtés. Carter veut tuer l'animal, mais Carter/Frankenstein le sauve !

Ils sont en pleine tempête dans leur vaste centre de recherche situé en pleine mer.

L'hélicoptère de secours appelé a du mal à atterrir sur la plateforme, donc ils halent le blessé. Le câble est coincé. Et le blessé tombe vers le bassin du requin qui saute hors de l'eau pour le happer et tire ainsi sur l'hélicoptère qui s'écrase ainsi sur le bâtiment principal en explosant. L'explosion s'étend aux cuves de carburant de la station marine. Je ne vous explique pas la catastrophe.

Le requin se jette sur la vitre de la salle de contrôle qui est brisée !

CA-TA-STRO-PHE !

Quel suspense.

Le requin continue son offensive, les humains tentent de s'en sortir.

« Qu'est-ce que vous avez fait à ce requin ? » Demande le patron à Susan/Frankenstein…

« Leur cerveau n'était pas assez grand pour qu'on ait des complexes protéinés en quantité suffisante, alors nous avons violé le code de Harvard ».

Ils ont augmenté le volume de leur cerveau, donc ils sont devenus plus intelligents ?

« Elle a voulu baiser les requins et maintenant les requins veulent nous baiser », ironise le technicien. Et il ne faudrait pas que ces requins s'échappent dans l'océan ? « Ça craint rien les clôtures sont en Titane. » Mais, du coup, s'il le dit on a un doute quand on connaît les intrigues de films d'horreur.

Scènes de survie du cuistot et de son perroquet.

Ils comptaient sur le sous-marin pour se tirer, mais il est hors d'usage.

« Le cuistot meurt dans son propre four ? » Où il s'est réfugié... « Mais j'ai d'autres projets se répond-il à lui-même... Et il réussit à tuer un requin avec son... briquet ! Le patron s'est fait bouffer par un requin, donc c'est Carter qui commande.

Ça y est, la caméra subjective nous montre ce que voit le requin. Les poteaux en béton de la station marine commencent à céder.

Une autre victime : mise à mort stupéfiante.

Encore une autre : idem.

Bien la mise à mort d'un requin par Susan.

Il y a trois survivants : Susan, Carter et le cuistot qui est très sympa.

Il reste encore un requin !

Superbe bagarre entre le cuistot et le requin.

Dernière bataille contre le requin qu'il faut tuer avant qu'il ne prenne le large.

Deux survivants...

Excellent film !

« Tu es sûr qu'il n'y avait que trois requins ? » Demande le cuistot...

Ne pas confondre ce film de requins avec le film homonyme qui est une adaptation du ro-

man de Stephen King sur les loups-garous.
Peur bleue de D. Attis (1985)

Stigmata de Rupert Wainwright (1999). Ah la belle Patricia Arquette ! *« Brise un morceau de bois et Je suis là »* – *« Soulève un caillou et tu Me trouveras »,* lit-on dans l'évangile selon Saint Thomas. Ces textes sont classés par Wainwright comme *« les plus belles choses »* qu'il a pu lire dans sa vie...[9]

Le Projet Blair Witch de Eduardo Sanchez et Daniel Myrick (1999). Ah ! Voilà un film de génie ! Un procédé cinématographique pour raconter une histoire en dehors de toutes les normes vues jusqu'ici, en dehors, complètement en dehors de la "grande forme" et des codes hollywoodiens. Le film commence par un carton. Ça n'a l'air de rien, mais cela commence déjà à développer chez le spectateur une petite angoisse. Beaucoup d'ailleurs croient, à la fin du film, que c'est une histoire vraie ! On a affaire à des images en vidéo « amateur » et en film seize millimètres noir et blanc. Des personnes du cru nous parlent de forêt hantée d'un ermite qui a tué sept enfants... Et notre équipe part à la recherche de la sorcière de Blair en forêt. *« Et pourquoi tu filmes tout, les conversations comprises ? »* demande l'un des deux garçons à la fille. Le spectateur se le demande aussi. Une allusion au film *Délivrance*, des "messages" étranges laissés par on ne sait qui (tas de pierres, simu-

---

[9] Interview dans Mad Movies N° 123

lacres de corps pendus...) et ils se perdent dans la forêt... Petit à petit, ils sont saisis par l'horreur, surtout la nuit, car les sons (des cris humains, d'enfants et de leur compagnon disparu) sont entendus en *off* alors que l'image est complètement noire, car l'obscurité est complète dans la forêt. N'avez-vous jamais été vous promener la nuit dans la forêt ? Cela peut être terrifiant. Cela dépend de votre imagination... Soudain, le spectateur prend peur. Il ne sait pas pourquoi, la peur des personnages est partagée. Le gros plan sur une partie du visage de la jeune fille qui dit (entre autres) : *« J'ai peur de fermer les yeux et j'ai peur de les ouvrir... »* est stupéfiant ! À la fin, ils retrouvent la maison abandonnée, dont les murs portent les marques de petites mains d'enfants (voir le début...) et aussi la mort, puisque le carton du début nous apprend qu'ils ont disparu et que l'on a juste retrouvé le film que vous venez de voir... Un film étonnant et génial !

Sleepy Hollow de Tim Burton (1999). Je me suis précipité pour voir ce film de Tim Burton qui adapte la légende tirée d'une nouvelle de Washinton Irving *La Légende de Sleepy Hollow*. Pensez donc, il y a le sublime Johnny Depp, mais aussi les grands du fantastique : Martin Landau (très vite décapité), Christopher Lee (en juge arrogant), Christopher Walken aux dents très pointues ! L'hommage aux films dans lesquels ils ont joué est très clair. Les images et les décors expressionnistes ont ravivé mes souvenirs de cinéphile : *Le Loup-garou* (1941) de George Waggner – *L'homme* *invisible* (1933) de James Whale – la forêt des films de Dracula de la Hammer, etc. Le voyage vers l'horreur du début renvoie à *Dracula* et ses diverses versions. Johnny Depp, un acteur qui ne cherche pas à soigner son image, mais seulement à faire correctement son travail, campe magistralement un détective de l'étrange qui représente le rationnel dans une histoire qui ne l'est pas du tout ! Il est d'ailleurs ridicule avec ses instruments d'investigation scientifique. S'il finit par avoir raison, c'est aussi l'irrationnel qui l'emportera à la fin. Mais son problème, c'est le jeune gar-çon qui le définit en lui disant : *« Vous êtes possédé par la raison. » « Les apparences sont trompeuses »*, dit-il en faisant tourner son image qui crée l'illusion d'optique d'un oiseau en cage. Et, puis, reviennent ses rêves terri-fiants, plutôt des souvenirs de l'horrible assas-sinat de sa mère par son père, avec une "vierge de Nüremberg". La terreur qui monte de notre inconscient est-elle si irrationnelle que cela ? Il y a aussi une sorcière excellente, la sœur de la marâtre, inévitable belle-mère des contes de fées, un arbre qui saigne, *« pas-sage, porte entre deux mondes ».* Un seul dé-faut : l'explication laborieuse enlève tout le mystère bien avant la fin, qui devient tout simplement et brutalement une affaire d'enquête policière.

La Nuit des chauves-souris de Louis Mor-neau (1999). Bon, il manquait cette petite bestiole pour l'invasion terrifiante. Ici on n'a pas trop peur…

Mission to Mars de Brian de Palma (1999).Le manque de communication est mortel ! Qu'est ce qui fait que ce film a tant déplu à certains ? Moi, il m'a bien plu. Je l'ai pris comme un sacré hommage aux fans de science-fiction ! C'est vrai que le scénario n'apporte rien de nouveau. Et alors ? Le film est excellent... Ça commence par la fête du départ. Mais dans la fête il y a une tristesse. Les filles sont d'une beauté... Les débats techniques sont intéressants et la scène de danse en apesanteur aussi. Parfois, en voyant ce film, j'ai pensé à *Solaris* (1972) de Takovski... que d'aucuns trouvèrent également « chiant », mais pas moi... *« L'univers, c'est pas le chaos, c'est un réseau »* a déclaré Maggy, l'épouse défunte du cosmonaute. Toutes les scènes de l'accident avec la pluie de micrométéorites sont superbes. Rien que pour cela le film vaut le coup d'œil ! Et pour voir certaines scènes (au cinéma bien sûr, ce ne sera pas pareil à la télé) il ne faut pas avoir le vertige.

Mimic 2 de Jean de Segonsac (2000)
Le deuxième opus de la franchise de Guillermo del Toro (1997)
Pas terrible. Amusant.
La fille est intéressante : elle n'a jamais pu s'attacher à un homme, mais son destin était de devenir reine des insectes.

Komodo de Michael Lantieri (2000).Grosses bébêtes par un spécialiste des effets spéciaux (*Jurassik Park, Matrs Attacks ! Deep Impact*)

Pitch Black de David Twohy (2000). N'avez-vous jamais eu peur dans le noir ? Cette peur qui vous prend à cause de votre imagination, parce que vous imaginez être agressé et sans défense. Voilà le thème central du film qui présente un superbe système solaire avec trois soleils, donc il fait toujours jour... Mais, la nuit survient tous les vingt-deux ans, car il se produit alors une éclipse des trois soleils... Ce qui a produit une niche écologique particulière qui a fini par détruire toute vie sur la planète ! Les naufragés qui y atterrissent par accident (très bien filmé l'accident !) vont vite s'en rendre compte... Le scénario ressemble aussi à *Cube* : il faut aux personnages beaucoup d'intelligence pour comprendre, et l'évolution de l'intrigue montre la vraie nature des personnages qui n'était pas évidente au vu de leur attitude et de leur situation au début du film. *« Je vous l'avais dit : ce n'est pas de moi qu'il faut avoir peur »,* déclare ainsi le personnage principal... Il y a donc un peu de Dick aussi, car, il ne faut pas se fier aux apparences... On a droit à un magnifique spectacle : celui de l'éclipse. Voir plus loin la suite.

Hollow Man de Paul Verhœven (2000). Ah qu'il est bon ce Paul Verhœven ! Le thème de fond de l'histoire de l'homme invisible traité par l'ouvrage de H.G. Wells est le même que celui du *Cas étrange du docteur Jekyll et Mister Hyde* de Stevenson : la nature humaine est intrinsèquement mauvaise. Regardez (jeu de mots trop simple ?) : il suffit qu'un homme soit invisible pour qu'il essaie d'assouvir tous ses fantasmes et devienne ainsi.... un monstre ! D'où l'hommage appuyé du cinéaste au(x) film(s) *Alien* en deuxième partie de *The Hollow Man*... et les effets spéciaux formidables qui reprennent des hommages à d'autres monstres du cinéma : monstres aquatiques, monstres écorchés, monstres de sang.... Ce film est donc extraordinairement exaltant pour un cinéphile amoureux du cinéma fantastique. Une œuvre cinématographique qui rend vraiment hommage à l'œuvre littéraire de Wells et développe à fond les intentions de l'écrivain...

Autres films sur *L'homme invisible* (1898) de H.G. Wells :

L'homme invisible de James Whale (1933) – *La Revanche de l'homme invisible* (jamais diffusé en France) – *Le Retour de l'homme invisible* de Joe May (1940) – *The invisible boy* (*Le cerveau infernal*) de Herman Hoffman (1957) avec Robby, le robot de "Planète interdite"... – *Les Aventures d'un homme invisible* de John Carpenter (1992) – La série télévisée *L'homme invisible* (des années cinquante) a complètement transformé le mythe et a fait de l'homme invisible un brave agent secret qui utilise ainsi sa qualité à des fins utiles et nobles...

Planète rouge de Anthony Hoffman (2000). Les Américains sont spécialistes du doublon en SF : il y a eu *Independence Day* et *Mars Attacks !*, il y a eu *Deep Impact* et *Armageddon*, maintenant il y a ce film après *Mission to Mars* de Brian de Palma... Pas mal du tout contrairement aux critiques qui, décidément, n'aiment pas les films martiens ! Le commandant est une (belle) fille nommée... Bowman (comme le dernier survivant du film *2001 L'odyssée de l'espace*). Techniquement les effets sont parfaits et les images superbes. Une petite nouveauté : une histoire de Terraformation c'est-à-dire le fait de rendre une planète (en l'occurrence, ici, Mars) habitable par l'homme. Deux citations : « *Le jour maudit où l'algèbre pourrait nous sauver la vie* » – « *Si peu de temps à vivre et si longtemps à patienter...* » Une belle histoire de pionnier moderne et d'aventure, pourquoi pas ?

Promenons-nous dans les bois de Lionel Delplanque (2000). Superbe prologue et générique. Ça commence un peu comme *Massacre à la tronçonneuse*. Les comédiens (pas ceux qui jouent dans le film, mais les personnages qui sont comédiens) sont un peu cons ! Une forêt superbe qui renvoie aux contes de fées, bien sûr, mais aussi à d'autres films, comme *Le Projet Blair Witch*, *La Nuit du loup-garou* et... *Evil Dead*. Il y a d'ailleurs plein de références aux contes : Wielfried lit *Le Roi des aulnes*, le prologue montre une femme qui raconte *Le Petit chaperon rouge* à un enfant alité, les trous de serrure renvoient à *Barbe bleue*, et puis qui vous empêche de penser à Cocteau ou Franju ? Le scénario ressemble beaucoup à l'histoire de *Dix petits nègres* d'Agatha Christie. Le réalisateur tourne de manière "intellectuelle" jusqu'à l'exacerbation. Il rend hommage à Dario Argento, tout le long du film avec cet expressionnisme des couleurs, mais avec des scènes comme celle du gros plan sur les mains gantées qui saisissent un instrument tranchant ! Il nous fait sursauter avec le son (comme dans *La Maison du diable* de Robert Wise) : le bruit de la flamme du briquet (suivi par un gros plan), le déclic de l'appareil photo fait autant de bruit qu'un battement de tambour. Au début on est un peu agacé par ce style un peu prétentieux, mais on finit par succomber au charme macabre de ces images et de ces plans d'ombre et de lumières de couleurs...

Le Pacte des loups de Christophe Gans (2000). J'avais adoré *Crying Freeman.* Une nouvelle manière de présenter une fiction au cinéma. J'avais aussi adoré le sketch de Gans dans *Necronomicon*. J'ai aussi adoré *Le Pacte des loups*. Les combats sont toujours aussi érotiques et chorégraphiques : sublimes ! Les paysages encore mieux... J'ai adoré les hommages : à John Woo bien sûr (qu'est-ce qu'on en a à faire de penser que le kung fu n'existait pas en France à cette époque ?), mais aussi aux autres monstres du cinéma, et particulièrement à *Alien 3* avec la scène où la bête ne mange pas la jolie fille, une autre scène du même genre dans *Relic*, d'ailleurs, les évolutions de la bête ressemblent à celles du monstre de *Relic*. J'ai adoré le scénario : plein de surprises finalement. Les effets spéciaux numériques ont quelques faiblesses, mais tout à fait pardonnables. Par contre, les acteurs ! Pas bon Le Bihan ! Pas bon du tout : il récite !

Seules les femmes et Vincent Cassel tiennent la route. Dommage. Ce dernier a dit que Christophe Gans ne dirigeait pas ses acteurs : ça doit être vrai !

L'île des morts de Tim Southam (2000). Excellent film pour la télévision ! Ambiance macabre très bien donnée, avec très peu d'effets spéciaux une grande efficacité. On veut voir une influence de Dario Argento à cause de la petite comptine enfantine d'horreur et… les asticots…

Éclosion de Ellory Elkayem (2000). Une histoire assez efficace de cafards qui pondent dans le corps des humains après les avoir paralysés. « *L'invasion est imminente* ».Prix du public 2001 à Gérardmer.

Anatomie de Stefan Ruzowitzky (2000). Excellent film allemand sur les "docteurs de l'horreur"! La première scène de vivisection avec gros plan sur le visage terrifié du vivisectionné est un summum de l'horreur. Cette histoire est de la science fiction, car le procédé de conservation anatomique des corps utilisé par les docteurs de l'horreur du film existe. Au début des années soixante-dix, le professeur Gunter von Hagens met au point le procédé de la *plastination :* 1) Arrêter le processus de putréfaction. 2) Laisser le corps dans un bain d'acétone à −25°C pendant trois à cinq semaines (les molécules d'acétone prennent en douceur la place des molécules d'eau). 3) On remplace l'acétone par des silicones sous vide.

Et voilà. On a pu admirer ces spécimens à Bruxelles en novembre 2001. *« Je dérange l'ordre établi des anatomistes »,* déclare le professeur von Hagens dans une interview au Monde daté du 12 novembre 2001. Quant au film, il est excellent ! (À voir également dans la même veine : **Le Veilleur de nuit** de Ole Bornedal (1999)...

Une suite : **Anatomie 2** par le même réalisateur en 2002. De la vraie science-fiction : comment créer des muscles artificiels ?

Harry Potter à l'école des sorciers de Chris Colombus (2001) et, **Harry Potter et la chambre des secrets** du même (2002). Autant le premier opus m'a enchanté par les mystères, l'horreur et la joie, autant ce deuxième opus m'a complètement ennuyé ! Au fond on a l'impression de revoir toujours la même histoire de tueur en série dans un lycée anglo-saxon... Pas très original. Quant aux monstres : araignées et serpent géants, idem...

Resident evil de Paul Anderson (2001). Superbe ! Une mise en scène superbement haletante. Des morts-vivants pas décevants (Pas étonnant avec du Romero sous-jacent...) Un suspens insupportable. Et puis la belle des belles... *« Jamais rien ne changera »* déclare un personnage. Un gore gothique dans un décor high tech ! Fallait le faire... Contrairement à d'autres, j'avais déjà aimé *Event Horizon* d'Anderson. Le réalisateur se confirme donc dans ma cote personnelle.

A.I. de Steven Spielberg (2001). Contrairement à ce que dit Sfmag je n'ai jamais trouvé
que Spielberg était le plus grand des réalisateurs. Je reviens sur ce film que je ne suis pas
allé (volontairement) voir à sa sortie. Mes
pires craintes étaient fondées. Ce film basé
soi-disant sur une idée de Kubrick – mais
pourtant tiré d'une histoire de Brian Aldiss –
est une mièvrerie qui plagie Pinocchio de manière encore pire que Walt Disney ! Je me suis
endormi deux fois devant ma télé. Désolé…

She Creature de Sebastien Gutierrez (2001).
Une histoire de sirène. Assez rare pour être
signalée. Une des premières productions de
Creature features productions. Très bien filmée. Excellent jeu des acteurs. Le lieu clos
constitué par un bateau à voiles du début du
siècle est bien rendu. L'intérêt des films de
cette époque, c'est l'éclairage à la lampe à pétrole. Une histoire à l'obscure clarté du grand
Lovecraft.

Évolution d'Ivan Reitman (2001). Ah quelle
rigolade ! Une adaptation d'une quantité phé-
noménale de thèmes des films d'invasion de
monstres dans l'histoire du cinéma. Voir en fin
de ce livre la liste des films à thèmes *extraterrestres* : ils y sont quasiment tous, avec en
prime, Godzilla, les dragons et la connerie des
militaires (qui ne le sont pas tant que ça, mais
enfin ça fait rire…)

Jurassic Park 3 de Joe Johnston (2001). Un bon moment pour admirer des bêtes de plus en plus vivantes et réelles.

Final Fantasy *les créatures de l'esprit* de Hironobu Sakaguchi (2001). Voilà un grand tournant dans l'histoire du cinéma. Avant il y en a eu deux : l'invention du cinéma lui-même et le son. On peut donc faire un film sans acteur… C'est même mieux qu'avec les acteurs, car on ne s'identifie plus à leur personnalité, mais tout simplement au personnage. Et pourquoi donc certains acteurs empochent des sommes faramineuses pour faire le guignol devant une caméra ? Alors que vont faire les acteurs ? On se souviendra que ces derniers, à la naissance du septième art, alors stars du théâtre, refusèrent de jouer au cinéma, nouvel art qui devait détruire leur carrière. Eh bien voilà : ils retourneront au théâtre.
Le film est magnifique ! Une très belle histoire mystique de SF. De très belles images ! Quelques très minimes imperfections : mais que dire devant cette nouvelle forme de cinéma, sinon que pour un coup d'essai c'est un coup de maître !

La Planète des singes de Tim Burton (2001). Comme tous les fans de Tim Burton je me suis précipité, bien que je n'aie jamais été fasciné par les films précédents inspirés du roman de Pierre Boulle. Le générique est très hollywoodien (ce n'est pas une critique…) et… le reste aussi. Il manque cet humour macabre dont Tim Burton s'était fait la spécialité. À noter : des maquillages superbes, ici les hommes parlent, et on insiste sur la supériorité physique des singes. Certains critiques, déçus, massacrent le film. N'exagérons rien. C'est un très bon film.

Le Seigneur des anneaux : La communauté de l'anneau de Peter Jackson (2001). Je n'ai jamais été un grand passionné de fantasy, donc de Tolkien. Ceci dit, il n'est pas question de nier l'immense talent et l'immense travail de cet écrivain. Il fallait quelqu'un de sa stature pour adapter son œuvre au cinéma. Et aussi, peut-être surtout, les nouvelles techniques du cinéma. Donc un film d'aventures magnifique. Des images époustouflantes. J'ai interrogé les jeunes enfants qui avaient regardé la séance avec moi :
— *Alors les enfants ? C'était bien ?*
— *Ah oui ! M*e répondirent-ils, complètement subjugués.
Voilà donc ce qui m'a ennuyé dans ce grand film : tout a été lissé pour être un film grand public. Les monstres ne font pas peur, les combats sont illisibles (on ne voit rien !) J'en suis convaincu, Tolkien, qui a écrit *Bilbo le Hobbit* pour ses enfants serait d'accord avec ce film. Moi je me suis un peu ennuyé…

Le Seigneur des anneaux : les deux tours de Peter Jackson (2002). Ouahou ! Excellent film. Jubilatoire, lacrymogène et tout…
　　*　Je ne crains ni la mort, ni la douleur*
　　*　Et que craignez-vous alors ?*
　　*　La cage !*

Voilà un dialogue qui sied bien à Tolkien qui aurait voulu que l'espèce humaine se libère de la technologie. C'est tout ce qu'il exprime dans son histoire et qui est fabuleusement bien filmé par Jackson ! Contrairement au premier épisode, dans celui-ci (et le suivant) on a bien plus de plaisir de retrouver tous ces personnages quasiment vivants grâce à la magie du cinéma.

Men in Black 2 de Barry Sonnenfeld (2002). Sera-t-il aussi hilarant que le « un »? (Question posée le 22 juillet 2002 avant la sortie en France...) Eh bien après l'avoir vu je peux dire : non ! On n'est plus surpris comme dans le premier, alors on s'amuse moins. Sonnenfeld a joué la sécurité.

Le Seigneur des anneaux : le retour du roi de Peter Jackson (2002). Sublime, incroyable, phénoménal ! Les mots manquent pour définir un niveau aussi élevé d'enthousiasme. Jamais rien vu de pareil...

Arachnid de Jack Sholder (2002). Toujours aussi bon ce Jack ! Un très bon film de monstre : une gigantesque araignée ! Ce bon vieux Jack qui, paraît il n'aime pas le fantastique nous a régalés avec *Hidden, Freddy 2, Wishmaster 2...*On ne s'ennuie pas une minute avec ce film d'araignée géante ! Produit par la toute nouvelle (et prometteuse) maison de production Fantastic Factory de Brian Yuzna.

Spider-Man de Sam Raimi (2002). Très agréable ce film. Les effets spéciaux sont superbes et évoquent volontairement la BD des « Comics » américains. Avec le romantisme qu'il faut, une belle nana et un amour impossible. Raimi filme toujours aussi bien et avec originalité et chante les louanges de la revanche de l'humble sur le méchant exploiteur. Un régal quoi. Jamais un film de Sam Raimi ne m'a déçu, mais presque toujours il m'a surpris. La suite : **Spider-Man 2** du même (2004), Toujours les thèmes de la solitude du héros, de la culpabilité qui engendre l'héroïsme et l'amour impossible. Et ça marche très bien dans le plus fabuleux décor gothique du monde : Manhattan ! Bravo Sam Raimi !

Blade 2 de Guillermo del Toro (2002). La suite (voir ci-dessus). Les bagarres sont d'une précision et d'une vitesse inouïes, dignes de bagarres de vrais vampires. Le cinéaste mexicain nous ravit toujours avec son tournage très personnel, mais pas autant que d'habitude because faut faire des entrées… Ils ont quand même inventé un nouveau monstre, une nouvelle espèce de vampire, mélange des morts-vivants de Romero, de Nosferatu et du monstre de Predator. Vraiment terrifiants, mais c'est comme tout : on finit aussi par s'habituer.

Jeepers Creepers le chant du diable de Victor Salva (2002). Excellent ! Cela commence comme dans *La Nuit des morts-vivants* ou *Evil dead* par un voyage en voiture avec des jeunes gens à l'intérieur (et aussi dans *Promenons-nous dans les bois*) ça continue comme dans *Duel*. Autrement dit : il est aujourd'hui TRÈS dangereux de vivre dans les lieux publics comme les routes par exemple. Le monstre me semble inspiré de Clive Barker, de même que la "chapelle Sixtine" avec des cadavres à la place des peintures de Leonardo... Victor Salva expose son homosexualité comme un manifeste. La lutte des jeunes adolescents contre le monstre est, bien sûr, une lutte inégale. Et ces jeunes ont vraiment peur. Ils sont même paralysés par la peur. Un film très pessimiste : mais au fond, la vie est très pessimiste, car la Mort nous attend au bout. Et la Mort est invincible comme dans Jeepers Creepers... On avait vu Victor Salva avec un film à l'eau de rose (*Powder*), mais ici, vous êtes prévenus : ce n'est pas à l'eau de rose. Pas du tout !

Arac Attack ! d'Ellory Elkayem (2002). Ah ! ces sales araignées. Pas mal foutues et bien reproduites. On reconnaît même les différentes espèces... Faut dire que Roland Emmerich et Dean Devlin, producteurs ont mis le paquet sur les effets spéciaux. Un film en hommage aux *Them !* et autres *Tarantula*... Attention ce n'est pas de l'ironie !

Dog soldiers de Neil Marshall (2002). Excellent film de loups-garous ! Hommage à plein d'autres films de monstres : *La Nuit des morts-vivants,* mais surtout *Le Retour des morts-vivants, 1 et 3* !, formidablement bien tourné, plans serrés qui nous font toujours nous demander ce qu'il y a hors champ, montage très précis par le réalisateur lui-même. Très peu d'effets spéciaux, mais un effet gore et monstre efficace... Une scène de recollage des chairs avec de la colle Uhu assez unique ! Les militaires n'ont toujours pas la cote... Un vrai plaisir ce film !

Le Règne du feu de Rob Bowman (2002). Enfin un film sur les dragons qui n'est pas niais ! Ces dragons y sont ce qu'ils sont. Des monstres sans pitié pour l'espèce humaine. Enfin ! Une petite scène qui se moque de Star Wars et des effets spéciaux à couper le souffle. Pas mal ! Comme dit Ornella Mutti à propos de pâtes dans une pub... La salle de cinéma était pleine d'enfants, pourtant c'est un film très violent... Voilà le malentendu sur les dragons...

Broceliande de Doug Headline (2002). Doug Headline montre des promesses de talents de réalisateur dans ce premier film ; disons qu'il n'a pas couru beaucoup de risques et s'est contenté d'un bon travail d'artisan (le cumul de gros plans ne fait pas tout)... Sa maîtrise du jeu des acteurs devra encore être peaufinée. Malheureusement le scénario est d'un nul ! M'enfin ! Les aventures de Tintin + Scream (pour les innombrables films de serial killers sur des campus...) + Alien (mais assez raté ici)... Mais tout avec un ou deux crans plus bas. Ce qui est plaisant c'est que ce sont deux filles assez dégourdies qui tuent le monstre.

Enfin, c'est peu... Quand je pense que ce pauvre Pelot a trouvé le moyen de faire de ce scénario une novellisation ! *Broceliande* n'est pas le *Pacte des loups* ! À la décharge de Doug Headline (un bon Français qui a voulu prendre un pseudo english...), Christophe Gans a plus de bouteille !

Minority report de Steven Spielberg (2002). Quelle déception ! Ce film est une véritable trahison du monde de Dick. Et ce ne sont pas les allusions éphémères qui le rétabliront comme l'aveugle qui fournit la dope à John Anderton... Le prologue est profondément ennuyeux, les décors d'un pseudo modernisme niais et on se meurt d'ennui avec leurs explications utilisant des termes pseudo scientifiques. Les gants à rayons lumineux qui remplacent la souris de l'ordinateur ne sont pas mieux inspirés. Les trois précognitifs (précogs) dans la nouvelle de Dick sont *« des créatures bafouillantes et gauches (...) véritables légumes ils se contentaient de bredouiller, de sommeiller (...) avec leur tête aux proportions anormales et leur corps au contraire tout ratatiné... »* Rien à voir avec les beaux corps des précogs du film dont l'un d'entre eux devient un véritable personnage ! Pire même, pour rendre ce film acceptable à tous les publics le réalisateur a tout rendu plus acceptable et donc on est loin du sombre monde désespéré de Dick. Ainsi la scène du chirurgien qui se veut la plus dickienne du film est bien téléphonée. Les flics avec des réacteurs au cul sont ridicules. J'ai même noté une erreur de plan :

lorsque John discute avec son chef, le plan qui le présente de face est à contre-jour (donc l'éclairage est derrière lui et devrait éclairer son interlocuteur) alors que le plan présentant son chef est dans l'obscurité ! Spielberg a appelé au secours Kubrick et Hitchcock pour ce film. Non, décidément ces deux-là ne méritaient pas ça !

Autres films (bien meilleurs) inspirés de l'œuvre de Philip Kindred Dick : *Blade Runner* de Ridley Scott (Dick a collaboré avec Ridley Scott pour ce chef-d'œuvre) (1981) – *Total Recall* de Paul Verhœven (1990) (Excellent !) – *Planète hurlante* de Christophe Gans (1995) (Très injustement méconnu !!!) – Et un film français tiré d'un roman *main stream* de Dick : *Confessions d'un Barjo* de Jérôme Boivin (1991) – *Impostor* de Gary Fleder (2001) – *Paycheck* de John Woo (2003) – Et enfin une série télé qui ne casse pas trois pattes à un canard : *Total Recall 2070* (plutôt inspirée de Blade Runner…) (1998 je crois)

Fusion de John Amiel (2002). Un gentil film catastrophe avec de très bons effets spéciaux : on envoie un suppositoire dans *« le trou du cul du monde »* pour rétablir la rotation du noyau de la Terre.

Pirates des Caraïbes de Gore Verbinski (2003). Excellent film d'aventures avec une petite innovation : les pirates sont des zombies qui marchent sous l'eau. Cette idée avait déjà été exploitée par Lucio Fulci dans *L'Enfer des zombies (1979)*, film dans lequel on voit en prologue un mort-vivant dévorer un requin sous la mer, et surtout par l'écrivain William H. Hodgson dans son roman *Les Pirates fantômes (1909)*. Celui qui fait vraiment tout le film c'est Johnny Depp : il n'y en a pas de meilleur que lui...

Infested de Josh Olson (2002). Pas de quoi trop s'émouvoir. Un film trop bavard, un hommage très appuyé à *La Nuit des morts-vivants*. Une infestation de mouches...

Hulk de Ang Lee (2003) est un chef-d'oeuvre shakespearien, une vraie histoire de science-fiction et d'horreur, magistralement filmée et jouée. Le metteur en scène présente une mise en page BD sans en abuser, avec plusieurs vignettes à l'écran permettant de voir plu-sieurs événements à la fois ou plusieurs angles de vue, des changements de cadre et même un plan fixe sur les yeux du père de Bruce. Une dramaturgie oedipienne à la Romeo et Juliette se mêle au mythe de la Belle et la Bête. Superbe !
Ce film est tiré d'une BD de chez Marvel. La télévision a déjà utilisé le personnage dans une série et plusieurs films.

Beyond Re-animator de Brian Yuzna (2003). Herbert West revient avec ses seringues con-tenant de la fluorescéine ! Gare aux vivants et plus l'histoire avance plus le chaos s'installe... Du pur Yuzna avec les atrocités habituelles et cette fois de merveilleux (enfin, les images elles sont horribles...) effets spéciaux.

Mimic 3 Sentinel de J.T. Petty (2003)

Le 3e épisode depuis le film originel de Guillermo del Toro (1997)

Un hommage à Hitchcock avec son film *Fenêtre sur cour* (1954).

Le jeune photographe reclus photographie ce qu'il se passe dans la rue et il voit un jeune dealer se faire tuer… Un « Judas » est dans le coin. « Judas » c'est comme ça qu'ils appellent les cafards géants… Mais ce qu'il a vu avec sa petite sœur, c'est plutôt ombre et lumière…

Un petit junkie, un flic con, une mère à côté de la plaque et une jolie voisine : un film très très noir.

« Cette ville est un véritable abattoir ! »

Lance Herriksen joue un rôle important bien qu'on ne le voie pas longtemps. À lui tout seul, il fait monter la valeur du film.

Superbe film tourné à Budapest.

Détour mortel de Rob Schmidt (2003). Une histoire de cannibales qui vous guettent dans la forêt… Horreur. Un hommage à *Délivrance* qui est d'ailleurs cité par un des personnages et une espèce de remake de *Massacre à la tronçonneuse.* Mais attention ce *Détour mortel* est un chef-d'œuvre d'horreur extrêmement bien filmé et sans facilités humoristiques. Le spectateur est tendu du début à la fin et même plus. Bravo !

Jeepers Creepers 2 de Victor Salva (2003). Cette fois Victor Salva retrouve un certain optimisme : la lutte est possible contre son terrible croquemitaine. Mais jamais terminée… Cette espèce est représentée par un unique spécimen qui se reproduit en mangeant de jeunes garçons. Il y a donc du rapport sexuel dans cette relation charnelle, le plaisir de la chair se confond avec le plaisir de la chère ! La détermination du père de la première victime est éblouissante et la fin surprenante. Un petit bijou : on ne se lasse pas !

28 jours plus tard de Danny Boyle (2003). Un petit remake du *Jour des morts-vivants* de Romero avec une fin plus optimiste… Survivre est le thème central du film. Pour survivre, il faut tuer. Le rythme est très lent, les plans sont très recherchés, fouillés, les couleurs à dominante rouge excitent le spectateur sans qu'il puisse résister. Film assez éprouvant, mais pas autant que la série des *Morts-vivants* de Romero.

Cabin Fever la fièvre noire de Eli Roth (2002). Je n'ai jamais été attiré par l'horreur de certaines maladies. Là il ne s'agit que de cela…

Blueberry, l'expérience secrète de Jan Kounen (2003) Une adaptation de la célèbre BD. Des cow-boys, des Indiens, des paysages, de la poussière et du chamanisme. Jan Kounen exerce parfaitement son art avec un excellent acteur : Vincent Cassel. Une variation originale du thème central du western : la vengeance. Un petit bijou dont il faudra reparler, car la critique a été injuste : le cinéma de Jan Kounen est-il trop révolutionnaire ?

Cursed de Wes Craven (2003), avec Ken Williamson au scénario fallait pas s'attendre à de bien grandes nouveautés pour une histoire de loups-garous. Heureusement que Wes Craven est un très bon artisan. Comme d'habitude avec les films de ce scénariste, le méchant est vite pressenti, puis douté, puis de nouveau pressenti… Sa caractéristique demeure : il est particulièrement con, assez pour se faire tuer à la fin, bien que quasiment invulnérable.

Godzilla - Final wars de Ryuhei Kitamura (2004), avec la mite géante Mothra, notre monstre cracheur de flammes est appelé à la rescousse pour lutter contre des envahisseurs. Pour les nostalgiques seulement.

Le Village de M. Night Shyamalan (2004). C'est un thriller philosophique. Je dirais même religieux. Comment et dans quel but mettre en place une superstition qui crée la terreur pour mieux s'isoler d'un monde (le nôtre) encore plus terrifiant. Shyamalan est un mystique et, souvent, les mystiques ont plus d'imagination que les autres. Son scénario est excellent. Le cinéaste utilise les gros plans pour cacher au spectateur ce qu'il doit s'imaginer, car son imagination est bien mieux évocatrice que l'image elle-même. Et ne croyez pas qu'il suffit de faire un gros plan comme ça. Non ! C'est tout un art. Comme la couleur et la photo qui sont également très suggestives et très oniriques. Shyamalan est toujours aussi bon, même dans une histoire aussi rationnelle – en fin de compte – mais qui renvoie à nos terreurs les plus instinctives, celles de la forêt, par exemple...

Van Helsing de Stephen Sommers (2004). Excellent film de divertissement. Stephen Sommers a réussi un tour de force avec ce scénario : il reprend tous les grands personnages fondateurs du fantastique moderne et les rassemble dans une seule et même aventure. Une fois fait cela semble aller de soi, mais là je vous assure que c'est très difficile. Le Dr Jekyll (au début seulement... avec donc un hommage à la *Ligue des gentlemen extraordinaires*), Frankenstein, Dracula, le loup-garou.! Il y a aussi de nombreux hommages à d'autres personnages de films plus récents : évidemment Indiana Jones avec l'incroyable scène de la diligence et d'autres choses encore, le Dracula de Coppola avec la rivière au fond du gouffre, et puis même une réplique d'Anna à la fin qui est un hommage flamboyant au film de Sergio Leone *Le Bon, la Brute et le Truand*, les scènes de chevauchées dans la forêt tirées des films de La Hammer et *Aliens* (la scène avec Anna et le loup-garou dans le château et les "œufs" de vampires). Il y a aussi James Bond (la scène dans le labo avec les gadgets) et *Vampires* de Carpenter avec le rôle de l'Église dans l'intrigue. Le prologue en noir et blanc qui rend hommage au *Frankenstein* de James Whale est superbe. Quelques petites scènes qui renvoient au

"Nosferatu" de Murnau (tâchez de les découvrir...), au *Bal des vampires* de Polanski (d'ailleurs Dracula ressemble étrangement à Polanski...), et puis sans savoir exactement quoi, bien des choses me font penser au *Masque du démon* de Mario Bava. Enfin bref, je n'ai jamais vu un film qui rassemble autant de références cinématographiques, bien plus que celles de l'Universal... Alors ce film est une pépite pour le grand public et *aussi* pour le cinéphile. Le générique de fin à lui seul est un chef-d'œuvre...

Les effets spéciaux sont superbes et les trois fiancées de Dracula aussi ! D'ailleurs voici ce qu'en dit Stephen Sommers interviewé par Marc Sessego dans Sfmag N° 43 : *« Le problème est qu'il y a très peu de jeunes femmes à la plastique superbe sachant jouer. On (*avec Coppola NDLR*) a vraiment cherché partout, et je suis tombé sur cette cassette d'Elena Anaya et j'ai été tellement impressionné que je me suis dit : c'est elle qu'il me faut. »* Les décors sont somptueux, très suggestifs et très vraisemblables ; la photo est également très belle.

Le Village de M. Night Shyamalan (2004). C'est un thriller philosophique. Je dirais même religieux. Comment et dans quel but mettre en place une superstition qui crée la terreur pour mieux s'isoler d'un monde (le nôtre) encore plus terrifiant. Shyamalan est un mystique et, souvent, les mystiques ont plus d'imagination que les autres. Son scénario est excellent. Le cinéaste utilise les gros plans pour cacher au spectateur ce qu'il doit s'imaginer, car son imagination est bien mieux évocatrice que l'image elle-même. Et ne croyez pas qu'il suffit de faire un gros plan comme ça. Non ! C'est tout un art. Comme la couleur et la photo qui sont également très suggestives et très oniriques. Shyamalan est toujours aussi bon, même dans une histoire aussi rationnelle – en fin de compte –, mais qui renvoie à nos terreurs les plus instinctives, celles de la forêt, par exemple...

Resident evil : apocalypse d'Alexander Witt (2004), deux très belles filles, une blonde et une brune (Milla Jovovich, Sienna Guillory) sacrément efficaces contre les morts-vivants et divers monstres, une action bien menée et des effets spéciaux superbes. Que demander de mieux ? Et un respect absolu du jeu vidéo dans le scénario. Quel plaisir ! Ce film est produit par Paul Anderson, le réalisateur du premier opus.

La Porte des secrets de Iain Softley (2004)
On s'ennuie ferme pendant ce long film où il ne se passe pas grand-chose. Une histoire de réincarnation grâce au vaudou. Un film un peu lovecraftien, de la veine de *L'affaire Charles Dexter Ward.* Il vaut la peine d'être vu pour les bayous et les paysages de la Nouvelle-Orléans. L'imagerie fantastique de *la porte secrète* dans le grenier n'est pas du tout approfondie. C'est dommage. En fin de compte c'est le scénario qui laisse à désirer par son laisser-aller...

The Dark de John Fawcett (2004)
Après avoir réalisé le superbe *Ginger Snaps* et quelques séries télé, John Fawcett nous a concocté ce *The Dark*. Il y a quelques passages ennuyeux, mais le film est excellemment tourné même si l'intrigue est un peu prévisible (le film est tiré du roman *Sheep* de Simon Maginn). Il est vrai que la petite fille est caricaturalement agressive et sa mère caricaturalement angoissée de sa culpabilité d'être une "mauvaise mère". Les paysages du Pays de Galles sont somptueux, Maria Bello est formidable... Le film est assez intéressant.
Une histoire de hantise basée sur des légendes locales... C'est bien !

Anacondas, à la poursuite de l'orchidée de sang de Dwight H. Little (2004), les anacondas reviennent en nombre. Ce film renoue avec les films d'aventures dans la jungle dans lesquels une équipe (avec obligatoirement une jolie fille, ici il y en a même deux) cherche un trésor et affronte d'horribles dangers. Voilà à quoi se résume l'ambition de ce film et il atteint parfaitement ses objectifs. Quoi lui demander de plus ?

Blade Trinity de David Goyer (2004), le réalisateur fut scénariste des deux premiers *Blade* et il faut bien le dire ce type a beaucoup d'imagination. Dans ce troisième opus bien réussi, on jubile devant ces combats filmés avec une musique qui vous donne envie de participer au ballet. Les acteurs sont excellents particulièrement les vampires très bien interprétés surtout par la jolie brune qui porte très bien la dentition vampire et compose une démarche plus que féline.

May de Lucky McKee (2004). Excellent film d'horreur : le thème de Frankenstein au goût du jour. Ou comment une pauvre fille introvertie reconstitue le corps de son amant idéal constitué par les parties corporelles d'un garçon et d'une fille. Terrifiant et tellement humain !

Le Jour d'après de Roland Emmerich (2004). Voilà un très bon film je le dis d'emblée. Emmerich est un très bon cinéaste, il sait filmer ! Les effets spéciaux sont époustouflants. Le raz de marée sur Manhattan est tout simplement prodigieux de réalisme. Cela c'est le premier point. Ensuite c'est un vrai film de science fiction avec des arguments scientifiques et une véritable prospective, accompagnés d'une bonne histoire, un vrai scénario. C'est aussi un film catastrophe avec les ingrédients habituels : le scientifique qui s'oppose aux politiques et qui finit par avoir raison, des millions de morts et des rescapés pour nous remonter le moral et faire confiance en l'espèce humaine. Enfin c'est un film politique qui condamne les États-Unis de ne pas avoir signé le protocole de Kyoto et qui dit à leurs dirigeants : voilà à quoi il faut s'attendre à cause de votre politique ! Et en plus, Emmerich va plus loin : il montre comment le Mexique accueille les réfugiés de l'Amérique du Nord (comme tous les pays du Sud accueillent les réfugiés des pays du Nord) ce qui fait dire au vice-président des États-Unis, à partir du Consulat américain au Mexique où s'est réfugiée l'administration américaine : *« Ce sont les pays qu'on appelait du Tiers Monde qui nous accueillent aujourd'hui… »* Alors que les pays du Nord fermaient leurs frontières aux pays du Sud. Pas mal vu Emmerich. Enfin, le correspondant à Los Angeles de Sfmag, Marc Sessego a posé la question suivante à Roland Emmerich : *« Pouvez-vous nous parler du casting ? Vos films, excepté pour* Le Patriote *avec Mel Gibson, n'ont aucune star, mais que des acteurs confirmés que tout le monde connaît. ? »* Ce à quoi Roland a répondu : *« Je dois être honnête, il y a – bien sûr – une raison budgétaire. Je veux peut-être avoir Tom Cruise à un moment donné, mais il est trop cher. Et après, cela devient un film de Tom Cruise ! Je pense que les studios produisent mes films, car ils ont d'autres " valeurs" à vendre… »* (Dans www.sfmag.net) Encore bien vu et cette franchise est assez rare pour la souligner….

Alien Vs Predator de Paul Anderson (2004), superbe! On ne s'ennuie pas une minute. Des décors fantastiques, des acteurs à la hauteur servent un scénario très habile qui mêle de la nouveauté et un respect de la "tradition" des deux créatures allant jusqu'à reprendre quelques idées des opus précédents. Un petit hommage au début au "Frankenstein" de James Wahle dont on voit une scène sur l'écran de la télé que regarde un technicien dans une scène du début. Et puis la première scène est stupéfiante (tant pis pour les spectateurs qui discutent au début sans regarder le film), car elle montre un certain angle de vue d'un objet dans l'espace qui représente la reine des aliens et quand l'objet passe devant la caméra il ne s'agit que d'un satellite. Cette illusion due à la magie du cinéma a toute son importance pour la suite... Le film est trop court...

Godsend, expérience interdite de Nick Hamm (2004). Le thème de l'enfant mort qu'on veut ressusciter à tout prix a été traité par Stephen King dans son roman *Simetierre* et les deux films homonymes qui lui ont été consacrés. Ici, le scénariste utilise ce thème en l'adaptant au mythe de Frankenstein : comment créer du vivant avec du mort. D'ailleurs le choix de Robert De Niro pour jouer le rôle de l'équivalent du docteur Frankenstein fait évidemment penser au film *Frankenstein* de Kenneth Branagh puisque l'acteur y jouait le rôle du monstre !
Enfin, si le thème combiné ainsi est prometteur, ce n'est pas le cas du film qui est un peu ennuyeux et dont la fin est bâclée, si ce n'est qu'on peut aussi lui reprocher d'avoir modéré l'horreur que l'histoire aurait pu développer... Ce mélange de *Frankenstein* et de *Halloween* a un peu raté son objectif.

I, Robot d'Alex Proyas (2003). Alex Proyas montre ici tout son talent encore que les effets spéciaux manquent d'expression artistique... Ces robots manquent de consistance au point de vue de la matière. Quant à leur style, ils ne m'ont pas convaincu. Cette histoire serait tirée d'une nouvelle d'Asimov : *Le robot qui rêvait*. Je n'ai jamais vraiment été passionné par les histoires de robot d'Asimov, encore moins par cette très courte nouvelle dans laquelle un robot rêve qu'il est un homme et lorsque la vieille Calvin (car chez Asimov il s'agit d'une vieille femme…) l'apprend, elle détruit le robot. Dans le film c'est le contraire, le scénariste fait la nique à Asimov : Susan Calvin est une belle jeune femme et le robot devient quasiment un homme. Et Will Smith ? Fait toujours le même numéro que beaucoup trouvent très bien. Alex Proyas a réalisé *The Crow* (le premier…) et le surprenant chef-d'œuvre *Dark City* (1998).

Les Frères Grimm de Terry Gilliam (2004) n'est pas l'histoire de la vie des frères Grimm. Ce film met en scène les frères Grimm dans le cadre des contes qu'ils ont publiés sous leur nom, mais dont, pour la plupart, ils n'ont pas inventé l'histoire, car ils ont recueilli ces histoires dans les fermes des campagnes et les ont retranscrites.

La Crypte de Bruce Hunt (2004). C'est curieux de constater que les Américains sortent toujours les films deux par deux… Cette fois nous avons eu *The Descent* et maintenant cette *Crypte* dont l'histoire ressemble comme deux gouttes d'eau à la précédente…

MosquitoMan de Tibor Takacs (2004)

Ah ! Voilà ce bon vieux Tibor Takacs de retour. Celui de *The Gate (La Fissure) 1 et 2*, qui a fait ses armes dans la série *Au-delà du réel*... Il est parti en Bulgarie pour la post production de ce film et pour recruter quelques acteurs. Le film est passé au festival de Gérardmer. Ce film n'est pas sorti en salles.

Une maladie virale sème la mort dans le monde. Elle est transmise par les moustiques. Un labo réalise une mutation chez les moustiques pour remplacer les moustiques infectés par les moustiques mutants non infectés (eux !)

Un prisonnier condamné à mort sur lequel on devait faire quelques expériences s'échappe c'est la fusillade et dans le feu de l'action il subit des radiations et une substance chimique le macule. Vous l'avez deviné : il va se transformer en moustique. (Et la belle chercheuse l'a cherché, car cela lui pend au nez aussi...) Ne dites pas que c'est bête on nous l'avait déjà fait en deux remakes avec *La Mouche* !

Les flics ne savent pas tirer (il y en a même un qui se tire une balle dans le pied...) La première victime du moustique géant est vraiment bête elle est paralysée par la terreur et ne s'enfuit même pas...

Bon ! vous allez dire que je descends ce film ? Si c'est le cas, je m'arrête, parce que j'adore ce film ! J'ai toujours aimé ce que fait mon ami Tibor même si ce ne sont pas des chefs-d'œuvre. À regarder celui-là, on passe un bon moment avec la belle et la bête ! Pas prétentieux pour un sou le Tibor : un vrai divertissement...

Les autres films de cette série : **Morphman** de Tim Cox (la nourriture des bovins crée une mutation chez leur parasite : la douve du foie !) – **Sharkman** de Michael Oblowitz avec l'incroyable Jeffrey Combs dans ce qu'il sait le mieux faire : le savant fou impitoyable... - **Predatorman**, de Tim Cox, un petit resucé d'Aliens 2 – **Skeleton Man** de Johnny Martin – **SnakeMan**... ne sont pas vraiment terribles !

Et voici ma chronique de ce même film rédigée en 2018 après l'avoir revu.

MosquitoMan de Tibor Takacs (2004)
Les moustiques transportent un virus mortel. Des milliers de gens meurent. Il faut trouver la parade. Ils font une recherche pour fabriquer un moustique mutant non porteur...
Ah ! Ces manipulations génétiques ! Ils utilisent l'irradiation. Les chercheuses sont de superbes filles. La police amène un dangereux criminel comme cobaye. Suspense : il tripote secrètement un bout de fil de fer pour ouvrir ses menottes.
Bon... il s'évade dans le labo... Les flics sont très mauvais tireurs (comment est-ce possible ?) et le prisonnier en tenue orange prend en otage une des deux jolies filles.
Les policiers toujours aussi balourds démolissent le labo avec leurs tirs à tort et à travers et cela occasionne des effluves radioactifs auxquelles sont soumis le fuyard et la jolie scientifique. Il s'enfuit par les égouts.
Trop fort : il mute immédiatement (ne perdons pas de temps) en moustique géant. La trans-

formation commence par le bras comme dans *Le Monstre de Val Gues--t (1955).* Il se réfugie chez sa copine où il finit de se transformer. Il tue la jeune fille et s'en repaît.

Le moustique géant suit le policier et sa copine qui est la belle scientifique survivante du labo. Cette dernière, en se regardant dans la glace dans sa salle de bain, s'inquiète de certaines choses en se regardant dans la glace.

Le moustique géant suit la fille qui se transforme aussi. Il déguste le très désagréable directeur du centre de recherches. Il est sympa ce moustique gant il tue les gens méchants, inintéressants, cupides… C'est un peu le principe de base des films d'horreur.

Les policiers ignorant l'existence du monstre sont surpris par la manière dont sont mortes ses victimes. Quel massacre !

« Se nourrir et s'accoupler : c'est pour ça qu'il me cherche », déclare la jolie fille qui se transforme…

Pas mal ce film de série B.

Making Of

« C'est de l'humour noir », déclare Tibor Kakacs.

« Tourné à Sofia de manière à ce qu'on croie que c'est une ville américaine », explique la monteuse.

J'aime bien ces making of de films de séries B qui ne se prennent pas au sérieux, ils dévoilent tous leurs trucages souvent de bric et de broc.

« Les personnages sont proches de la caricature. On rend ainsi hommage aux vieux films d'horreur. Avec un film comme ça, on a fait un clin d'œil au public. Mais on lui donne aussi les frissons qu'il attend d'un film d'horreur. » Déclare Tibor Takacs.

« J'aime les éclairages. C'est l'un de mes films qui a la plus belle image ».

C'est vrai !

PredatorMan de Tim Cox (2003)

Il y a très longtemps, une météorite est tombée sur la Terre. Elle abrite une pierre dans ses entrailles : l'étoile du matin. C'était l'arme suprême. Mais la pierre disparut.

Des archéologues l'ont retrouvée ! Ah ! Ces archéologues qui exhument des horreurs oubliées !

Il s'agit de l'Arche des ténèbres : à l'intérieur la pierre !

Nous, les humains, sommes au sommet de la chaîne alimentaire depuis 40 000 ans. Désormais c'est terminé !

Cette créature est féroce, vorace et potentiellement invulnérable.

C'est d'ailleurs une imitation de Predator.

Donc des gens intéressés veulent l'utiliser comme une arme. Mais...

Le monstre s'échappe dans la base où il est étudié et produit.

L'histoire est donc un mélange d'Alien et de Predator, et aussi de The Thing : avec tous les ingrédients, le monstre terrifiant, l'endroit clos duquel on ne peut pas s'échapper (ce qui est valable aussi pour Predator, car les personnages sont coincés dans la jungle...)

Un commando est envoyé pour « nettoyer » le centre de recherches. Plus rien ne doit rester. Le commando est commandé par une femme.

Le film est assez long à démarrer. Les dialogues sont très convenus. Il y a deux survivants quand le commando arrive. Il y a évidemment le savant fou (joué par John Savage) et les contradictions internes au commando qui vont s'avérer mortelles.

La bête a fait des milliers de petits.

Bataille finale entre la Belle et la Bête !

MorphMan de Tim Cox (2004)

Deux jeunes ados parient qu'ils vont faire tomber un bœuf en échange d'un striptease de leurs deux copines. Mais le bovin semble « habité » par de mystérieux bruits écœurants. Il en sort une bestiole dégoûtante.

Puis on nous montre un jeune vétérinaire qui s'installe. Il rend visite à un éleveur dont les bêtes sont malades. La plupart des fermiers élèvent leurs bêtes avec de la nourriture fournie par l'entreprise qui leur achète les animaux. Eli Rudkus, le véto fait un prélèvement d'excrément de la vache et constate la présence de parasites. Alors qu'il est retourné chez lui, il étudie les bestioles en question, casse un verre et se coupe légèrement. Une goutte de sang tombe sur la table… Une des bestioles s'approche en se tortillant et absorbe la goutte se sang.

Il appelle le service hygiène et leur dit : « Ça ressemble à une douve du foie sans se comporter pareil. J'avais jamais rien vu de semblable. »

On avait vu une vieille dame avec son chien. On la revoit appelant son chien pour le nourrir. Mais il ne vient pas… Il est mort, dévoré de l'intérieur. Soudain, un froissement d'ailes et un animal volant attaque la dame. C'est la nuit.

Il y a un gigantesque barbecue et le réalisateur insiste avec des gros plans de gens qui mangent de la viande. Et filme une bestiole qui se balade sur les steaks hachés.

Un nouveau personnage apparaît : l'avocate de l'entreprise qui fournit la nourriture pour les vaches. Une belle blonde arrogante. Mais ce personnage est juste présent pour le décor.

Autre scène : un type tombe à l'eau et se noie. Au bord de l'eau, il y a un cadavre d'animal duquel sortent des bestioles. Eli l'a vu et craint que la personne qui a failli se noyer soit infectée.

À l'hôpital un homme infecté se présente. Le film montre comment ça se passe à l'intérieur du corps du malade.

Eli, le véto, prend conscience que les parasites proviennent de la nourriture fournie par l'entreprise. Le service vétérinaire 'appelle Eli pour lui dire que l'échantillon de la bestiole qu'il a envoyé était inconnu : cette espèce n'est pas référencée !

Eli organise une réunion d'éleveurs pour leur demander de mettre leurs animaux en quarantaine. Et de ne plus utiliser la nourriture fournie par l'entreprise. Évidemment cela n'est pas accepté par les éleveurs. Le vétérinaire a trouvé un allié en la personne d'un éleveur qui l'appelle pour qu'il consulte une bête malade.

Il la trouve éventrée avec un monstre qui lui sort du ventre... Ce « machin » a de grandes ailes de chauve-souris, c'est un vertébré qui dévore tout le monde.

À l'hôpital c'est un malade qui subit le même sort : un monstre lui sort du ventre ! De nombreux cas se multiplient.

Le patron de l'entreprise HTM qui fournit la nourriture aux animaux met Eli en accusation et demande au shérif de l'arrêter.

Le trio véto, éleveur et l'avocate qui a fini par prendre parti pour les éleveurs s'organise dans la guerre aux MorphMen... Il y a beaucoup de victimes, la terreur se répand. Le petit garçon du patron est dévoré par un monstre et le patron voit les choses autrement. Mais trop tard.

Un policier « accouche » d'un monstre au poste de police et le shérif prend conscience du problème. Il rejoint le trio.

Les quatre mousquetaires auront raison de l'épidémie de monstres...

Making Of

Histoire inspirée de la maladie de la vache folle.

La mutation génétique mute les parasites de la vache, mais pas la vache.

C'est un hommage aux films des années 70.

Quelques vues du story-board. Utilisation des effets spéciaux numériques.

Tim Cox : « C'est un hommage et pas une parodie. (...) Il ne faut pas être trop sérieux, mais rester sincère... »

SnakeMan d'Allan A. goldstein (2004)
Sous-titre : le prédateur.

Prologue : lors d'une expédition dans la jungle, il est découvert des sculptures. Apparition d'une monstruosité, pas visible, manifestée par le son et une caméra subjective. Vu les dégâts causés aux victimes, cette entité doit être très grande.

Des gens extraient une « espèce de sarcophage » de la rivière. Un « docteur « appelé dit en regardant : « je n'ai jamais rien vu de pareil. » Un Indien grimé, caché, regarde la scène. IIIl a le regard inquiet.

Le docteur demande aux gens d'ouvrir le sarcophage. Les Indiens cachés qui observent la scène bandent leur arc.

Le sarcophage contient un corps en décomposition. Un cri profond et bestial retentit dans la jungle.

New York : un conférencier présente la découverte faite par une importante firme pharmaceutique.Il présente le sarcophage et son contenu : « l'homme de l'Amazonie ».

Voici le docteur Rick Gordon et la doctoresse Susan Anters.

Après analyses, ils ont découvert que l'homme de l'Amazonie avait plus de 300 ans au moment de sa mort !

Il existerait une tribu qui descend de cet homme. Elle vit dans la jungle du Brésil. Une équipe est constituée pour aller chercher cette tribu et étudier son ADN.

Nous voici donc dans la jungle (c'est tourné en Bulgarie, rappelons-le…) : un homme est blessé par une flèche et étouffé par un serpent géant. L'hélicoptère est frappé par un éclair et tombe dans la jungle sous une pluie battante.

Une autre équipe est attaquée par un serpent géant. Les membres de l'équipe de l'hélicoptère sont menacés par les Indiens. Mais le pilote calme le jeu et les Indiens vont montrer le chemin.

Une scène avec une énorme araignée et un intermède avec un serpent géant qui croque un singe.

Différentes attaques du serpent géant à plusieurs têtes. Susan est enlevée par les Indiens et emmenée à leur village. Les survivants rencontrent un homme qu'ils croyaient mort, mais qui semble s'être adapté aux us et coutumes des gens du coin.

Susan promet au chef de tribu de faire revenir Covab (l'homme de l'Amazonie sorti de la rivière) elle joint son patron à New York par radio. Il lui promet de l'envoyer.

Après bien des pérégrinations, il est dit que le « don » de longévité ne doit pas quitter la tribu.

Mais, au lieu de Covab, le patron envoie un commando armé jusqu'aux dents.

Les deux autres survivants s'évadent, mais l'un est dévoré par le serpent, l'autre s'enfuit. Le chef de tribu emmène Susan dans la caverne de Nagra et l'eau de longue vie. Le serpent apparaît avec plusieurs têtes. Susan doit offrir l'eau de longue vie à Nagra.

Le commando arrive en hélicoptère et doit affronter le serpent géant à plusieurs têtes. Ils seront tous tués.

Le méchant se fera écarteler par quatre des têtes du serpent. Le secret de longue vie sera bien gardé.

SharkMan de Michael O Blowitz (2004). Avec Jeffrey Combs dans le rôle du docteur de l'horreur. On ne peut pas faire mieux.

(Voir également ci-dessus la chronique du film *Peur Bleue,* sur un requin mutant)

Un jeune couple plonge d'un bateau et se fait dévorer par un requin...

Un requin ???

Le docteur King joué par Jeffrey Combs porte une belle moustache.

Il dirige un laboratoire terrifiant qui soumet des êtres humains à de terribles expériences.

Ailleurs, il est beaucoup question d'argent dans de vastes bureaux avec une jolie biologiste.

Le docteur King a mis au point de drôles de manipulations génétiques dans son île paradisiaque. Cela ne manque pas de me faire penser à *l'île du docteur Moreau* (voir les films en annexe).

Il a créé un métis de requin marteau et d'être humain. Nous saurons plus tard que l'humain était son propre fils condamné par le cancer. On sait (moi je ne le savais pas) que les requins n'ont jamais le cancer. D'où le choix du requin marteau, avec en plus selon King, la vue, la férocité et le phénoménal pouvoir de guérison.

King/Frankenstein tient son journal.

Tous les cobayes humains sont des femmes, car King veut créer la possibilité de procréer les requins/hommes par gestation dans le ventre des femmes... Il est très cruel avec ses cobayes : il ne se préoccupe pas de dépenser de l'anesthésiant et opère une césarienne à vif sur l'une d'elles alors que le bébé n'est pas viable. Ce qui me fait inévitablement penser au film *Le Monstre est vivant* et son remake et ses suites...

Le docteur King a invité ses financeurs à visiter ses installations.

Or il est très dangereux de se baigner dans ces eaux paradisiaques.

SharkMan est amphibie, il sévit aussi sur Terre.

Jeffrey Combs n'est pas très convaincant. Alors c'est peu dire du reste...

On apprend que l'azote serait la solution contre le monstre. Ne me demandez pas pourquoi, moi qui suis chimiste, car je ne sais pas.

« Personne ne contrôle cette chose », se plaint un des sbires de King. On note que, comme toujours dans ces films de série B ou Z, les sbires sont de très mauvais tireurs...

Les massacres se poursuivent et des militaires débarquent d'un hélicoptère. Mais ils sont aussi incapables que les autres. Il y a beaucoup d'action. Le héros est un peu trop grassouillet et à trois ils ont raison d'une armée entière avec les armes volées à l'ennemi. Le scénariste ne se foule pas trop.

Dr King est évidemment indestructible.

Le grassouillet s'en est sorti : va-t-il sauver la fille, la belle brune biologiste dont Paul, le fils de King fut amoureux ?

King déclare : « Maintenant je vais faire évoluer l'espèce humaine ! »

Parce qu'il a l'idée de féconder la fille dont SharkMan est toujours amoureux !

La créature se révolte contre son créateur (Voir *Frankenstein*), bien sûr…

Making Of

« Mon nom est Michael O Blowitz et d'ici la fin du tournage on m'appellera *Ed Wood Junior* ! » (Voir annexes)

Le film a été tourné en Bulgarie alors que la température extérieure était de 5 °C et que l'intrigue se déroule en milieu tropical !

Une interview de Jeffrey Combs…

Superbe making of !

House of the Dead 2 de Michael Hurst (2005)

La "suite" du numéro un de Uwe Boll.

Re-animator ? Le docteur West est de retour ?

29 jours plus tard (non ne riez pas…) Une jolie brune dans un monde de brutes de zombies. Elle cherche à faire un prélèvement de sang de zombie pour fabriquer un vaccin contre le zombiisme… Et l'infection zombique se transmet même par les moustiques.

Un délice vous dis-je…

Horribilis (Slither) de James Gunn (2005)

Un petit film très agréable pour les amateurs d'horreur. On ne s'ennuie pas même si le film consiste à accumuler les références aux films de zombies et à toute une série de films avec des bestioles dégueulasses comme les limaces tueuses ou autres - y compris au film de David Cronenberg *Frissons* (1975*)* -, et, il faut le dire, avec une certaine audace humoristique, mais d'un humour noir et sanglant.

Le réalisateur rend même hommage à son ancienne boîte, « Troma », la légendaire société de production de films Z tellement nuls qu'ils en deviennent des chefs-d'œuvre. Dans *Horribilis* on voit donc à la télé un extrait de *Toxic Avenger...*James Gunn a aussi fait ses lettres de noblesse en écrivant le fameux *Armée des morts...* Il sait donc de quoi il parle...
Et surtout, restez bien jusqu'à la fin du générique où une surprise vous attend !

Natural City de Min Beyond-cheon (2005)
Un film sur un futur apocalyptique, avec un paysage urbain, la ville de Blade Runner, et le thème dérivé de ce film : comment un être humain chasseur de cyborgs lutte pour donner la vie à son cyborg féminin. Les images sont sombres et expressionnistes. Les comédiens ne sont pas terribles. Le récit manque de fluidité et les filles sont superbes. Les humains se révèlent moins humains que les cyborgs, ces derniers ont des capacités physiques stupéfiantes et font des bonds comme dans Matrix. Les dialogues sont si épurés que la plupart du temps inutiles à la compréhension du film. Les sentiments sont montrés par l'image et les mimiques des acteurs (ce qui donne cette impression de jeu bizarre des comédiens). Le son et les images créent l'atmosphère, et il faut se creuser un peu la tête pour comprendre.
Un film étonnant, qui sort de nos habitudes, un film extraordinaire à voir et revoir tellement il est inépuisable... Le DVD propose des bonus excellents avec le réalisateur et comment il a

utilisé des décors urbains naturels traités par ordinateur…
Avec le DVD il y a un livret sur la SF asiatique.

Les Ailes du chaos de David Jackson (2005)
Des criquets rendus indestructibles par manipulation génétique.
Bon… Avec une difficulté de scénario comme ça c'est difficile de s'en sortir : la fin sera donc tirée par les cheveux et complètement invraisemblable…Ah ! ces recherches scientifiques, voyez à quoi elles mènent !
Le « méchant » du début va s'avérer indispensable pour gérer la crise de l'invasion des criquets mutants, mais comme il est méchant ils n'en veulent pas.
C'est une catastrophe mondiale, car les insectes détruisent le grenier à céréales du monde : les USA !
La belle va trouver une solution. Je ne sais pas si elle est vraiment efficace. Enfin, c'est un peu n'importe quoi…

La Survivante de Don Coscarelli (Série Les maîtres de l'horreur) (2005)
Ce film est un chef-d'œuvre.
Don Coscarelli est en quelque sorte le réalisateur d'arts et essais du cinéma fantastique. Il n'est pas vraiment connu du grand public, mais adulé par le fandom de l'horreur avec ses films *Phantasm.*
Ici il nous construit un film génial par son scénario excellent et sa réalisation d'une main de maître.

Coscarelli utilise à merveille ce qui fait qu'un film d'horreur est un chef-d'oeuvre : avant tout les gros plans avec l'excitation de l'imagination de ce qui peut bien se passer hors champ, mais aussi la profondeur de champ... avec en arrière-plan un objet, un personnage plein de significations, mais pas toujours compréhensible du premier abord. Justement, le plan du saut du tueur appelé Face de Lune devant la Lune est proprement fantastique.

Sur le fond de l'histoire, c'est un "survival" qui n'a rien de classique avec pourtant tous les ingrédients de ce qui est devenu le classique du film d'horreur depuis *Massacre à la tronçonneuse* : il y a un tueur psychopathe et son antre atrocement macabre avec plein de momies desséchées de ses victimes, le tout dans une forêt perdue comme seule l'Amérique en a encore... Mais ce film va plus loin, il développe un mode d'emploi pour survivre dans ce genre de situation : ne jamais abandonner et frapper fort, plus fort que l'adversaire... ET, surtout, "tant qu'on ne sait pas ce que tu vas faire tu gardes l'avantage". Avec un principe comme celui-là, on ne peut que surprendre le spectateur ! Enfin, on se régale de la vengeance terrible de la victime. Le scénario est plein de rebondissements et on ne s'ennuie pas une minute.

Doom d' Andrzej Bartkowiak (2005) Superbe film d'action ! Les effets spéciaux sont extraordinaires. La partie du film qui reprend la mis en scène du jeu vidéo est extraordinaire, du jamais vu ! On passe un excellent moment.

King Kong de Peter Jackson (2005) a part les effets spéciaux bien meilleurs, of course, que l'original, pas grand-chose à ajouter… Fallait-il vraiment le faire ?

The Descent de Neil Marshall (2005). L'horreur revient avec ce cinéaste anglais qui a réalisé le très bon *Dog soldiers*. ici les monstres sont sous terre et attendent de pied ferme de jolies spéléologues. Attention ça fout la frousse. Bravo!
Il y a une suite : **The Descent : part 2** de Jon Harris (2009)

The Breed de Nicholas Mastandrea (2005)
Si vous avez peur des chiens, ne regardez pas ce film. Des jeunes gens en vacances sur une île se font attaquer par des chiens très agressifs et très intelligents. C'est bien joué (avec l'irremplaçable Michelle Rodriguez) et bien filmé.

Alien Apocalypse de Josh Becker (2005)
C'est la fin du règne de l'homme depuis que les Termites ont envahi la Terre !
Un pastiche de *La Planète des singes* de Franklin J. Shaffner (1968)
Avec le prodigieux Bruce Campbel (*Evil Dead*…).
Quatre astronautes reviennent sur Terre après 40 ans d'absence en hibernation. La terre est

dominée par les Termites, les hommes emprisonnés et bâillonnés.

Ces Termites consomment la cellulose du bois, les télévisions et les doigts humains. Elles me font penser au film *Les Premiers hommes dans la Lune* de Nathan Juran (1964).

Les dialogues sont délirants de stupidité. Le scénario mélange les histoires de plusieurs films post apocalyptiques. Notamment *Independence Day* (1996) à rebours.

Josh Becker est réalisateur dans la série Xena la guerrière.

Le Labyrinthe de Pan de Guillermo del Toro (2005)

Del Toro a une double carrière : celle des films à grands spectacles comme *Mimic, Blade 2 et Hellboy*, et celle des films plus profonds et tout aussi fantastiques comme *Cronos, L'échine du diable* et ce *Labyrinthe de Pan.*

Dans ce dernier film, on retrouve les deux ingrédients du premier – *Cronos* - : le sang et l'horloge, l'obsession de l'éternité ; mort ou vif, l'essentiel est de ne pas être oublié… C'est ici l'obsession du père (qui est aussi *beau-père* de l'héroïne, une petite fille qui doit devenir la princesse du monde des fées…) qui bichonne la montre de son propre père, montre que ce dernier avait cassée juste avant le combat où il allait mourir pour fixer l'heure de sa mort dans l'éternité.

Le sang, c'est aussi celui de la guérison grâce à la mandragore placée sous le lit de la mère enceinte et mourante. C'est aussi le sang qui fera reculer la petite princesse…

Le film commence par un court prologue sur la princesse du monde des fées. Il annonce déjà la terrible fin par une image à rebours. Il plante le décor, celui de la forêt où la petite jeune fille redonne un œil à une statue étrange et rencontre une fée sous forme d'un gros et long insecte volant. Del Toro reprend ici le son de ses insectes dans *Mimic*... Cet insecte – une fée je le rappelle..- fera le lien tout au long du film entre le monde réel et le monde des fées (imaginaire : donc, il existe en tant que fruit de l'imagination !).

Le livre que reçoit l'enfant des mains du faune est appelé "Le Livre de la croisée des chemins" et la petite jeune fille devra passer trois épreuves pour être reconnue comme la reine des fées.

En attendant, son beau-père traque les derniers combattants républicains de la guerre civile espagnole (nous sommes en 1944).

Retrouver le monde des fées pour la toute petite jeune fille, c'est alors échapper à ce monde terrifiant et cruel, le vrai monde de l'horreur ! Y parviendra-t-elle ?

Car, comme le dit le beau-père à sa femme, mère de la petite future ex-reine des fées : "Vois où mènent les lectures de ta fille !"

La traduction française du titre (*Le Labyrinthe du faune* en espagnol) reprend le grand dieu Pan de mon cher Arthur Machen. Pan dont le petit peuple enlevait les enfants des humains...

Un petit clin d'œil à Machen et son "successeur" Lovecraft", dont le fantastique de Guillermo del Toro est imprégné par son fantôme ?

Le Pacte du sang de Renny Harlin (2005)

Ce film n'est pas désagréable.

Les jeunes gens sont très beaux et les jeunes filles sont très belles, et jouent très bien (ce qui montre la qualité du réalisateur, car ce sont des débutants).

Une bataille entre sorciers pour le pouvoir, ce pouvoir qu'ils ont, mais qui les détruit physiquement s'ils en abusent. Plus ils l'exercent, plus leur corps vieillit prématurément.

Il y a tous les ingrédients : la forêt - temple de la sorcellerie - la vieille bâtisse et le livre maudit...

On devine assez vite qui est le méchant et le téléphone portable sonne dans la crypte...

On passe un bon moment en compagnie de beaux ados sympas...

Sunshine de Danny Boyle (2006)

Quand on a mesuré la quantité de neutrinos (des particules élémentaires neutres qui ne réagissent que dans le cadre de l'interaction nucléaire faible) provenant du soleil, on s'est aperçu qu'il y en avait moins que prévu.

Seules trois hypothèses pouvaient expliquer cette catastrophe expérimentale, dont l'une est que les réactions nucléaires à l'intérieur du soleil sont en panne depuis moins d'un million l'année (le temps aux photons de sortir de l'intérieur du soleil. autant... de temps que ça ? si ! si !)

Eh bien, c'est exactement la base de la fiction du film "Sunshine". Nous sommes en 2057, le soleil se meurt et une expédition se rend à sa surface pour y injecter une énorme bombe nucléaire afin de le réveiller un peu…

Danny Boyle ne cache pas ses sources d'inspiration pour ce film : *2001 l'odyssée de l'espace* (1968) de Stanley Kubrick, *Solaris* (1972) d'Andreï Tarkovski et *Alien* (1979) de Ridley Scott. Et son film mérite largement la comparaison !

Les reconstitutions du vaisseau ne souffrent d'aucune invraisemblance. Il en est de même pour les rapports entre les spationautes et leurs responsabilités écrasantes. Les scaphandres, étudiés pour résister à des températures inouïes sont claustrophobiques. La gestion des crises technologiques lors des catastrophes survenues est excellemment traitée. Tout est quasiment parfait dans ce film. Il allie ces performances avec un traitement humain très émouvant.

La leçon de morale : « Va vers la lumière et tu retourneras en poussière ».

C'est exactement ce qui est arrivé aux passagers du vaisseau Icarus 1, celui qui avait disparu corps et bien lors d'une première mission et que va rencontrer le vaisseau Icarus 2 qui fait l'objet de l'histoire de notre film…

Piégée à l'intérieur de John Carpenter (2006)

Film de la série *Les Maîtres de l'horreur* deuxième saison.

Une jeune fille court dans la forêt en se tenant le ventre. Elle se retourne souvent, effrayée.

Un couple roule à grande vitesse sur une route qui traverse cette forêt. Soudain la jeune fille surgit. L'accident est évité et le couple l'emmène à l'hôpital où il travaille. La jeune femme se retourne. Elle semble effrayée d'être suivie.

Elle a peur d'un véhicule rouge qui arrive. « Ne le laissez pas entrer ! » Demande la jeune fille. Le gardien ferme lui barre le passage.

« Oh ? Qu'est-ce qu'il vient faire là ? » Demande quelqu'un. 3Il viole une décision de justice. » Dit le médecin. La voiture attend. Le gardien tente de discuter avec le chauffeur qui, on l'apprend alors, est le père de la jeune fille qui vient d'être accueillie. Il a été condamné par la justice et ne doit pas s'approcher de la clinique. Mais il insiste. Le personnage est joué par Ron Perlman qui sait très bien être inquiétant. C'est le père de la jeune fille. Il s'appelle Burcell, et accepte de reculer. Mais que se passe-t-il entre la jeune fille et le père ? En effet, celle-ci déclare : « Dieu vous a envoyé pour m'aider. Dieu veut que vous tuiez mon bébé ! » D'autres patients s'impatientent. Tout le monde a peur de Burcell. Le directeur veut qu'Angélique (la jeune fille enceinte) voie un psychologue. Elle n'a que quinze ans. Elle explique qu'elle est tombée enceinte samedi dernier. Pourtant elle est si grosse qu'elle semble sur le point d'accoucher. « Tout ce que je veux, c'est avorter ! » Dit-elle. Le père est soupçonné de viol…

La jeune fille passe une échographie et cela dérange le « bébé ».

Le père et ses trois fils entrent par effraction. Pourtant, à entendre les paroles d'un des garçons, leurs intentions ne semblent pas mauvaises. « Protéger le bébé... » Ordonne une voix au père. Burcell croit que cet ordre lui vient de Dieu. Il tue salement le gardien et les quatre hommes lourdement armés entrent dans la clinique.

En attendant, l'avortement est en préparation. La jeune fille raconte ce qui lui est arrivé : « Une nuit les choses bizarres ont commencé (...) Un bruit qui ressemblait au grondement du tonnerre (...) Ça venait du sol (...) Il a attrapé mes pieds. Il a essayé d'entrer en moi. Ensuite, je ne sais plus ce qui s'est passé. C'était un démon venu de l'enfer. »

Elle ne veut pas de cette chose en elle.

Un de ses fils refuse de suivre Burcell. Le directeur en tue un autre. L'accouchement est terrible. Visiblement il y a une vengeance entre le directeur et Burcell. Ce dernier l'opère comme s'il réalisait un avortement : il ouvre une voie et aspire les viscères. Cette scène est grotesque.

John Carpenter s'est fait son petit western.

L'insecte à tête humaine sort du vagin de la jeune fille. « C'est quoi ce monstre ? » Dit-elle. Pendant ce temps Burcell éviscère complètement le directeur de la clinique.

Et voilà le père du bébé qui sort de terre : un monstre, Satan ou Bélial, avec deux grosses cornes...

Il reste deux imbéciles : Burcell et un de ses fils, l'autre entra après avoir tué un patient qui passait.

La maman du « bébé » le tue ce qui ne manque pas de mettre Bélial en colère.

Bon… Tout cela me paraît grotesque et excessif. Fallait-il en faire autant ?

J'aurai leur peau de Dario Argento (2006)

Film de la série *Les Maîtres de l'horreur* deuxième saison.

Prises de vue au flash de cadavres ensanglantés dans un ascenseur d'usine. Ce sera l'image de fin du film.

Générique sur fond de peaux de fourrure.

L'histoire est basée sur une nouvelle de F. Paul Wilson. Un pamphlet anti chasseur…

Traitement des peaux de bêtes. Le patron est très brutal avec ses employés. Il va se détendre dans une boîte de striptease. Il paie une prostituée pour une prestation insatisfaisante. Mais pour le prix… La fille lui dit : « Tu pues Jack ! Tu sens la viande pourrie, monsieur le fourreur. »

« Un jour, grâce à mes fourrures, je deviendrai un homme très riche. » Répond-il. La putain s'en fiche ! Il essaie de la violer. Elle est très belle. Elle se défend.

Changement de décor. Un braconnier et son fils reviennent là après que le vieux a posé les pièges. C'est un endroit maudit avec des « ruines d'une ancienne cité ». Chaque piège retient un raton laveur prisonnier. Le fils est chargé de les tuer sans abîmer la peau. Ce qui n'enchante pas le jeune homme. Revenus chez eux, ils dépouillent les bêtes.

Au téléphone, le braconnier propose ses peaux exceptionnelles au patron qui regarde la prostituée qui se montre en spectacle pour le cachet qu'elle a reçu.

Le fils du braconnier le tue à coups de batte de base bal, l'arme qu'il a utilisée pour tuer les ratons laveurs. Quand le patron fourreur arrive, personne ne répond, et pour cause. C'est ouvert, il rentre avec son associé. Ils voient les peaux. Ils sont subjugués. Ils découvrent le cadavre du fils du braconnier le visage arraché. Le film nous montre comment il s'est suicidé : en mettant son visage dans un piège à animal dont les mâchoires en claquant se referment sur les côtés de sa tête et séparent le visage du reste de la tête. Le patron veut voler les peaux. Ils le font ! Aïe !

Les ouvrières refusent de prendre les peaux. Pourtant elles vont réaliser « le plus beau manteau de fourrure du monde » !

Le patron fourreur convoite la prostituée comme modèle pour présenter le manteau. Une violence s'installe avec la peur dans l'atelier de fourrure. Le chef d'équipe s'éventre avec les ciseaux servant à couper les peaux.

Le patron fourreur retourne dans la maison du braconnier, car il veut savoir où il a trouvé ces « putains de bestioles »... Il trouve une cabane avec une vieille femme dedans. « Venez monsieur Feldman, je vous attendais. » Lui dit-elle. En parlant des ratons laveurs, elle déclare : « Ils sont devenus les sentinelles de la cité perdue. » Et elle chasse Fledman. Elle est très en colère.

À l'atelier, la chef d'équipe se coud tous les orifices du visage avec du fil et meurt étouffée. Scène atroce.

Le manteau de fourrure est terminé. « C'est comme s'il était maudit ! »

Feldman l'apporte à la prostituée. Elle l'enfile. « Je ne veux pas qu'une autre fille porte ce manteau ! » Assure-t-elle. Alors...

Après fornication, il dit : « Il faut que je trouve un truc qui coupe ! »

Et il le trouve ! Il s'éventre devant la glace et découpe la peau qu'il arrache du haut de son corps. Il s'écorche vif !

« Regarde, c'est mon chef-d'œuvre. J'ai fait ça pour t'impressionner. « Dit-il à la fille. Elle s'enfuit, nue dans le manteau de fourrure. Et ça finit mal, très mal !...

Un chef-d'œuvre macabre éprouvant du grand Dario Argento !

The Zombie Diaries (Journal d'un zombie)
de Kevin Gates et Michael Bartlett (2006)

Ce film produit en 2006 est distribué en DVD en 2009.

Bien avant les *Cloverfield, REC et Diary of the Dead*, il utilise le procédé de montrer des images comme si elles avaient été filmées par un vidéo amateur. Au début on se demande si on ne va pas être lassés, mais très vite on rentre dans le film, car ici c'est vraiment réussi. Le fait d'être filmé de cette manière n'ennuie pas le spectateur. C'est si bien fait que l'on s'y croit, on a l'impression de vivre avec tous ces gens au milieu des zombies.

On voit les aventures terribles de trois groupes différents alors qu'une épidémie de virus zombifiant les gens se répand en Angleterre. On verra également que le plus terrible reste encore la cruauté humaine.

Excellent film.

SHROOMS (Un trip d'enfer) de Paddy Breatnach (2006)

Le prologue se veut terrifiant avec des flashs de corps mutilés, flashs entrecoupés de vues d'une fille effrayée qui court dans la forêt. Pas très original.

Une bande de jeunes rigolos va à la cueillette de champignons hallucinogènes.

Ils rencontrent deux dégénérés : « C'est quoi ici ? C'est l'île du docteur Moreau ? »

Un trip d'enfer ? Oui c'est vraiment l'enfer. Dans une forêt de résineux, les plus noires des forêts. La forêt de Blair Witch avec son ruisseau, des restes d'une horreur passée ou des fantômes, ou des trips ?

La fin surprend. Pas mal du tout, la fin sauve un scénario en labyrinthe.

Ils de Xavier Palud et David Moreau (2006)

L'histoire se déroule en Roumanie.

Le prologue est très intense, avec un suspense insupportable : la mère et la fille ont un accident de voiture en pleine nuit. C'est terrible !

La maison est reconnaissable, car on la voit dans beaucoup de films...

Une Française qui enseigne le français au lycée de Bucarest rentre chez elle. C'est une jolie brune et son ami à une tête de niais.

Tout commence par un coup de fil incompréhensible reçu par une nuit pluvieuse.

Il n'y a pas d'éclairage public dans la forêt, il y fait nuit noire, on n'y voir rien, on ne peut pas y courir comme ça : on se fiche tout de suite la gueule dans un arbre !

On s'ennuie : c'est long 1 H 13 ! On sait que les ados sont cruels : et que font les éducateurs de protection de l'enfance ?

On avait vu mieux avec Michael Meyers (*Halloween*)

Abandonnée de Nacho Cerda (2006)

Une superbe histoire de fantômes. Une histoire de famille.

Une femme revient en Russie à la recherche de son passé. Elle n'a pas l'air de bien s'entendre avec sa fille Émilie. Elle vient en Russie pour prendre possession de son héritage : une vieille maison située sur une île au milieu de la rivière. Elle avait été adoptée 41 ans auparavant. Sa mère avait été assassinée.

Au début, le film semble s'installer dans les clichés du genre : un village sinistre, des gens bizarres, des regards entendus... Mais ne vous y fiez pas.

En route vers la maison dans le camion d'un drôle de type qui l'abandonne en pleine nuit.

Une ombre passe au tout premier plan et traverse le champ de la caméra alors qu'elle filme plus loin la femme. Dans ce film chaque image compte : ne perdez pas l'écran de vue ne serait-ce qu'une seconde. Elle retrouve son frère jumeau dans des circonstances dramatiques. Ils sont tous les deux dans la maison sous le regard des esprits invisibles. L'atmosphère est étouffante. La rencontre que font les deux jumeaux est terrifiante. Il leur faudra affronter leurs propres démons. Puis c'est la nuit dans la forêt, mais la maison se trouvera de toute façon sur son chemin.

« On dit que quand on voit son double c'est que ton heure a sonné. » Déclare le frère.

Le son a beaucoup d'importance dans ce film comme dans *La Maison du diable* (1963) de Robert Wise.

« Il ne faut pas savoir… Ce qui est encore mieux, c'est être abandonnée. », déclare Émilie…

The Wicker Man de Neil Labute (2006)

Le remake du film homonyme de 1973 avec Christopher Lee.

Un motard de la police, une voiture qui perd une poupée, un accident terrifiant, le policier tente d'aider, mais il est assommé par l'explosion.

Une ancienne relation lui écrit pour l'appeler à l'aide, car sa fille a disparu. Il va la rejoindre sur une île perdue au large de Seattle. Il n'y a même pas le téléphone.

Une île inhospitalière, c'est surtout les femmes qui le sont…

Et il y a l'homme d'osier (The Wicker Man).

Rêves et cauchemars.

Nicolas Cage est excellent. C'est un grand acteur quand il le veut et quand on lui en donne l'occasion.

Finalement il se retrouve prisonnier de l'île.

Il y a un grand livre, le Livre des Anciens ».

« Nous avons nos propres croyances et ce sont elles qui dictent les lois … » lui dit-on.

Curieusement cela résonne dans l'actualité.

Black Sheep de Jonathan King (2006)
Des moutons devenus carnivores. Un gros méchant capitaliste fait des recherches génétiques pour améliorer les moutons. Des connards écolos piquent un spécimen et c'est la catastrophe. Ça se veut du gore rigolo. Mais on s'ennuie…
C'est le pêt qui sauvera le monde.

La Colline a des yeux d'Alexandre Aja (2006)
Une famille recomposée traverse le désert et se perd… Attention, car dans les collines, se cachent des dégénérés qui vont leur faire vivre les pires horreurs… Mais les survivants vont devenir comme leurs agresseurs : impitoyables. Obligés…
Aja a réalisé là un chef-d'œuvre, bien au-dessus de l'original de Wes Craven qui est un peu tarte à la crème.
Il y a une suite : **La Colline a des yeux 2** de Martin Weisz (2007).
Ce film est le remake du film de Wes Craven du même nom sorti en 1977 et aussi la suite en 1984.

Pumpkinhead : les condamnés (Ashes to Ashes) de Jake West (2006)
C'est le cinquième de la série. Moi je n'ai vu que celui-ci. Le premier est signé Stan Winston, mais je crois qu'il n'est jamais sorti en DVD zone 2…

On appelle au secours Pumpkinhead pour se venger d'un médecin de l'horreur. Ce dernier est incarné par Doug Bradley, l'acteur qui jour Pinhead dans la série des *Hellraiser*. Ça met de suite l'ambiance avec une opération chirurgicale par ledit docteur qui enlève des gens pour un trafic d'organes. Le corps humain constitue en lui-même une ressource : c'est le sens même des films gore.

C'est très sordide. À la manière de *Massacre à la tronçonneuse* jamais égalé. Un type réchappe à la mort bien qu'il ait subi l'ablation du foie. On arrête les membres de l'équipe, mais pas le docteur. Le shérif est un con, alors une jeune maman qui a perdu son enfant appelle Pumpkinhead, et là ça va faire mal. Pour cela elle sollicite une vieille sorcière qui vit au cœur des bayous… Quelle ambiance ! Dans ces films les gentils meurent d'une pichenette et les méchants sont très coriaces. Faut jamais se venger : ça porte malheur ! Avec le grand Lance Heriksen. Dans le générique de fin ils remercient plein de gens dont Roger Corman.

Tale of Vampires d'Ander Banke (2006)
Ce film suédois de 2006 profite de la longue nuit d'hiver au nord de ce pays, nuit qui dure un mois ! Une espèce de paradis pour les vampires : il fallait y penser.

Il reprend le même genre de scénario que *Le Retour des morts-vivants 2 (1*984) de Dan O'Bannon : la maladie se répand et rien ne pourra l'arrêter jusqu'à ce que tout le monde soit infecté… Ici la maladie en question est le vampirisme et, comble de l'ironie, c'est d'un hôpital qu'elle va infecter toute une ville.

C'est un film pas mal du tout. Bien sûr, si on n'aime pas les histoires de vampires et la violence...

Le prologue est excellent et il constitue le message du film : la guerre est à l'origine de tous nos maux, même le vampirisme !

Mais pas de panique : on s'amuse bien en regardant ce film...

(Sur le même thème, adaptation d'une BD, voir le film *30 jours de nuit* plus loin.)

The Fountain de Darren Aronofsky (2006)

C'est un film sur la mort. Mais ce n'est pas un film macabre, c'est un film ultra romantique, sur l'amour et la mort, car c'est dans la mort seule que l'amour est éternel....

Le prologue montre une bataille entre des conquistadors et des Mayas dans un pays de ce qui sera l'Amérique latine. Nous apprendrons plus tard, au détour d'une conversation qu'il s'agit du Guatemala.

Puis on passe à une scène d'anticipation puis on vient à l'époque contemporaine.

En quelques images très belles et très absorbantes, le réalisateur nous présente un résumé du cycle du film.

Mais ne croyez pas être quitte en pensant voir tout vu. Car à ce stade du film on n'a encore rien vu !

Celle qui va mourir nous dit, dans une autre vie : « La Genèse parle bien de deux arbres dans le jardin d'Eden : l'arbre de la connaissance et l'arbre de vie ». C'est la recherche, la quête de ce deuxième arbre que nous raconte le film. La motivation de cette quête sera la mort de la bien-aimée.

Ce film est un chef-d'œuvre.

Darren Aronofsky s'est donné beaucoup de mal pour créer un film nouveau, avec plein d'inventions artistiques et des plans audacieux.

Voici quelques exemples : gros plans (très gros plans) sur les visages, et même la peau avec la naissance des cheveux – images tête en bas, surprenante pour l'arrivée d'une voiture dans une route nocturne éclairée par des luminaires, mais aussi pour une chevauchée du cavalier qui va vers la reine d'Espagne, puis la caméra pivote et montre le véhicule (ou le cavalier) s'éloigner vers son but (extraordinaire, il fallait y penser et l'oser) – plan plongeant à la verticale sur la reine et le conquistador, qui écrase les personnages sous leur destin – l'ombre sur les escaliers de l'homme qui les gravit, prises également dans un plan plongeant à la verticale (scène à relier avec celle dans laquelle la reine déclare : « Même l'ombre la plus noire est conquise par la lumière du jour... ») – travelling sur le héros avec un son étouffé, pour montrer sa coupure avec le réel et puis l'explosion des sons quand il prend conscience de la réalité – plan rapproché sur la structure du revêtement mural de l'ascenseur qui montre comme une croisée des chemins – fabrication du tatouage en très gros plan avec le sang qui coule - ...

Vous l'avez compris, le récit n'est pas linéaire, c'est vrai, mais le spectateur est guidé par de

véritables créations cinématographiques !
Ceux à qui cela a échappé passent à côté du
film....

« La Mort est la voie de l'éblouissement ! »
annonce le grand prêtre de l'arbre de vie au
conquistador. La Mort est un acte de création,
déclare-t-on aussi dans le film, et non une maladie comme l'affirme Tommy le docteur...

Pour le comprendre, il suffit de ne pas avoir
peur...

La Mort est la création de la vie même, comme
cet arbre de vie qui a poussé dans le ventre de
l'homme... car « le sang des morts nourrit la
Terre »....

The Host de Bong Joon-Ho (2006)

Ce film coréen est un bijou. Il traite une histoire de monstre de manière originale. Ici, une
espèce d'énorme poisson-chat terriblement
vorace et dangereux.

Ce monstre est le fruit d'une mutation due au
déversement dans le fleuve d'une grande
quantité de formol ; déversement exigé par un
médecin légiste américain au début du film. Ce
film est antiaméricain, mais cet antiaméricanisme est traité, disons, par-dessus la jambe.
C'est une forme d'ironie envers
l'antiaméricanisme des films de monstres japonais. De même, ici le monstre vient du
fleuve et non de la mer. Les USA sont à
l'origine du monstre donc, mais aussi, ce sont
eux qui perturbent complètement la lutte
contre cette abomination par leur obsession de
l'épidémie virale.

Il est l'occasion de célébrer l'individualisme et l'initiative personnelle face à la bureaucratie de l'État. C'est un peu traité comme un western, mais sans que les héros ne soient des surhommes, au contraire, ils sont parfois bien pitoyables.

Mais attention, en ce qui concerne l'horreur, ce film reste sans concession : rien ne sera épargné à nos héros attendrissants...

La Jeune fille de l'eau de M Night. Shyamalan (2006)

Tous les films de Shyamalan sont délicieux.

Celui-ci ne déroge pas à la règle.

Shyamalan a foi en l'espèce humaine. Son humanisme, il le présente dans ce film comme un peu niais. Mais ce n'est qu'une apparence. Il est de la même fausse niaiserie que les contes de fées. D'ailleurs, à la fin du film, laissez-vous méditer pendant que vous regardez le générique, car un clin d'œil du réalisateur vous attend à la fin.

Cette histoire est une allégorie sur l'espèce humaine. Elle est représentée par les locataires d'un immeuble doté d'une piscine de laquelle sort un jour la jeune fille de l'eau.

Shyamalan croit aux ressources de l'espèce humaine pour se sauver des périls qu'elle affronte. Le tout est de savoir détecter les signes, de les décrypter afin de déterminer son mode d'action (cette question des "signes" chez Shyamalan a bien sûr été développée dans son film du même nom).

Il y a autre chose aussi dans ce film *La Jeune fille de l'eau* : la Nature. Elle peut être terrifiante, mais on peut la gérer également ; tout est question de signes…

Ce film de Shyamalan est un autre chef-d'œuvre.

La critique l'a descendu, car le réalisateur scénariste n'est pas tendre avec elle dans ce film qui met en scène un critique arrogant et superficiel qui sera le seul personnage exécuté cruellement par Dame Nature dans le film…

Amusant non ?

Isolation de Billy O'Brien (2006)

« Dans la campagne on ne vous entend pas crier. »

Ce film SF d'horreur a obtenu le grand prix du festival Fantastic'arts de Gérardmer en 2006. Et il le mérite bien.

Figure-vous que Billy O'Brien réussit à vous faire peur dans une ferme irlandaise pleine de vaches… Il faut le faire ! Une mutation due à des manipulations génétiques engendre un monstre.

Les références à *Alien le 8e passager* sont nombreuses et sérieuses. La ferme, lieu clos, mais complexe est claustrophobique et le monstre circule dans les canalisations à purin. Mais ne riez pas et achetez le DVD ou regardez-le quand il passe à la télé : c'est un vrai chef-d'œuvre…

C'est filmé avec grand art, de manière efficace, chaque plan est surprenant et la gestion du silence et de l'attente est formidable pour créer la peur… Ce genre de film est très difficile à faire. En général, pour contourner la difficulté, le réalisateur utilise le comique et le grand guignol, ce qui est assez facile. Mais ici, Billy O'Brien n'a pas choisi la facilité et il a parfaitement réussi.

Return to House on Haunted Hill (Retour à la maison de l'horreur) de Victor Garcia (2007)

Ce film est la suite du film *La Maison de l'horreur* de William Malone (1999), lui-même remake du film *La Nuit de tous les mystères* de William Castle (1959), dont le titre anglais est : *House on Haunted Hill*, ce titre ayant été conservé pour le remake...

On se souvient que dans *La Maison de l'horreur*, un docteur de l'horreur faisait des expériences atroces sur ses patients. Toute cette belle équipe continuait à hanter la Maison de l'horreur. Le remake avait choisi une orientation fantastique alors que le film de Castle apportait à la fin une explication rationnelle aux "phénomènes" extraordinaires de la maison.

Le docteur de l'horreur est joué par le sublime Jeffrey Combs qui avait incarné le fameux docteur (de l'horreur également) Herbert West dans la série de films *Re-animator*[10]. Après le même générique terrifiant que celui de *La Maison de l'horreur,* on entre dans la niaiserie habituelle, dont on sort, il est vrai,

---

[10] Ces films sont adaptés (très librement) d'une série de nouvelles de H.P. Lovecraft intitulées *Herbert West réanimateur*. *Re-animator* (1985) de Stuart Gordon - *Re-animator 2 (Bride of Re-animator)* et *Beyond re-animator* (2003) tous deux de Brian Yuzna...

assez vite par le "suicide" de la seule rescapée du film précédent. Sa sœur est bien attristée de cette mort violente.

Puis tout ce beau monde se retrouve dans la Maison de l'horreur : la sœur de la suicidée, son petit ami (enfin il va le devenir) le professeur qui recherche une statuette démoniaque, et les gangsters qui ont enlevé la sœur et qui recherchent également la statuette.

Et... les voilà tous piégés dans la bâtisse maudite. Le massacre commence. C'est supportable quand ce sont des connards qui subissent ces atroces sévices. Jeffrey Combs en tenue de chirurgien est de retour avec son bistouri vengeur. Finalement, la hantise et la corruption des esprits proviendraient de la statuette. Les trois filles sont très sexy comme il se doit dans ce genre de films que certains ne vont voir rien que pour ça... Dommage que l'une a la tête écrasée par un frigo tombé du ciel et le visage d'une autre est tout simplement écorché vif.

Enfin, ne ratez pas la scène finale à la fin du générique.

Outpost de Steve Barker (2007)
Sortie directe en DVD en 2012.

Des mercenaires sont embauchés dans un « pays de l'Est » (on pense au Kosovo) en pleine guerre civile par un géologue. Ils se rendent dans un lieu isolé en pleine nature (le temps est gris, sale) où ils trouvent un bunker souterrain.

Les actions de guerre sont très bien filmées.

Ce qu'ils sont venus chercher ? « Le champ unifié de la physique », vous savez ce que Einstein a cherché toute sa vie et n'a jamais trouvé : l'unification de la physique « classique » et de la physique quantique.

Eh bien, les nazis, eux l'avaient trouvé !

Le commando trouve de nombreux corps sans vie qui semblent pourtant revenir à la vie… et aussi des soldats SS en zombies indestructibles.

Il est fait allusion à l'expérience de Philadelphie (voir le film : *The Philadelphia Experiment* de Stewart Raffill (1984) et sa suite), et la possibilité de voyager dans le temps.

Ainsi ils retrouvent la machine qui fait revenir les morts, les soldats SS.

Certaines scènes sont insoutenables.

On entend un moment *Der Fliegender Holländer* de Richard Wagner…

Ce film est aussi une parabole politique. On se souvient de cette citation de Bertolt Brecht : « Il est toujours fécond le ventre qui engendra la bête immonde… » Bertolt Brecht était un dramaturge d'Allemagne de l'Est. Il a su naviguer entre les balles de la censure et créer de belles pièces au sens politique profond malgré la dictature communiste. Et cette citation, si elle met en garde contre le retour du nazisme, elle ne fait aucune allusion politique ou sociale, en fait, c'est la nature humaine qu'elle visait.

Comme dans ce film où elle n'est pas très glorieuse cette nature.

À noter : aucune femme n'apparaît dans ce film. Il n'y a que des hommes.

Aliens Vs Predator : Requiem de Colin Strause, Greg Strause (2007)

On se souvient qu'à la fin du film *Aliens vs Predator*, un Predator était reparti mort dans son vaisseau, mais infecté par un Alien.

Ce film commence à ce moment-là : l'Alien naît, c'est un hybride Alien/Predator, donc redoutable. Il tue les passagers du vaisseau qui retombe sur Terre. Dans le vaisseau il y avait des larves d'Alien. Elles sortent et commencent à infecter un chasseur et son fils... Un Predator a été prévenu du drame et se rend sur Terre à la chasse à l'Alien.

Que le massacre commence !

On peut essayer de s'intéresser aux amourettes, bagarres entre jeunes et autres scènes de la vie quotidienne de cette petite ville, mais ce sont les monstres qu'on veut. Bien que la jolie blonde n'est pas désagréable à regarder.

Dans ce film ils n'ont même pas pitié des enfants.

Il fait toujours très sombre et on a du mal à distinguer les monstres.

Quand le jour se lève, on espère y voir un peu plus clair... Mais non... ça se passe dans les égouts. Et quand les monstres sortent des égouts, il fait de nouveau nuit. Pire, Predator bousille la centrale électrique.

Une petite fille a vu un Alien avec les jumelles infra rouge de sa mère (elle est militaire). Elle crie qu'il y a un monstre derrière la fenêtre. « Regarde ! Y a pas de monstre » lui répond son père avant de se faire dévorer par l'Alien.

Et voilà la cavalerie : la Garde Nationale. Mais vous connaissez les Aliens... Qui peut leur résister ? Dans le noir sous la pluie. C'est bizarre comme les gens se laissent tuer : paralysés par la terreur ?

En attendant, les Aliens pénètrent dans la maternité pleine de petites chairs fraîches. Il y a même une femme qui accouche. Lucio Fulci doit se retourner dans sa tombe et surtout D'Amato avec son film *Anthropophagus.* Un peu débordé le Predator.

Les survivants se réfugient dans un blindé de la Garde Nationale (dont les membres sont tous morts, bien sûr). Ça me rappelle quelque chose, mais quoi ?

Et quand une fille dit dans le film : « Un gouvernement ne peut pas mentir ! » tout le monde rit dans la salle... Sont pas bien stressés par le film les spectateurs...

Vous voulez savoir comment ça va finir ?

Allez voir le film.

Si ça vous dit encore... Si vous n'avez pas peur du noir...

Les Châtiments de Stephen Hopkins (2007)
L'histoire traite des fléaux de l'apocalypse. Une scientifique, spécialisée dans l'étude des phénomènes paranormaux auxquels elle apporte des explications rationnelles grâce aux sciences, est appelée dans un village de Louisiane en plein milieu des marais (les bayous), car il s'y produit des phénomènes inexpliqués. Le premier est tout simplement l'eau d'une rivière dans le marais qui s'est transformée en sang. Et en sang humain qui plus est !

Cette belle jeune femme (interprétée par Hilary Swank) va être confrontée à une secte satanique et devra affronter des dangers terrifiants. D'autant plus terrifiants pour elle, qu'ils renvoient à ses expériences personnelles passées.

Le film n'est pas mauvais, il se regarde très bien et les effets spéciaux, sans être écrasants, sont très utiles au scénario.

Planète terreur (un film Grindhouse) de Robert Rodriguez (2007)

Après *Boulevard de la mort* réalisé par Quentin Tarentino (2007), la saga *Grindhouse* continue avec ce film plus fantastique comme Rodriguez aime les faire (Tarentino a réalisé, lui, un film d'épouvante, mais pas fantastique, du moins à mon avis...). Une histoire de zombies et de fin du monde...

La belle brune en soutien-gorge rouge lève la jambe pour tirer : évidemment puisqu'elle a une mitraillette greffée sur son moignon de jambe amputée... Quel massacre !

Ces hommages au cinéma Bis sans en être vraiment, ces films qui se veulent intellectualiser le cinéma Bis peuvent être fatigants... Avec même les fausses rayures sur la pellicule. Et aussi un cramage de pellicule (comme dans le temps) aux deux tiers du film, et la pellicule qui saute... la bonne vieille pellicule ! (ça me rappelle quand j'étais projectionniste, fallait couper et recoller...)

Ça commence par une danse lascive et un coupage de couilles dans une base militaire et une zombification... une bimbo en panne de voiture... un couple qui se réveille à huit heures... le jeune femme déjeune avec son petit garçon...

Y a-t-il un lien entre tout ça ? Sûrement !

Enfin, ensuite ça tourne au cradingue purulent... Vous savez le pus qui gicle sur la gueule du toubib.

La bimbo se fait bouffer par les zombies... et Palomita (celle de la danse lascive) se fait arracher une jambe par des zombies (mais personne encore dans le film a dit que c'était des zombies). Tous ces gens plus ou moins bouffés par des zombies se retrouvent à l'hôpital avec le médecin qu'on a vu se lever à huit heures (celui qui a reçu le pus sur ses lunettes)...

Bon j'arrête : allez voir le film ! Si vous en avez encore envie. Et si vous y allez, surtout restez jusqu'à la fin du générique : une surprise vous y attend. Évidemment !

28 semaines plus tard de Juan Carlos Fresnadillo (2007)

Par le réalisateur de l'excellent *Intacto.* La suite de *28 jours plus tard* de Danny Boyle.

Une accumulation de scènes zombiesques violentes qui se succèdent. Les soldats de l'oncle Sam présentés sous un très mauvais jour... alors qu'ils font ce qu'ils peuvent pour la survie de l'espèce humaine...

Le prologue du film est si violent et réaliste que le spectateur retient son souffle. Il ne fait que rappeler ce qui s'était passé 28 semaines auparavant...

Resident Evil : Extinction de Russell Mulcahy (2007)

Alice au pays des zombies qui sont de plus en plus nombreux et l'espèce humaine menace de s'éteindre. Le troisième volet des films adaptés du jeu vidéo. Mila Jovovich est toujours aussi pimpante ! Et les zombies toujours aussi dégoûtants...

Ce film rend hommage à bien d'autres : tous les films de Romero d'abord avec un pillage appuyé de son dernier *Land of the Dead*, mais aussi *Les Oiseaux* d'Hitchcock, *Mad Max*...

Le méchant docteur Isaacs est encore plus méchant (comment est-ce possible ?) et la scène de la dernière cigarette au milieu des morts-vivants va devenir une scène d'anthologie du cinéma.

Un film excelle à condition d'aimer les morts-vivants et le gore. On ne peut pas reprocher à ce film de les montrer, car c'est le sujet du film !

La légende de Beowulf (Beowulf) de Robert Zemeckis (2007)

Le grand Zemeckis s'est mis aux légendes nordiques. Il n'a pas bâclé son film : quel boulot !

Un traitement des images donne une « saveur » particulière à ce film étonnant.

Pour ceux qui aiment les guerriers nordiques musclés, les dragons, et les monstres sous les traits d'une très belle femme (Angelina Jolie...) il ne faut pas rater ce film.

On appelle cela de l'Heroic fantasy...

Les acteurs en image de synthèse sont un peu dérangeants. Beowulf se propose pour tuer Grendel, le monstre. Pénible ce Grendel, chiant même à tuer tout le monde en toute impunité. Mais curieusement Beowulf va n'en faire qu'une bouchée et c'est la maman du monstre qui n'est pas contente. Mais pas contente du tout !

À la croisée des mondes : la boussole d'or (The Golden Compass) de Chris Weitz (2007)
Encore une aventure « magique » pour enfants. Il paraît que celle-ci est très réussie.

30 jours de nuit de David Slade (2007)
Enfin de nouveaux vampires. Ceux du comics dont est tiré ce film. Des êtres assoiffés de sang un point c'est tout. Pas de problèmes existentiels. Pas de romantisme. Des monstres. De plus ils ne parlent pas le même langage que les humains.
En Alaska, il y a trente jours dans l'année où le soleil ne se lève plus. C'est les trente jours qu'aiment ces vampires.
Le film est tourné comme un reportage. Ça se passe toujours la nuit et cela est bien rendu, car la nuit elle-même est stressante. La prise de vue aérienne des vampires agissant en nombre dans la rue est stupéfiante. La scène où le héros décapite un ami contaminé est très angoissante. L'incendie de la ville par les vampires est surprenant. Devenir un monstre pour combattre les monstres : la seule solution. Ce film fait réfléchir sur la monstruosité…
Et la fin est terrible.
Excellent film. Je me répète : stupéfiant !

La même histoire (mais en Suède...) est traitée dans le film : **Tale of Vampires** d'Ander Banke (2006). Voir ci-dessus.

Je suis une légende de Francis Lawrence (2007)
Une adaptation du livre homonyme (1955, première édition française) de Richard Matheson.
Avant il y en avait eu deux autres : *Je suis une légende* de S. Salkow et U. Ragona (1964), un excellent petit film joué par le prodigieux Vincent Price, film dont Romero s'est sans doute inspiré pour son *La Nuit des morts-vivants* (ce film de Romero est le fruit de bien des inspirations cinématographiques) et *Le Survivant* de Boris Sagal (1971) qui est très lourd et tout le fantastique a été sorti de cette histoire à dormir debout... Je ne sais pas ce qu'en aurait pensé ce pauvre Richard Matheson...
Dans le film de Lawrence, les effets spéciaux rendent les "vampires" plus effrayants.
Une épidémie (ici on donne au début une explication "scientifique" de son origine, ce qui est tout à fait inutile...) transforme tous les humains en vampires assoiffés de sang, sauf quelques-uns qui sont immunisés, comme notre héros. Pour une fois Will Smith ne fait pas le cabotin.
Au-delà de la réalisation plus que correcte, c'est l'histoire elle-même, donc le génie de Matheson, qui donne toute sa puissance à ce film...

Eden Log de Franck Vestiel (2007)

Tout est dans l'image et la lenteur.

La faiblesse de ce film est dans le scénario assez nul.

Au début l'image clignote. C'est pas bon de faire souffrir ainsi le spectateur…

Un film en noir et blanc ? On ne sait pas, mais on ne voit pas de couleurs. C'est très expressionniste.

Un type se réveille à demi nu dans la boue. Il découvre qu'il se trouve dans un réseau de galeries souterraines. Une image projetée contre un mur lui souhaite bienvenue à Eden Log.

Mais ce type sait-il parler ? Il grogne… Pas content c'est sûr !

Si ! Il parle quand il rencontre un pauvre barbu crucifié sur une paroi au milieu de racines.

Il est donc bien sous terre.

C'est bien un film en couleurs : on en voit à la 25e minute.

Petit à petit notre pauvre naufragé en apprend un peu plus sur l'endroit où il déambule. Mais ce qu'il apprend ne lui apprend pas grand-chose. Il aperçoit des gardes qui semblent le traquer. Mais est-ce bien lui le gibier ? Il y a des monstres et des cris inhumains. Des "mutants" très hideux, méchants et agressifs. Un botaniste lui fait un discours sur la "plante" et les merveilleuses propriétés de sa sève.

Très énigmatique… Bordage (écrivain français de science fiction qui a écrit le scénario adapté par le réalisateur) s'est pas foulé : de l'énigmatique trop facile.

La psychologie des personnages ? Il n'y en a pas. C'en est au point de se demander si ce sont vraiment des personnages, des êtres humains.

Quant au message politique : très lourd !

Le fait que le scénario pourrit le film est dommage, car Franck Vestiel filme très bien. Excellent ! Parfois il me fait penser à Tarkovski. Mais ce dernier avait su s'inspirer de chefs-d'œuvre littéraires de science fiction !

Les bonus du dvd : Présentation du film par Jan Kounen (très lourd, visiblement il ne sait pas quoi dire. Il se contente d'affirmer : « Eden Log est un OVNI »)

Making of – Interviews de Clovis Cornillac (acteur principal et quasiment le seul, Vimala Pons, Cédric Jimenez (producteur) – Teasers – Photos – dessins – filmographies – partie Rom.

Les Proies de Gonzalo Lopez-Gallego (2007)
Encore un "survival". Une espèce de remake de *La Chasse du comte Zaroff* (Ernest Beaumont Schoedsack[11] et Irving Pichel – 1932). Des chasseurs prennent pour cible un homme et une femme dans la montagne. Surprenant ? Pas tellement, sauf quand vous ferez connaissance avec les chasseurs...

Mutants Chronicles de Simon Hunter (2007)
Ce film est tiré d'un jeu de rôle.
Les Machines sont venues sur Terre pour changer les hommes en mutants.

---

[11] Qui réalisa également le *King Kong* l'année suivante.

Les scènes de guerre sont époustouflantes, d'une extrême violence comme l'est la guerre réelle. En 2707, ils se battent comme en 1914. La bataille va libérer les machines emprisonnées depuis très longtemps. Et les mutants sont libérés aussi. Et l'horreur de la guerre devient encore pire ! Très éprouvant.

Un moine de la confrérie (joué par Ron Perlman) qui avait enfermé les machines réunit un commando pour sauver l'humanité.

Le "blindé transport de troupes" est délirant. Du vrai steampunk.

C'est très violent. La bataille contre les mutants juste à la lumière des coups de feu des armes automatiques est hallucinante.

Quel spectacle ce film ! On en sort essoufflé. À ma connaissance, le film n'est toujours pas sorti en France.

Spider-Man 3 de Sam Raimi (2007)
Troisième opus de l'homme-araignée.

Cette fois il y a quatre méchants, rien de moins que ça… dont l'un d'eux est Spider-Man lui-même.

Avec Sam Raimi aux manettes on ne boude pas son plaisir bien que "deux ça va, trois, bonjour les dégâts"…

« D'où ils sortent ? Ça ne s'arrêtera jamais ! » Déclare Spider-Man lui-même dans le film.

Mad Zombies de John Kalangis (2007)
Deux couples, le père et sa compagne avec leur fille et son compagnon arrivent dans un bled en rase campagne. Une campagne perdue du fin fond des Amériques avec des agricul-

teurs dégénérés qui mettent plein de produits toxiques dans la nourriture du bétail. Alors, la viande…

Vous vous imaginez l'effet produit sur les clients restaurant après consommation des hamburgers confectionnés avec la viande directement livrée de la ferme du coin. Directement du producteur au consommateur.

Film militant écolo ou végétarien. Amusant !

Les Chroniques de Spiderwick de Mark Waters (2008)

La faune et la flore du Monde Invisible dont parle le fabuleux ouvrage d'Arthur Spiderwick…

It's Alive (Le Monstre est vivant) de Josef Rusnak (2008)

C'est le remake du film homonyme de Larry Cohen (1973) qui avait tant effrayé.

Ce film est sorti directement en DVD, il n'a pas eu l'honneur des salles de cinéma. Dommage.

Le thème : sales gosses ! Et quoi qu'il arrive, une mère est une mère et défend son bébé envers et contre tout.

Avec une citation de Charles Dickens : « Chaque enfant né dans ce monde est plus joli que le précédent »

Bien que moins terrifiant que l'original, le réalisateur jour ici sur une tension.

La mère, donc, pardonne tout à son enfant qui dévore les gens. Vous y croyez ? Ben justement, c'est tout l'art du film de réussir à nous le faire croire…

Starship Troopers 3 Marauder d'Edward Neumeier (2008)

La filière anti militariste du premier film *Starship Troopers* en pleine expansion tragi-comique ? Mais peut-être que certains y verront plutôt le contraire.

Rappelons que le roman *Starhip Troopers* de Robert Heinlein était militariste.

La guerre en Irak ? Rien à voir : ce ne sont pas des insectes qu'on combat là-bas. C'est plutôt Fort Alamo. Et puis c'est vraiment contre cette religion qui fait de la politique. « C'est le mauvais dieu ! » s'exclame l'hôtesse croyante. Finalement les événements auront l'air de lui donner raison...

Le film est très bien tourné, l'action très bien filmée. Le dieu des arachnides est très inspiré du grand Chtulhu.

J'adore ce film. Tout à fait l'esprit de Paul Verhoeven : on interprète ce film comme on veut. Il y a un numéro 4 aussi...

Anaconda 3 l'héritier de Don E. Fauntleroy (2008)

Ils ont élevé un anaconda de 18 mètres et sa femelle pour des manipulations génétiques. Les monstres s'évadent et massacrent une bande de nuls qui rateraient une vache dans un couloir.

Film éprouvant par sa nullité. Dommage.

Phénomènes de M. Night Shyamalan (2008)

Les gens se tuent à Central Park. À proximité les ouvriers d'un immeuble en construction se jettent dans le vide. Puis, un prof demande à ses élèves « pourquoi les abeilles disparaissent dans tout le pays ». « Il y a quelquefois des forces qui dépassent notre entendement ! » conclut-il. Voilà donc la philosophie du film ! Et il faut respecter la Nature surtout !

La scène du pistolet qui sert à de multiples suicides est hallucinante... et notre héros est visiblement cocu.

Tout le monde se tue au nord-est des USA. Toxine terroriste ?

Encore un "phénomène" anormal ! « C'est les plantes ! » déclare un personnage. « Le danger c'est le vent ! » se demande notre héros. « Et la taille des groupes... ».

Shyamalan ne fait pas ses films comme les autres films. C'est pourquoi une partie de la critique le descend en flammes. Mais ils ont tort. D'abord Shyamalan est un grand cinéaste. Il sait filmer de manière originale. Ensuite il ne traite pas les sujets rebattus de la manière à laquelle on s'y attend. On est toujours surpris. Ce film ressemble à *Signes* : il y a les mêmes traits d'humour et d'autodérision dans une situation dramatique. Dans ces films, les humains sont bons en général. C'est leur agglomération en société qui peut les rendre méchants et ce qu'ils font en société peut se retourner contre eux.

Les Ruines de Carter Smith (2008)

Je suis très heureux qu'on ait donné à un film le même titre que l'un de mes romans ("**Ruines**" encore disponible chez les occasions, désormais disponible dans le recueil **La Trame des mondes**, chez sfm éditions)

Ce film tente de mettre en scène une créature absente du cinéma (à ma connaissance) jusqu'à aujourd'hui. Enfin, depuis L**a Chose d'un autre monde** de Christian Nyby (1951).

Les Ruines est adapté d'un roman de Scott B. Smith (publié aux USA) qui en a écrit le scénario. L'introduction est assez flippante, mais ensuite on s'ennuie autour d'une piscine pour touristes. Mais ça ne dure pas longtemps. Enfin… ensuite c'est sur la plage le soir. On est vraiment obligé de nous infliger ce genre de scène ? Non, je ne crois pas. Après c'est à l'hôtel… Bon ils finissent par partir découvrir ces ruines…

Ceci dit, une virée touristique qui tourne au cauchemar c'est assez courant comme histoire. Ils arrivent sur les ruines et une tribu Maya les oblige à monter sur les ruines de la pyramide en tuant un de leur compagnon. Faut toujours regarder où on met les pieds… On imagine déjà que c'est un rituel pour des sacrifices humains, car de nombreux Mayas arrivent et s'installent autour du site.

Nos jeunes héros entendent un téléphone sonner en provenance d'un puits profond. Un des jeunes descend avec une corde qui casse. Une jeune fille descend pour aller à son secours. Elle saute, car la corde est trop courte et elle se blesse. Ça s'enchaîne et plus ça va, plus ça va mal. L'essence même du scénario du film d'horreur. Il y a toujours la niaise qui meurt de trouille et qui accumule les conneries. La niaise en question essaie de demander des secours aux Mayas, elle s'énerve et lance une touffe de plante qui tombe sur un enfant. Les

Mayas exécutent l'enfant... Il y a un problème avec la plante alors ? Peut-être alors les Mayas veulent tout simplement éviter une contagion ? Après quarante-trois minutes de film, la plante attaque. Enfin ! Et maintenant ça devient intéressant. On discerne le caractère de chacun, les courageux et les froussards. Les niais(e)s ne sont pas toujours ceux qu'on le croit. Le courage et la douleur. C'est ce qui fait qu'un film est bon ou pas... Et l'horreur se développe, suit son chemin, sans pitié.

Pas mal ce film.

P.S. Le gouvernement mexicain a dû être averti du danger en voyant ce film. J'espère qu'ils vont aller mettre une bonne dose de désherbant sur cette plante !

Voyage au centre de la Terre de Eric Brevig (2008)

Bon, il paraît que le roman de Jules Verne raconte une histoire vraie. Il suffit de bien le lire de comprendre où aller au bon endroit et le tour est joué. Une petite attraction foraine avec quelques effets spéciaux.

L'Incroyable Hulk de Louis Leterrier (2008)

On retrouve notre ami Bruce le scientifique. Toujours le même problème : comment assumer les actions catastrophiques du monstre qu'il devient sans même le vouloir ? Comment contrôler son corps pour que la transformation ne se produise pas ? Comment supprimer les cellules sanguines qui sont responsables de la transformation ? Comment guérir ? Les conséquences incroyables d'une goutte de sang dans une bouteille de soda… En attendant, les militaires le cherchent toujours.

Nous pauvres spectateurs, il nous faut attendre quarante minutes pour enfin regarder la délicieuse Liv Tyler bouger et parler.

A part ça, Hulk casse tout, comme d'habitude, et rien ne peut l'abattre. « Je ne veux pas le contrôler, déclare Bruce, je veux m'en débarrasser ! »

Les militaires ont-ils réussi à créer un adversaire à la hauteur ?

Ben oui, et alors qu'est-ce qu'ils cassent comme bagnoles en plein Manhattan. La fin ? Une toute petite surprise…

Ce film est un bon divertissement.

Il n'arrive pas à la cheville du **Hulk** de Ang Lee (2003), qui est un chef-d'oeuvre shakespearien, une vrai histoire de science-fiction et d'horreur, magistralement filmée et jouée. Le metteur en scène présente une mise en page BD sans en abuser, avec plusieurs vignettes à l'écran permettant de voir plusieurs événements à la fois ou plusieurs angles de vue, des changements de cadre et même un plan fixe sur les yeux du père de Bruce. Une dramaturgie oedipienne à la Romeo et Juliette se mêle au mythe de la Belle et la Bête. Superbe !

Ces films sont tirés d'une BD de chez Marvel.

La télévision a déjà utilisé le personnage dans une série et plusieurs films.

Infectés de Alex Pastor, David Pastor (2008)
Quoi de meilleur qu'un film post apocalyptique pour traiter de la nature humaine ?

Deux jeunes hommes (des frères) et deux jeunes femmes roulent vers l'océan. Ils tentent de survivre à une épidémie qui ravage l'espère humaine.

Pour y parvenir, il faut être sans pitié. Il faut se mettre en situation : on n'est plus dans le même monde qu'avant. Dans ce monde de l'épidémie, la morale n'est plus la même, les sentiments il faut les laisser dans le monde ancien et peut-être alors le présent pourra exister, mais l'espoir est sans avenir...

Un excellent film, si bien filmé, avec des effets de caméra très étudiés, une photographie extraordinaire.

The Wolfman de Joe Johnston (2008)
Une variation du film homonyme de l'Universal. Pas très original, mais regardable.

X-files Régénération (I Want to Believe)
de Chris Carter (2008)
Souvenons-nous du dernier épisode de la saison 9 de la série (dernier épisode d'une durée double) : avec l'aide de toute l'équipe, Mulder et Scully ont fui. Ils ont retrouvé l'homme à la cigarette qui leur a annoncé l'invasion pour 2012 avant de se faire griller par les hélicos de l'armée.

Dans ce film, on retrouve Scully et Mulder séparés et réunis de nouveau pour une enquête.

Chris Carter est obsédé par sa série *Millennium* qui a été un échec. Il reproduit dans ce film tous les tics (et les TOC) de cette série...

Scully est dans un établissement hospitalier catholique où elle tente de traiter la maladie incurable d'un petit garçon du nom de Christian (ça ne s'invente pas !). Mais que fait Dieu dans ce film ? Elle sert de contact avec Mulder qui est sollicité par le FBI pour retrouver une collègue qui a disparu. Il porte la barbe, mais il va la couper. Plus tard Scully affirmera qu'il y a un traitement pour Christian… avec des cellules souches. On se demande ce que cela fait dans cette histoire. Patience !

Ici, le rôle de Franck Black (le profiler de *Millennium*) est tenu par un prêtre "convaincu" de pédophilie qui a des visions ; il amène le FBI auprès d'un bras d'homme soigneusement amputé à quinze kilomètres du lieu de l'enlèvement de l'agent du FBI. Un moment, Scully lui répond : « Moi je n'ai pas enculé 37 enfants de chœur » quand il a demandé si Dieu n'entend pas les prières de la jeune femme…

Un sale type enlève une délicieuse jeune fille dans la neige. On est en plein *Millennium* vous dis-je. Mais quel plaisir ont ces scénaristes à torturer et assassiner de belles jeunes filles ?

Bon… il est également question de Samantha, la sœur de Mulder. Mais c'est juste pour habiller un peu le scénario.

Il y a même une poursuite, mais chez Carter les méchants ne meurent jamais. Seules les victimes meurent.

Dans le genre "docteur de l'horreur" on a vu mieux, et parfois il ne faut pas se prendre trop au sérieux…

Un très petit film prétentieux.

Vendredi 13 de Marcus Nispel (2009)

Le film est produit par Sean S. Cunningham le réalisateur du premier *Vendredi 13*

Marcus Nispel a déjà réalisé un remake réussi de *Massacre à la tronçonneuse* (2004).

Ici il reprend (avec l'aide des scénaristes) plusieurs éléments de la saga des *Vendredi 13* pour un film somme toute très classique, mais très bien réalisé.

Ça commence classique : il pleut, il tonne, il y a des éclairs et une belle jeune fille court dans la forêt en hurlant de peur. Puis nous assistons au défilé des exécutions qui sont ici bien plus terribles que celles du premier film ; On a presque de la sympathie pour Jason ce nettoyeur de cons. Car on connaît le thème du film : une bande d'imbéciles très jeunes et baiseurs se font massacrer l'un après l'autre par Jason. Ici il trouve son masque de hockeyeur qu'il ne trouvera que dans les épisodes suivants dans la saga d'origine.

Voici donc la saga *Vendredi 13* :

Vendredi 13 (1980) Sean S. Cunnigham. – Le Tueur de vendredi (1981) Steve Miner – Meurtres en trois dimensions (Le tueur du vendredi 2) (1982) Steve Miner – Vendredi 13 chapitre final (1984) Joseph Zito – Vendredi 13 une nouvelle terreur (1985) Danny Steinmann – Jason le mort-vivant (1986) Tom Mc Laughlin – Vendredi 13 chapitre 7 un nouveau défi (1988) John Carl Buechler – Vendredi 13 chapitre 8 Jason conquiert Manhattan (1990) Rob Hedden – Vendredi 13 Jason en enfer (1993) Adam Marcus – Jason X (2002) James Isaac – Freddy contre Jason de Ronny Yu (2003)

Steve Miner a réalisé deux *Vendredi 13* et un *Halloween*.

(D'autres réalisations de Steve Miner dans la même veine : *House (1985) – Warlock (1990) – Lake Placid (1999) (Une petite allusion à Crystal Lake ?)*

Un autre :

Vendredi 13 d'Arthur Lubin (1940). Une histoire de greffe de cerveau.

Predators de Nimrod Antal (2009)

Un film de série B assez intéressant.

Des humains sont parachutés sur une planète infestée de Predators pour leur servir de gibier. On passe un bon moment. Les Prédators sont bien rendus. Je n'aime pas trop l'acteur Adrian Body dans ce rôle...

Grace de Paul Solet (2009)

Sortie directe en DVD en 2011

Une jeune femme tombe enceinte. On assiste même à la conception, puis les plans sont entrecoupés et ponctués d'images dégoûtantes. Dans la réalité, la maman reçoit des « signes » : tranche de foie sanguinolente, cadavre de rat amené par le chat, belle-mère autoritaire...

Tout est réuni pour montrer qu'une naissance est... dégoûtante.

Le bébé est mort-né ! Après un accident de la route qui a vu la mort du père, mais pas de la petite maman enceinte.

À la télé aussi il y a des images dégoûtantes.

Mais l'enfant renaît.

Maman d'un monstre ! C'est dur...

Il y a eu beaucoup de films dans lesquels la femme est maman d'un monstre : *Simetierre, Le Monstre est vivant* (et toutes ses séquelles) et son remake *It's Alive, Baby Blood, Wake Wood*, etc.

The Human Centipede de Tom Six (2009)
Un homme est arrêté au bord de la route. Un camion s'arrête derrière lui. Le chauffeur en descend avec du papier toilette dans la main pour faire ses besoins. L'homme de la voiture en descend également, met l'autre homme en joue alors qu'il est occupé à déféquer.
Ensuite, deux jolies jeunes filles sont perdues dans les bois la nuit. Elles crèvent un pneu en roulant. Elles ne savent pas changer la roue. Une voiture survient avec un gros type qui leur dit des cochonneries en allemand. Elles trouvent une maison dans la forêt où se tient le type au fusil du début.
« Ce mec est bizarre ! » S'inquiète l'une d'elles.
Mais quelles sont donc ces expériences que réalise sur les humains ce type diabolique ? Il va l'expliquer de manière claire aux victimes. Il va greffer trois personnes entre elles bouche-anus pour obtenir des triplés siamois avec un seul tube digestif commun… Dit comme ça on n'y croit pas une seconde, mais c'est si bien filmé qu'on y croit !
Le film inflige aux spectateurs quelques scènes d'opérations chirurgicales insoutenables, parfaitement claires et compréhensibles. Pas de hors champ « explicatif » ici. Rien n'est épargné au spectateur…

L'opération réussit entre les deux jeunes filles et un jeune homme.

Quelle abomination ! Ce film est insupportable. Le summum de l'ignominie.

Ensuite, l'espoir naît par l'arrivée de la police… dont les hommes vont finir comme sujets d'expérience eux aussi. Mais le terrible docteur nazi va payer ses crimes.

Ignoble film, noir très noir. Il fallait oser…

Djinns de Hugues Martin et Sandra Martin (2009)

Un très beau film sur la guerre d'Algérie.

Pas manichéen.

En février 1960, une section de l'armée française est envoyée dans le désert algérien à la recherche d'un avion disparu. Les soldats le retrouvent et ramènent une mallette métallique fermée par une serrure à code. Ils sont attaqués par des fellaghas. Ils se réfugient dans une forteresse en plein désert, dans le territoire des djinns.

Les djinns sont des démons de l'air. Ils vous possèdent et vous rendent fou.

Sans abus d'effets spéciaux, le film vous tient en haleine du début jusqu'à la fin.

Il n'y a pas de gentil et de méchant. Tout le monde souffre de la guerre.

La guerre est horrible, cruelle, et les djinns en feront leur alliée…

Un film à voir.

Il est rare qu'un film français s'attaque à ce sujet aussi difficile avec un thème fantastique.

Ici c'est très réussi. Le scénario est très habile et le film très bien réalisé.

Black Death de Christopher Smith (2009)

Un film terrifiant.

Au Moyen Âge, une équipe de mercenaires chrétiens est envoyée par l'évêque dans un village isolé dans un marais parce que dans ce village personne n'a été atteint de la peste qui a tué la moitié de la population du royaume. Il ne peut donc s'agir, selon l'homme d'Église, que de sorcellerie.

Ici on montre la réalité crue et cruelle de cette époque et de la guerre. Et de l'épidémie de peste.

Une succession d'horreurs. Les combats ne sont pas stylisés, ils sont brutaux et sanglants, la chair est arrachée, le sang gicle. La maladie est atroce.

Au nom de la religion, on se rend coupable de toutes les cruautés, et au nom de la foi on fait de terribles erreurs. Mais les athées ne sont pas mieux lotis…

Terrible film qui montre le fond de la nature humaine.

Humains de Jacques-Olivier Molon et Pierre Olivier Thévenin (2009)

Un survival dans la montagne sauvage suisse. Un énième dérivé de *Delivrance* de John Boorman, avec ici, comme originalité, le danger représenté par l'autre espèce humaine.

Avatar de James Cameron (2009)

Encore un film anticolonialiste. C'est *Little Big Man* et *Apocalypse Now*. Les effets spéciaux sont stupéfiants. L'histoire est un peu téléphonée, mais ça ne fait rien, ça ne gâche pas le plaisir d'un spectacle prodigieux. Un peu trop manichéen, mais que voulez-vous, les USA n'en finissent pas de se repentir du génocide des Indiens et de la guerre du Vietnam...

The Midnight Meat Train de Ryunei Kitamura (2009)

C'est une adaptation de la nouvelle de Clive Barker *Le Train de l'abattoir* du recueil *Le Livre de sang* (1984).

Clive Barker, écrivain anglais, a donné à l'horreur une esthétique particulièrement fascinante. Il a également réalisé quatre films, dont l'un a donné lieu à de nombreuses suites (voir   ci-dessous).

Un tueur massacre les gens dans le dernier métro de New York. Un photographe va être amené à le rencontrer. Il l'a repéré grâce à une photo. Avec sa sacoche contenant ses instruments de mort, le tueur fait penser à Jack l'Éventreur. Ce tueur travaille dans un abattoir dans lequel plusieurs scènes se déroulent.

Il y a New York aussi : dans la nouvelle c'est le premier personnage dont parle Clive Barker.

Le métro est filmé de manière hallucinatoire. Les meurtres sont traités avec une horreur fidèle au style de l'écrivain qui est un des producteurs du film.

Quand on est mort, on n'est plus que de la viande !

Films de Clive Barker, né en 1952, grand poète de l'horreur sadomasochiste, il a réalisé quelques perles noires parfois éprouvantes.

Le Pacte** – **Hellraiser (1987)　　Atten-tion quand vous trouvez un cube bizarre il pourrait vous arriver de sales histoires si vous le tripotez...

Transmutations (1988).

Cabale (1990)　La vie et la mort, ce sont si peu de choses à comparaison des monstres qui vivent sous le cimetière.

Le Prince des illusions (1995)　Un type à ne pas fréquenter ce « prince »...

La série des *Hellraiser* :

Le Pacte – Hellraiser de Clive Barker (1987)

Hellraiser II, les écorchés (Tony Randel) 1988 – ***Hellraiser III, enfer sur la terre*** (Anthony Hickox) 1993 – ***Hellraiser IV, bloodline*** (Alan Smithee, c'est le pseudonyme « officiel » d'Hollywood pour les réalisateurs qui ne veulent pas afficher leur nom au géné-rique, en réalité, le réalisateur est Kevin Yagher) 1997 – ***Hellraiser inferno*** de Scott Derrickson (2000)

Ces films, contrairement aux apparences, sont très puritains : les Cénobites tels les grands inquisiteurs, infligent d'atroces souffrances aux pécheurs…

Il y a également deux films sortis en vidéo : ***Hellraiser : Seeker*** (2001), ***Hellraiser : Deader*** (2003) et ***Hellraiser : Hellworld*** (2003) de Rick Bota

Le Monde (presque) perdu de Brad Silber-ling (2009)

Sans grand intérêt si ce n'est les effets spé-ciaux.

Clones de Jonathan Mostow (2009)

Restons humains. Veillons à le rester et ne pas laisser des machines nous remplacer.

Une vieille philosophie de la SF, un vieil avertissement. Est-il vraiment réel ce danger ?

Je ne sais pas. Mais cette histoire ne m'a pas vraiment convaincu.

Le film est pas mal. Il se laisse bien regarder, particulièrement la poursuite entre le flic humain et sa collègue clone…

2012 de Roland Emmerich (2009)

La fin du monde, quelques survivants et un monde nouveau… Fallait tout effacer pour recommencer.

Un film avec d'excellents effets spéciaux. Il vaut le coup pour ça.

Pour le reste…

Daybreakers de Peter & Michael Spierig (2009)

Dans un futur proche, les vampires se sont rendus maîtres du monde. Mais ils ont décimé l'espèce humaine. Il ne reste plus que quelques humains et c'est insuffisant pour les nourrir.

Un chercheur vampire qui tente de découvrir un substitut au sang (comme dans la série *Trueblood*) va s'allier avec les humains encore libres e trouver une autre solution.

Cet excellent film de série B avec le non moins excellent Sam Neill, reprend tous les ingrédients du vampirisme à l'aune de la SF.

Les vampires sont classiques, ils meurent à la lumière du soleil ou quand on leur enfonce un pieu dans le cœur, mais ils vivent dans une société futuriste de haute technologie dont ils sont les maîtres.

Les scènes gore et d'horreur sont parfaitement réussies et nombreux sont les clins d'œil à d'autres films, à d'autres histoires de vampires… À vous de les découvrir.

La Traque d'Antoine Blossier (2010)

Des chasseurs traquent un énorme sanglier qui a tué du gros gibier. Vous imaginez la monstruosité de la bête…

Une famille gère une entreprise chimique qui fabrique des engrais et une exploitation agricole. On est encore dans l'écologie prétexte pour un film d'horreur. Les scènes de chasse sont très bien filmées. Les personnages sont très bien typés…

Le mystère sur le « monstre » qu'ils traquent est maintenu très longtemps. Le plan d'eau situé en pleine forêt est pollué. La forêt subit un désastre écologique. Heureusement qu'il y a des téléphones portables, comme quoi la technique sauve, elle n'est pas seulement polluante…

Pas mal du tout ce film.

Sur une histoire de sanglier monstrueux voir *Razorbak* de Russel Mulcahy (1984)

Husk de Brett Simmons (2010)

Sortie DVD en janvier 2013

Ça démarre après seulement 1 minute 40 de film !

Une maison isolée au milieu d'un immense champ de maïs. Avec des épouvantails qui, comme leur nom l'indique, sont faits pour épouvanter.Des jeunes sont perdus, car leur voiture est tombée dans le fossé après avoir été heurtée par une nuée de corbeaux (des vrais, mais aussi des corneilles).

Et que diriez-vous si vous deveniez vous-même un épouvantail ?

« L'œil était dans la tombe et regardait Caïen. »

Excellent film.

Die Farbe de Huan Vu (2010)

Adaptation de la nouvelle de Lovecraft *La Couleur tombée du ciel* (1927)

« Die Farbe » signifie « la couleur » en allemand.

Arkham… la bibliothèque… Un jeune homme se rend en Europe (Allemagne) à la recherche de son père. La construction récente d'un barrage entraîne l'inondation d'une vallée (C'est comme ça que se termine la nouvelle de Lovecraft…) Un habitant lui raconte qu'autrefois une météorite étrange était tombée non loin d'une ferme. Les tentatives d'analyser la pierre restèrent lettre morte, car la météorite se dissolvait dans l'air. L'action nouvelle de Lovecraft est ainsi transférée de la Nouvelle-Angleterre à la forêt de Souabe-Franconie en Bavière. En allemand : « Schwäbisch-Fränkischer Wald »…

Piranha 3D d'Alexandre Aja (2010)

« Sea, sex and… blood » clame l'affiche du film!

Alexandre Aja n'a pas voulu faire un remake du film de Joe Dante de 1978, qui était tout simplement une parodie sanglante des « Dents de la mer » (1975) de Steven Spielberg.

Il a plutôt voulu reprendre l'esprit d'un autre film de Joe Dante : « Gremlins » (1984), où une bande de sales petites bestioles anarchistes foutent un bordel du diable partout où elles passent ! Ben ici c'est une bande de piranhas sanguinaires qui nous offrent quelques scènes gore dans un monde de sexe débridé.

Fastueux ! Époustouflant !

Avec le thème récurrent des films d'horreur des années 80 : attention, pas trop de sexe, soyez sage sinon ce sera l'horrible punition ! Et vous ne vous en sortirez pas comme ça, hein !

Alexandre Aja est un excellent cinéaste, il conduit ce film en main de maître qu'il est.

Resident Evil : Afterlife 3D de Paul W.S. Anderson (2010)

Rien de bien nouveau. Il fait toujours sombre, il y a beaucoup d'action, mais on ne voit pas assez les morts-vivants. La suite pour bientôt, car la fin du film n'est que le commencement du suivant.

Cold Fusion d'Ivan Mitov (2011)

La fusion froide, c'est la bombe H sans radio activité, car il n'est pas nécessaire d'utiliser une bombe nucléaire à fission pour déclencher la fusion nucléaire.

Il paraît (c'est du moins ce qu'il se dit dans ce film) que les extraterrestres utilisent la fusion froide dans leurs engins. On savait que les

USA en avaient un dans la zone 51 et là on apprend que les Soviétiques en avaient chopé un aussi en Ukraine...

Deux très belles brunettes au corps sculptural et quasiment invincibles tellement elles savent bien se battre sont envoyées pour détruire le complexe ukrainien...

Ça se regarde...

Source Code de Duncan Jones (2011)

J'aime ces histoires de SF inspirées de la physique quantique (de près ou de loin).

Ici on part de l'idée de Schrödinger dans sa fameuse expérience de pensée « le chat de Schrödinger ». Il s'agit simplement de faire un choix : l'expérimentateur fait ce choix ce qui le conduit dans un univers. S'il en avait fait un autre, cela l'aurait conduit dans un autre univers...

L'univers étant spatiotemporel, qui dit autre univers, dit aussi autre temps.

Ainsi un militaire est envoyé dans le corps d'un homme qui voyage dans un train à destination de Chicago. Il finit par comprendre qu'il est en mission : il a 8 minutes pour découvrir l'auteur de l'attentat qui va détruire ce train et tuer tous ses passagers.

Il sera obligé de retourner plusieurs fois dans ce voyage. Et à l'image du chat de Schrödinger il s'apercevra qu'il est à la fois mort et vivant !

Mais il comprendra que de victime de ce code source il deviendra, s'il le veut, maître de l'espace et du temps...

Superbe histoire, superbe scénario et croyez-moi, ce n'est pas facile d'inventer de si belles histoires !

NB : Schrödinger (1887-1961) est un physicien qui a mis au point l'équation qui porte son nom et qui définit la fonction d'onde d'une « particule » élémentaire.

La Cabane dans les bois de Drew Goddard (2011)

Produit par Josh Wedon.

Une bande de jeunes vaaachement décontractés vont en week-end dans une cabane dans les bois. L'un d'eux est continuellement shooté et nous saoule avec ses discours métaphysiques. Il n'a pas fini de nous saouler d'ailleurs...

Ils arrivent à une station-service où un vieux type est très inquiétant. Cliché des films d'horreur, le type inquiétant de la station-service.

Arrivée dans la cabane qui ne manque pas de faire penser à la cabane d'"Evil Dead"... Il y a un miroir sans tain qui fait paroi entre deux chambres. Ce miroir est caché par un tableau terrifiant montrant une scène de chasse très gore.

Tous ces jeunes sont observés, à leur insu, par une équipe de scientifiques dont on se demande la motivation. On le saura à la fin. Ne râlez pas, ce n'est pas un spoiler, à ce niveau le scénariste affiche la couleur.

Ils vont dans la cave, bien sûr. Dans "Evil Dead" ils y trouvent un magnétophone, ici, ils y trouvent un bric-à-brac et… un livre… qu'une jeune fille lit à haute voix ! Quelle idiote !

Et les zombies attaquent !

"Mon dieu, c'est une émission de téléréalité", s'exclame une pauvre victime.

Ce film se voulait peut-être délirant ? Eh bien c'est raté.

Je me demande ce que Sigourney Weaver fait là-dedans…

Lovecraft, oui… à la fin…

Exit Humanity de John Geddes (2011)

Un film puissant.

L'idée du journal est excellente pour l'économie du film. Elle permet de représenter certaines scènes avec un grand art pictural.

C'est donc déjà excellent.

Le héros part en solitaire après la perte de sa famille infestée par les zombies. C'est le classique du western (pas les zombies bien sûr !)

Le contraste (la contradiction ?) entre les zombies et la magnifique nature est très bien rendu. Les plans sont magnifiques. Certains sont si beaux que j'aurais plaisir à les décrire en détail.

Pour survivre, cet homme perdu se donne un but.

Et il est obligé de tuer son cheval qui a été mordu par des zombies. « Un ami qui était toujours là pour moi, qui ne m'a jamais tourné le dos. Déclare-t-il en guise d'oraison mortuaire. On retrouve le Dr Frankenstein du film *Le Jour des morts-vivants* de Romero et on pense à la forêt du film *Le Projet Blair Witch*…

On a l'explication de l'épidémie : « On ne peut pas oublier ceux qu'on aime, ils restent toujours présents sous forme de blessure. »

Autres citations :

« Il n'est jamais trop tard pour guérir son âme. »

« La rage est un bon combustible pour la survie. »

« Un cœur anéanti peut toujours trouver une raison pour se remettre à battre. »

Très beau film.

World of the Dead (The Zombie Diaries 2)

de Michael Bartlett et Kevin Gates (2011)

La suite de *The Zombie Diaries* des mêmes.

On est en direct. Les scènes la nuit sont pénibles.

Le désespoir est absolu.

Il y a des flash-back sur une intervention de l'armée... avec des exécutions sommaires.

La neige fait un joli décor. Insupportable.

Il y a aussi des rebelles ignobles, pires que les zombies. On revient donc sur le thème du premier film : certains de ceux qui sont restés des êtres humains sont pires que les zombies.

Ils sont tous en quête d'un lieu sûr avec des gens sûrs.

Ça se passe dans la forêt ce qui n'est pas sans faire penser au film *Le Projet Blair Witch*.

Une scène dans un cimetière avec un zombie fait penser au prologue de *la Nuit des morts-vivants* de Romero (1968)

Game of Thrones (Le Trône de fer) de D.B.
Weiss, David Benioff (2011)

D'après la série de roman de George RR Martin 7 saisons de 10 épisodes.

Quelle superbe série TV!

Je n'ai jamais été attiré par ces super sagas d'Héroïc Fantasy. Je croyais que les romans de Georges RR Martin en étaient. Mais c'est beaucoup plus que cela...

Le scénario est puissant. La manière de présenter ce monde le rend tellement crédible. On se prend à croire que cela se passait comme ça à l'époque médiévale, pendant la guerre de Cent Ans.

Le fantastique est bien intégré dans un scénario puissant. Il y paraît aussi naturel que la mer, la forêt et les montagnes enneigées... Le fantastique n'est pas le héros principal de la saga. Ce sont les femmes et les hommes qui le sont. Les caractères sont trempés, la psychologie plausible, les personnages attachants. Certaines scènes de violence sont éprouvantes. Le suspense est haletant. L'intrigue et le scénario sont quelquefois tirés par les cheveux. Mais pour le voir, il faut le regarder avec un œil très critique, car l'ensemble est si solide que même l'incroyable, on y croit !

The Thing de Matthijs Van Heijningen Jr. (2011)

On se souvient que dans *The Thing* de John Carpenter, le film commence par l'arrivée d'un chien poursuivi par un homme en hélicoptère qui vient d'une station polaire norvégienne. Le chien était porteur de la « chose ». Excellent film, et vrai remake de *La Chose d'un autre monde* (1951), car les scientifiques de la station polaire découvrent l'extraterrestre congelé, alors que le film de Carpenter commence après, quand les résidents de la station polaire norvégienne ont déjà été complètement exterminés.

Ce film de Van Heijningen Jr. raconte donc ce qui s'est passé dans cette station polaire norvégienne. Il se veut donc une préquelle du film de Carpenter, mais c'en est quasiment un remake puisque le récit est le même. Tous les êtres humains de la station sont vampirisés par la « chose » jusqu'au chien...

À quand la suite du film de Carpenter qui finit par une ambiguïté : le spectateur se demande si l'un des survivants n'est pas contaminé par « la chose » ?

Hypothermia de James Felix McKenney (2011)

Un joli petit film de série B. Réalisé sans moyen : avec 6 acteurs seulement, un seul site de tournage, et le réalisateur est aussi le scénariste et le monteur. Durée du film : 1 H 07 seulement. Pour dire ! Les acteurs jouent bien et c'est très bien filmé.

C'est un hommage au film culte *L'étrange créature du lac noir* de Jack Arnold (1954) qui a eu une suite et quelques remakes (voir ci-dessous)

Il y a de la recherche dans les premiers plans. Il y a de la tension dès le début : le père de famille tombe dans l'eau glacée en rompant la glace du lac gelé.

La question se pose ensuite : qui sera le premier à être bouffé ?

Ah ! De nouveaux personnages arrivent : des gros cons de beaufs pêcheurs. Ce sont eux qui se feront bouffer les premiers ; of course.

Ils se mettent à pêcher et après une très longue attente ils ont une touche genre « monstre du Loch Ness »… Donc ils vont agrandir le trou dans la glace !

Le monstre est peu visible et très caoutchouteux, mais le résultat de ce qu'il fait est très bien rendu…

Délicieux cet hommage à un film culte…

Il y a donc eu :

L'étrange créature du lac noir de Jack Arnold (1954)

La Revanche de la créature de Jack Arnold (1955)

La Créature du Lagon de Jim Wynorski (1989)

La Créature du marais de Wes Craven (1982) tiré d'un comics.

La Planète des singes : les origines de Rupert Wyatt (2011)

Excellent film. Le scénario est un peu tiré par les cheveux et le combat entre les singes et quelques policiers sur le pont de San Francisco à la fin est très peu vraisemblable.

Mais passons, on y croit quand même tellement c'est bien filmé et bien joué…

Un scientifique fait des recherches pour trouver un vaccin contre la maladie d'Alzheimer dont est atteint son père. Il fait des essais sur des singes et les effets sont inattendus…

Ces expériences conduiront à la quasi-extinction de l'espèce humaine et à la nais-

sance d'une nouvelle espèce intelligente : les singes.
Superbe film.

MIB (Men in Black) 3 de Barry Sonnenfeld (2012)
Sonnenfeld revient avec ses histoires délirantes d'Aliens tirées du comics américain.
« J » retourne dans le passé pour rejoindre « K » qui y est déjà allé… Scénario insipide.
Mais la fin est superbe !
Contradictoire, hein ?
Variation sur les voyages dans le temps…
Tout ce qui était nouveau, surprenant, attachant, séduisant, dans le premier MIB, n'est devenu ici qu'anecdotique.

The Presence de Tom Provost (2009)
Sortie DVD décembre 2012
Une fille toute seule dans une cabane en pleine forêt sur une île au milieu d'un lac.
Toute seule ? Elle le croit. Mais il y a une présence, un type que nous voyons et qu'elle ne voit pas. Puis arrive le petit ami de la fille.
Tout est lent, ennuyeux peut-être, mais si beau à voir.
Vous savez, à la campagne la nuit, il fait noir.
Et puis la « cabane au fond du jardin » est très bruyante. Il y a un mystère avec les hommes de la famille de la fille.
Puis intervient une autre « présence » qui interagit avec la précédente et à la fin, une troisième et même une quatrième qu'on avait pourtant aperçue au début du film sans savoir ce que c'était.

De stupéfiants effets sans effets spéciaux. La magie du cinéma !

Prometheus de Ridley Scott (2012)
« Je ne sais rien, mais c'est ce que je choisis de croire. »
C'est ce que le père de la petite fille lui a répondu quand elle lui a demandé comment il savait ce qu'il y avait après la mort. Et c'est aussi ce qu'elle a répondu quand on lui a posé la question si elle savait qu'elle foutait en l'air trois siècles de darwinisme.
On voit un extrait du film « Lawrence d'Arabie ».
Donc, des archéologues font le lien entre différentes peintures rupestres qui représentent un géant montrant du doigt une partie du ciel. C'est une « invitation » disent-ils. Une expédition est donc financée par un richissime armateur…
Ils y vont.
Le film est bien construit, il ne s'attarde pas sur les personnages pour mieux se concentrer sur son thème : l'approche scientifique de la vie et de la mort. Et aussi, la punition qui attend ceux qui font cette recherche sans précaution. C'est le thème de l'infection que laisse introduire le robot dans *Alien, le 8e passager*, et que l'on retrouve ici dans le film. Mais ici, cette introduction se fera par plusieurs méthodes, toujours mises en œuvre par un androïde aux ordres de son créateur. Ce qui vaudra au spectateur une terrible scène d'autoavortement. Ainsi, si la plus forte personnalité de l'équipage du vaisseau reste in-

traitable face à une tentative visible d'infestation, ce ne sera pas le cas d'une autre tentative, plus pernicieuse. Et à chaque fois c'est le contact avec l'autre, voire même l'amour qu'on lui porte, qui deviendra mortel.

Ce film est très freudien, un personnage n'affirme-t-il pas : « Chacun souhaite la mort de ses parents », et reste très lovecraftien, comme tous les films de la série, avec notamment le monstre de la fin qui n'est pas sans faire penser au grand Chtulhu.

La *Création* est impitoyable !

On découvrira à la fin qui était l'extraterrestre, « *cette créature géante fossilisée au thorax ouvert* » appelée le Space Jokey, qu'on voit dans le film *Alien, le 8ᵉ passager*.

C'est un excellent film.

Werewolf de Louis Morneau (2012)
(**The Beast Among Us**)

Prologue impressionnant. Ça commence bien !

Un loup-garou sévit dans une région de Transylvanie. Des chasseurs spécialisés partent en chasse. C'est très gore. On voit beaucoup de pièces détachées anatomiques.

La situation est épouvantable. La bête sévit et fait de nombreuses victimes.

C'est un cauchemar. Il y a quelques scènes de véritable boucherie.

Les trois personnages sont réunis : le loup-garou, le méchant wurdalak (vampire) et une belle fille…

Attack of the 50 FT Cheerleader de Kevin O'Neill (2012)

Ce film n'est pas un chef-d'œuvre, mais il fait partie, en quelque sorte, de l'histoire du cinéma fantastique, d'abord parce qu'il est produit par Roger Corman, et ensuite, c'est une espèce de remake du film culte *Attack of the 50FT Woman* de Nathan Juran (1959), qui fut lui-même suivi d'un premier remake en 1993. Mais j'y reviendrai plus loin.

Cassie, qui travaille dans un laboratoire de biologie, ne se trouve pas belle. Alors elle expérimente un élixir de jeunesse qui vient d'y être mis au point. Enfin, pas tant au point que ça…

D'autant plus que quelques gouttes de ce produit tombent sur une araignée qui passait par là. Quant à la fille, elle devient canon, mais alors vraiment canon, mais… elle grandit ! Elle ne cesse de grandir. La morale de cette histoire ? Il vaut mieux rester nature !

Le style du film est celui des films d'ados des années 80, un peu amélioré à la sauce de la série des *Scream* de Wes Craven…

Voici ce que j'écris dans mon livre *Un siècle de cinéma fantastique* sur le premier film.

The Amazing Spider-Man de Marc Webb (2012)

Était-il intéressant d'aller voir ce film après les trois versions de Sam Raimi?

Ben oui ! Si on aime Spider-Man, ça vaut le coup !

Mais sans plus.

Spider-Man se bat contre un lézard géant fruit d'une mutation génétique avec un lézard, comme lui, l'est avec une araignée ; dans le même labo !

The Hobbit de Peter Jackson (2012)
Après un prologue flamboyant montrant l'arrivée du dragon, les Nains se réunissent à l'appel de Gandalf pour lutter contre ce dernier.
On s'ennuie en assistant à l'invasion par les Nains du Trou de Bilbon.
Ils veulent donc lutter contre le dragon.
Ensuite, c'est la quête : superbe !
Toute la mythologie qui sera développée dans *le Seigneur des anneaux*.
Il y a un signe à la fin : un oiseau !
Guillermo del Toro a participé au scénario
À suivre, sans doute une trilogie.
Le Hobbit : la désolation de SMAUG de Peter Jackson (2013)
La suite : la quête du Dragon.
Les Elfes, les Orcs, les Nains et Smaug le dragon…
On retrouve tout le monde et l'anneau tentateur et corrupteur.
Le dragon est superbe et il parle. La suite au prochain épisode si vous n'êtes pas lassé :
Le Hobbit : la Bataille des Cinq Armées du même (2014)

Hunger Games de Gary Ross (2012)
Dans un futur post apocalyptique, les jeux du cirque ont été rétablis. Ils permettent au pouvoir dictatorial d'amuser les foules et de perpétuer sa domination.

Les gladiateurs sont des jeunes gens choisis par « district », entité administrative. C'est un tribut à payer pour chaque district.

Les héros sont une jeune fille et un jeune homme qui se connaissent bien et qui devront se combattre à mort. Ils sont du District 12, le district de la classe ouvrière qui travaille dans les mines.

C'est donc la lutte des classes transposée dans la forêt où ont lieu les combats entre les « joueurs »…

Une petite faiblesse du scénario, qui peut se transformer un atout (et qui le sera dans les épisodes suivants) : l'héroïne a trop de chance !

Ce premier épisode est bon, mais les suivants sont carrément passionnants !

World War Z de Marc Forster (2013)

Épidémie de zombies. Pas des morts-vivants, mais des "enragés". Très contagieux ! Le thème n'est pas du tout celui d'un groupe de survivants, mais celui de la lutte de l'espèce humaine avec ses organisations.

Comme toujours, Brad Pitt est plus malin que les autres… Enfin le personnage qu'il joue !

Il dit plus loin dans le film : « On va tirer le meilleur parti de tout ça. Comme toujours ! »

Il a même récupéré un camping-car pour fuir l'épidémie de zombies.

Et il y a même une carabine dedans.

Il y a des scènes stupéfiantes dues à l'incroyable vélocité des zombies qui ne reculent devant rien comme de sauter dans le vide pour atteindre un hélicoptère. Saisissant !

Le meilleur moyen de s'isoler du monde infecté est de se tenir sur un vaisseau en mer. C'est ce que font les autorités, l'organisation internationale qui lutte contre les zombies.

« Mère nature est une tueuse en série... » Déclare un biologiste.

Toute une partie du film se déroule à Jérusalem qui a réussi à s'isoler du reste du monde à l'abri de l'épidémie... Tout un symbole... Mais les zombies ne se laisseront pas arrêter par le mur édifié par l'État d'Israël... Ils ne se laissent d'ailleurs arrêter par rien du tout ! Ils sont le nombre.

La scène de la fin m'a fait penser à la fin du film de Dario Argento : *The Card Player (Il Cartaio) 2004...*

Les Dents du Bayou de Griff Furst (2013)

C'est pas *Les Dents de la mer* !

Très amusant. On rigole ! Les crocodiles deviennent mutants suite aux déversements de produits toxiques dans le Bayou. Un film SyFy qui rend hommage aux innombrables films de séries B, voire Z, sur un sujet équivalent. Même Jean Rollin a fait un film sur ce thème des produits toxiques engendrant des monstres...

Et cette mutation est contagieuse ! N'embrassez pas un crocodile mutant, car vous en deviendrez un aussi !

Très mal joué, mais avec empathie ce qui produit de la sympathie chez le spectateur. Effets spéciaux assez nuls, mais on regarde jusqu'au bout !

La Stratégie Ender de Gavin Hood (2013)
C'est l'adaptation d'un roman de Orson Scott Card qui fut le premier d'un cycle.
Le film est très bien, mais l'adaptation est difficile. Par exemple, le film est très brutal (la guerre c'est brutal), mais le roman de Card est tout en douceur et en finesse. L'horreur de la fin n'en est que plus désespérante. D'ailleurs Card n'a pas une haute opinion de l'espèce humaine.
C'est la guerre contre des extraterrestres qui ont tenté d'envahir la Terre et qui ont échoué, mais leur menace existe toujours ; cela se passe dans un futur lointain imaginé par Card. La guerre est complètement informatisée, virtualisée pour ceux qui la commandent (mais pas pour ceux qui la font…)
Card est obsédé par le génocide. Toute créature est une créature de Dieu, et même l'espèce le plus nuisible ne doit pas être détruite en son entier…
La fin du film est très culcul. C'est un peu (même très) décalé par rapport au reste du film.
Mais c'est bien la fin de Card !

Leprechaun Origins de Zach Lipovsky (2013)
Deux petits jeunes sont poursuivis par un monstre dans la forêt. Au milieu : une clairière et un monument… C'est en Irlande, là où sévit le Leprechaun.
Quatre petits jeunes se font emmener en camion pour faire du tourisme… et le chauffeur du camion les laisse dans la clairière susvisée. Il refuse d'aller plus loin. Ils feront donc le

reste à pied. Au pub du village, on les allèche avec un site archéologique « Les Pierres des dieux ».

Les deux couples sont emmenés dans une cabane au milieu des bois en camion pour qu'ils puissent partir de là vers le site à visiter. Une cabane dans les bois la nuit…

Les autochtones ont offert les deux couples au Leprechaun.

C'est assez gore, ça démarre vite.

Ils fuient d'une cabane à l'autre, de Charybde en Scylla.

Il y a une cave dans la deuxième maison…

Leprechaun aime l'or et… la viande humaine.

Les autochtones reviennent ramasser les restes des touristes. Mais ces derniers ont survécu et se sont échappés ! Il y a donc un affrontement entre les deux camps…

L'horreur se développe. Cela devient de plus en plus gore. Il y a beaucoup de morts atroces.

Ce qui est bien pour le budget de ces films d'horreur c'est que le casting est composé de peu de comédiens. Pourtant ; le générique est très long. Il y a énormément de chauffeurs et d'assistants…

Tourné en Colombie britannique…

Bon, je vous laisse regarder le film ?

The Haunting in Connecticut 2 – Ghosts of Georgia de Tom Elkins (2013)

Nécromancie taxidermiste.

Une petite famille (couple avec une petite fille) s'installe dans une maison perdue dans la forêt. La tante arrive…

Il y a quelque chose qui cloche : une apparition qui sort du coin de la chambre de l'ancien appartement et des « visions » de la petite fille dans la nouvelle maison.

La petite fille voit Mr Gordy. Bravo le procédé de la photo qui permet de démontrer que la petite fille voit bien le fantôme.

Une hantise esclavagiste !

Toujours le même principe : le spectateur est agacé par le sceptique de service, ici, c'est la maman de la petite...

Le scénario est très léger. On ne va pas faire la liste des incohérences !

Mama d'Andy Muschietti (2013)

Superbe film produit par Guillermo del Toro.

Ça c'est bien filmé ! L'annonce, l'accident, l'intervention de la « créature » (mais qu'est-ce ?) pendant le prologue.

On aperçoit l'affiche du film *Cobra Woman* (le *Signe du cobra* de Robert Siodmak 1944).

Donc, on retrouve deux enfants sauvages, deux petites filles abandonnées par leur père dans une cabane isolée en forêt. Abandonnées ? Le mot ne convient peut-être pas... Plutôt sauvées par une entité qui a éliminé le père qui voulait tuer ses propres enfants.

Cette entité, les filles l'appellent « Mama ». Cette Mama va suivre les enfants qui seront recueillies par leur oncle.

La signature de Mama est le papillon de nuit.

Le personnage du psy est des plus classique : c'est le sceptique. Il a une explication rationnelle, lui. Il ne croit pas aux fantômes !

En fait, il faut « réparer l'erreur qui a été commise. »

Ce psy finira donc par se poser des questions.

Ce film est superbe malgré quelques ressorts éculés des films de hantise.

Mais il est superbe, j'insiste !

Hansel et Gretel de Tommy Wirkola (2013)

Hansel et Gretel, après avoir tué la sorcière de la maison en pain d'épices, deviennent chasseurs de sorcières.

Les sorcières sont très typées, redoutables, mais les chasseurs sont beaux, agiles et encore plus redoutables !

Et le décor c'est la forêt. Sublime forêt qui abrite les sorcières. Et il y a même des Trolls !

Et le cercle va se refermer.

Pourquoi les parents de Hansel et Gretel les avaient-ils abandonnés dans les bois ?

Si vous voulez le savoir, il faudra regarder le film jusqu'au bout. Mais rassurez-vous, il est très agréable à regarder ce film.

La bataille finale est classique, avec quelques petites idées cocasses…

Thor Un monde obscur d'Alan Taylor (2013)

Un mélange passionnant de gravité quantique et de mythologie nordique. Quoi d'autre que cela serait susceptible de rendre crédibles les merveilles de la mythologie nordique.

Effets spéciaux stupéfiants. Nécessaires pour adapter une BD Marvel !

La belle jeune femme (Jane) est possédée par l'Éther, ce qui libère les forces du mal : Ma-

lekith va la poursuivre pour prendre possession de l'Éther.

L'Éther chez les physiciens de la fin du 19^e
siècle était ce qui devait sa "consistance" à
l'espace. Car après les équations de Maxwell-
Lorentz (1865) il fallait bien une consistance
pour supporter les ondes électromagnétiques…
Mais tout cela sera éclairci bien plus tard par la
théorie de la relativité restreinte (1905)
d'Einstein qui a découvert la notion d'espace-
temps.

Bref, revenons-en à notre histoire Marvel.

Nous avons vu dans l'épisode précédent que le
frère de Thor, "Der böse Loki" comme l'aurait
écrit Goethe (ça veut dire "Le méchant Loki"),
est en prison dans les geôles d'Odin…

Mais il sera appelé à la rescousse par son
frère, mais il est vraiment méchant !

En fait, toujours le même genre d'histoire,
qu'on retrouve quand on épluche les atours
donnés par les scénaristes, atours qui sont, en
fait les plus intéressants …

Une seule critique : les bagarres durent un
peu trop longtemps. Ça finit par lasser.

Pensez à regarder jusqu'à la fin du générique.

Predestination de The Spierig   Brothers
(2014)

Une superbe adaptation de la nouvelle de Robert A. Heinlein "All you Zombies". (Publiée en
France en 1962, puis en 1975 dans la collection de SF du Livre de Poche, volume : "Histoires de voyage dans le temps".

Un agent spatiotemporel retourne en 1970 pour sa dernière mission. Mais quel est le genre de ses missions ?

Et le film se poursuit pendant longtemps par l'histoire que raconte un bisexuel au barman qui semble être l'agent en question. D'ailleurs on a du mal à suivre qui est qui ! Mais on va finir par le savoir…

Ne perdez pas patience, car le film semble commencer au milieu du film, mais ce n'est qu'une illusion.

Superbe histoire de paradoxes temporels. Une histoire inouïe de voyages dans le temps que seul un grand comme Heinlein a pu inventer.

"Le serpent se mord éternellement la queue"

"Il n'est jamais trop tard pour être qui on aurait pu"…

Superbe !

Dommage que ce film ne soit pas sorti en salles en France.

I Origins de Mike Cahill (2014)

C'est une sortie DVD de septembre 2016.

On nous annonce un film sur la recherche scientifique. Effectivement, il s'agit d'une recherche scientifique assez spéciale, sur l'iris de l'œil humain. « Chaque être humain de la planète a des yeux uniques. Chaque œil ayant son propre univers. » Déclare le chercheur, personnage principal de l'histoire.

Ce jeune chercheur un peu excentrique, mais genre « bobo », fait connaissance avec une jeune femme dans une boîte de nuit. Cette dernière drôlement accoutrée (le jeune homme dira « une tenue sado-maso » en racontant l'histoire le lendemain) passe immédiatement à l'acte en tirant le garçon dans les chiottes pour le chevaucher. « Ne crains-tu pas de le regretter demain ? » Demande-t-il à la nymphomane... Du coup ça lui coupe la chique et elle s'en va cul nu ! Bien sûr, il va la retrouver en plein Manhattan, une aiguille dans une botte de foin, mais c'est sans doute le destin ! Ils ont donc une liaison. C'est l'amour fou, la passion. C'est quelque chose la passion en amour. Ils décident de se marier. Elle se met immédiatement en robe de mariée et ils prennent l'ascenseur pour aller chez elle, il y a un accident d'ascenseur et elle est tuée ! Attention spoiler ? Pas vraiment...

En fin de compte, le petit jeune homme chercheur devient grand en épousant son assistante qui est amoureuse de lui depuis le début et ils ont un enfant.

Jusque-là c'était l'ennui le plus profond, mais cela devient intéressant puis passionnant.

En effet, le couple poursuit ses recherches sur l'iris humain.

Ils avaient décidé d'analyser l'iris du bébé et de le comparer avec la base de données mondiale sur les iris humains (je ne sais pas si cette base de données existe vraiment...).

Et là ils vont faire une découverte stupéfiante qui va conduire le chercheur en Inde pour trouver l'être humain qui possède l'iris qui va dévoiler une réalité stupéfiante !

Ah ? Vous avez vu : pas spoiler !

Ne vous laissez pas endormir au début (assez long). Ce film est intéressant, original, il raconte une histoire scientifique passionnante,

qui a pour cadre une histoire d'amour immortel…

Extraterrestrial de The Vicious Brothers
(2014)
Une jeune femme disparaît en pleine nuit avec
la cabine téléphonique dans laquelle elle se
trouvait.
Puis deux couples de jeunes gens (encore ?)
viennent dans la région dans une cabane au
cœur bois (encore ?) et une soucoupe volante
se crashe non loin de là…
Les Gris attaquent et enlèvent des gens dans
leurs vaisseaux spatiaux.
On se demande si on doit rire, mais on n'a pas
trop envie.
De toute façon l'amour triomphe toujours
même dans les vaisseaux extraterrestres.
Les Gris sont des exterminateurs d'abrutis. Il y
a même l'homme à la cigarette.
Amusant, un mélange d'"Evil Dead" (encore !)
et de "X-files"
Qui sont les réalisateurs The Vicious Brothers ?
Ce sont deux réalisateurs canadiens : Colin
Minihan et Stuart Ortiz. Ils ont réalisé "Grave
Encounters" (2011) et "Grave Encounters 2"
(2012)

Maléfique de Robert Stromberg (2014)
Nouvelle adaptation du conte « *La Belle au
bois dormant* » par les studios Disney.
Intéressante comme le sont les autres récentes nouvelles adaptations de divers
contes :

Alice au pays des merveilles de Tim Burton (2011)

Blanche Neige et le chasseur par Ruppert Sanders (2012)

Le Monde fantastique d'Oz par Sam Raimi (2013)

Interstellar de Christopher Nolan (2014)

Ça commence comme dans « Signes » au milieu d'un champ de maïs. Puis on se dirige vers une autre galaxie pour trouver un refuge à l'espèce humaine.

Explorateurs, pionniers : l'essence même de l'Amérique !

Horizon du trou noir, distorsion de l'espace-temps, relativité générale et trou de ver…

Il y a même une définition quantique de l'amour !

Les planètes lointaines sont si étranges ? La gravité courbe l'espace-temps… Superbe film de SF

Tout en disant qu'il s'appuie sur les dernières découvertes en physique et cosmologie, mais que personne n'a encore vu de trou noir et encore moins de trou de ver… Ces « trous » sont nés des équations de la relativité d'Einstein, équations qui ont trouvé bien des applications et qui, donc, semblent correctes, mais sait-on jamais ?

La mécanique de Newton s'appliquait bien aussi à tout jusqu'à la relativité générale…

The Amazin Spider-Man 2 de Marc Webb (2014)

Il y a le docteur Kafka dans le film!

Elektro et Harry veulent attraper Spider-Man.
Oh ! les gros méchants.
Et Spider-Man a des ennuis amoureux.
Ils cassent beaucoup de voitures de police,
c'est un peu trop facile, du réchauffé…
Comme je l'ai écrit (je crois) pour le précédent
film, si vous aimez Spider-Man, ça vous plai-
ra !

Lucy de Luc Besson (2014)
Lucy c'est le prénom donné à la plus vieille
femme du monde, une australopithèque de 3,2
millions d'années dont les restes ont été trou-
vés en Éthiopie. Sa découverte a révolutionné
la paléontologie.
Luc Besson joue aux intellectuels en donnant
ce prénom à l'héroïne de son film.
Les premières scènes sont « bateau » où on
voit en alternance la fille victime d'une agres-
sion et la chasse d'un léopard.
La fille se fait insérer sous la peau du ventre
un petit sachet de cristaux bleus. Le sachet
éclate et le produit se dissout dans son sang…
et en fait une superwoman !
Le film n'a ni cul ni tête. La course en voitures
dans Paris à contre sens est insensée. Il y a
beaucoup de morts et de voitures cassées…
À éviter.

Robocop de José Padhila (2014)
Remake du film de Paul Verhoeven.
Il y a un prologue « anti-impérialiste » avec
robots policiers à Téhéran (!)
« Qu'y a-t-il de plus important que la sécurité
du peuple américain ? » En fait, ce sont des

méchants qui invoquent la « sécurité du peuple américain »... Faut être méchant, non, pour dire ça ?

Une multinationale (ah ! ces multinationales impérialistes !) veut proposer des robots pour le maintien de l'ordre. Mais les robots n'ont pas de conscience, donc faisons un être mi-homme mi-robot, il aura une conscience lui ! « On va mettre un homme dans une machine ».

Le scénariste a pris le film de Paul Verhoeven complètement à rebours. Un truc rigolo genre père fouettard est devenu un tract anti-impérialiste...

Qui commande Robocop : l'homme ou la machine ?

L'humain cède de plus en plus la place à la machine. Ce n'est qu'une question de réglage...

Gary Oldman est superbe ! Hormis le volet idéologique, c'est un film superbe !

C'est un film gauchiste, mais pourquoi pas ?

Les autres films :

Robocop de Paul Verhoeven (1987)
Robocop 2 d'Irwin Kershner (1990)
Robocop 3 de Fred Dektar (1992)
Et puis il y a eu la série télé!

Godzilla (Id.) de Gareth Edwards (2014)

Monstres antédiluviens, créatures se nourrissant de radioactivité ; pamphlet antinucléaire... On connaît tout ça et on connaît l'origine de Godzilla : les explosions des bombes atomiques au Japon à la fin de la 2e guerre mondiale.

Je préfère nettement celui de Roland Emmerich (1998), qui, lui, ne se prenait pas au sérieux...

Planète des singes : l'affrontement (2014)
de Matt Reeves (2014)
Le prologue est un peu téléphoné : une épidémie mortelle décime l'espèce humaine. C'est
une épidémie de grippe simienne... Le virus a
été transmis par les singes.
Le film raconte alors la guerre entre les humains survivants et les singes pour la conquête d'un barrage hydraulique permettant de
produire de l'électricité...
Il y a aussi une guerre civile chez les Singes et
chez les Humains...
Plein de malentendus. Tous les malheurs des
uns et des autres proviennent de malentendus...
On a déjà vu plein de films comme ça : les
Cow Boys et les Indiens, les films coloniaux
avec Tarzan, le film Zulu... Un film assez faible.

Extinction de Miguel Angel Vivas (2014)
Sortie DVD en 2016
Des bus de réfugiés. Grosse tension quand le
convoi s'arrête brusquement. Puis le bus est
envahi par des « infectés ». Les gens se lais-
sent un peu trop facilement mordre le cou.
Scènes très stressantes.
Neuf ans plus tard... La vie quotidienne des
survivants.
Sur la façade d'un cinéma, il y a affiché « Les
Montagnes Hallucinées ».

On s'ennuie un petit peu avec le papa, sa petite fille et le voisin d'en face, de l'autre côté du grillage avec son chien. Et il semble qu'il y a un problème avec le voisin d'en face...

Jusqu'au jour où la petite fille a vu un « monstre » par la fenêtre la nuit. Il y a bien un monstre. Un sale monstre !

Le voisin qui possède une radio amateur lui prête des paroles à son intention. Hallucination ?

Une histoire de conflit de voisinage ultra dramatique !

Patrick, Jack et sa fille Lu.

Émouvant dîner d'anniversaire entre les deux hommes et Lu.

La question est posée : partir pour fuir les créatures ou rester ?

« On ne sait pas ce qu'il y a de l'autre côté. » On apprend qui est le père de Lu, qui est l'amant, qui est le mari.

Une rencontre. Grosse tension dans la maison assiégée.

Très belle histoire d'amour en arrière-plan.

Film superbe !

Film espagnol qui rend hommage à Del Toro avec son allusion aux « Montagnes hallucinées ».

Histoire d'adultère, d'amour et d'amour filial.

À l'encontre de Walking Dead, ici c'est un hommage à l'espèce humaine, aux sentiments, à la solidarité, mais qui rend néanmoins hommage à Walking Dead avec l'infecté aux bras coupés et enchaîné.

Sharktopus Vs Pteracuda de Kevin O'Neil (2014)

La musique du générique nous fait déjà sourire : elle est ironiquement dramatique.

Le démarrage du film est superbe : la pêche au gros avec une belle jeune fille comme appât au bout de l'élastique. En fait ce n'est pas de la pêche puisqu'elle fait du saut à l'élastique et se fait gober par un monstrueux "poisson" quand elle arrive au-dessus de l'eau.

C'est que des monstres sont lâchés dans la nature suite au dysfonctionnement d'un labo clandestin. Un hybride de requin et de pieuvre et un hybride de requin et de ptérodactyle. Sont forts, hein ?

Le sel des océans est fait des larmes des morts : pieuvres, requins y sévissent.

Mais le spectateur est rassuré, ce ne sont que les beaufs et les cons qui se font bouffer. Enfin pas tous.

On finit par s'ennuyer avec des scènes répétitives. Pourquoi n'ont-ils pas appelé l'armée ?

Ant-Man de Peyton Reed (2015)

Personnage Marvel.

Comment diminuer la distance énorme qu'il y a entre le noyau atomique et les électrons ? Si on y arrivait dites donc ! Essayez d'imaginer un soldat de la taille d'un insecte, et qui est resté lourd comme quand il était « grand »...

« Tu es un héros pour elle. Deviens ce personnage de légende auquel elle croit. » C'est ce que dit son ex au type qui sort de tôle à propos de leur fille. Le jeune papa vole une combinaison qui rapetisse. Une variation de *L'homme qui rétrécit*.

On a droit à quelques discours (brefs) sur la mécanique quantique, et puis il faut dresser les fourmis pour les utiliser... et mobiliser l'équipe de bras cassés qu'on voit toujours dans ces films. Ça détend...

Il y a juste une grosse invraisemblance : les objets (et les gens) sont devenus tout petits, mais ils ont gardé le même poids (il n'y a pas perte de matière...) Donc le coup du char d'assaut est très nul...

Restez jusqu'à la fin du générique !

Jurassic World de Colin Trevorrow (2015)

Le parc d'attractions montre des dinosaures génétiquement créés. Un hurluberlu pense à en faire une arme de guerre. Mais le T Rex génétiquement modifié s'évade (le malin) dans le parc plein de monde. Un accident technologique majeur, en quelque sorte ! Avec des savants fous, même si ces derniers nient l'être. Comme dans tous les accidents technologiques majeurs, il y a une réaction en chaîne. Ça craint ! Il y a des morts, plein de morts.

Quel spectacle : ça arrache.

Zombeavers de Jordan Rubin (2015)

Deux beaufs discutent dans un camion.

J'utilise toujours ce terme de « beauf » pour des hommes vulgaires et pas futés et pas sympathiques... Ce sont en général les personnages secondaires types des films d'horreur. Mais parfois aussi certains personnages principaux.

Le chauffeur produit un accident en heurtant une biche alors qu'il regarde son téléphone... Un fût de produits toxiques tombe du camion et finit dans une rivière.

Le film ne se prend pas au sérieux. Mélange de plans filmés et de dessins pochés.

Trois petites jeunes filles sont en balade... zéro texto... zéro garçon...

Des plans de mise dans l'ambiance. Tout est téléphoné (ah ah ah) exprès.

Ils n'ont pas de réseau, ils sont donc isolés. Classique aussi.

Laquelle sera dévorée la première ?

Et voici un barrage de castor. « Oh je veux en voir un, c'est trop mignon ! » Un chasseur aux airs inquiétants arrive.

Après dix-huit minutes de film, on commence à s'ennuyer à écouter les dialogues « branchés » des demoiselles.

Soudain on frappe à la porte ! Elles sortent, car il n'y a personne et la porte claque. Elles sont condamnées à rester dehors... En fait, trois garçons arrivent dont deux sont les copains de deux des filles et le troisième un ex de la troisième. Ces jeunes sont très cons, c'est caricatural et classique aussi dans les films d'horreur : le spectateur n'est pas trop touché par les mises à mort de cons...

À 26 minutes de film les castors zombie attaquent !

Le premier castor est vite maté. Mais, bien sûr, ce n'est que reculer pour mieux sauter.

Dans les personnages bien typés, comme toujours, il y a la trouillarde, qui, en fait, a toujours raison. « Quelque-chose ma frôlé les pieds », s'exclame l'une d'elles. Un grand classique aussi. Pour autant, elle ne sort pas de l'eau, ce qui serait la précaution de base. Et le plus naze des ados se fait bouffer le pied dans l'eau !

Le téléphone avec fil ne marche pas. Et pour cause, les castors ont rongé les fils.

Les trois gars et deux filles sont cernés sur un ponton au milieu du lac et Jane est retournée à la maison où un castor l'attaque.

L'un des gars sacrifie le chien pour faire diversion.

Quoi ? Vous me reprochez de raconter tout le film ? Ben oui, je le raconte !

Ils sont tous réfugiés dans la maison. Aurais-je dû écrire : « Elles sont toutes et ils sont tous réfugiés dans la maison ? » Même pour un féministe sincère comme moi, franchement, c'est trop long à écrire.

La nuit tombe ! Une fille, un gars et l'amputé parviennent à entrer dans la voiture avec laquelle les gars sont arrivés. Ils espèrent rejoindre un hôpital. Mais... les castors voient les choses autrement.

Les voisins, un vieux couple, sont inquiets. Ils sont aussi très beaufs et copains avec les castors ! Un classique des films d'horreur aussi.

La route est barrée ! Le gars bien va essayer de chercher des secours, mais il est bouffé par les castors. En fait, il est juste blessé. Mes conclusions étaient hâtives.

Tous ces rescapés repartent avec le mystérieux chasseur se réfugier dans la maison. Même les morceaux de castor qui ont été dépecés dans la bagarre continuent à attaquer.

Les gens du camion vont se réfugier dans la maison des voisins, les petits vieux. Mais, où sont-ils ?

La jalousie est un scénario secondaire également classique. Y compris les relations sexuelles des uns et des autres et les uns avec les autres. Bon, j'aurais dû écrire aussi les unes avec les autres, etc.

Une fille se transforme en castor zombie. Le chasseur cautérise la plaie de l'amputé qui se transforme aussi en castor. Donc il y a tous les poncifs des films de zombie, mais avec les castors. La vieille voisine se réveille en castor zombie aussi. Un type se fait émasculer par son ex transformée en castor Z et un de ces derniers incendie la maison en provoquant un court-circuit.

Il n'y a plus que deux survivants encerclés par les castors Z. Et même l'ours du coin s'en mêle, également castorisé.

La voiture en panne encerclée par les castors Z renvoie à la scène du début du film « La Nuit des morts-vivants »…

La fin est super. Elle reprend les deux lourdauds du préambule.

Effets spéciaux rudimentaires, mais ça peut aller…

Et une scène d'après générique avec des abeilles zombies !

Poltergeist de Gil Kenan (2015)
Producteur Sam Raimi.
Le remake du film de Tobe Hooper (1982)
D'habitude les maisons hantées sont de vieilles bâtisses abandonnées, si possible dans la fo-

rêt. Le film de Tobe Hooper innove, car il se déroule dans une villa d'une banlieue moderne.

Le remake suit ce chemin et démarre assez fort avec des indices brutaux dont sont témoins les enfants. Et puis, alors… il y a quelque chose… dans le placard de la chambre des enfants. Et on ne peut pas ouvrir ce placard !

Le spectateur est prévenu que la maison est construite sur un ancien cimetière à la 37e minute du film. C'est à ce moment-là que tout se déclenche !

Attention ne quittez pas le film au générique : il y a une scène… au milieu

Sharknado 3 d'Anthony C. Ferrante (2015)

C'est le troisième opus. Je n'ai pas vu les deux autres.

Encore un film SyFy amusant puisqu'on y assiste à des attaques aériennes de requins apportés par une tornade géante ! Difficile de leur échapper.

Un vrai délire. Désopilant. Trop bien grotesque !

Washington est pratiquement détruit ! Tout est démoli : Maison-Blanche, Capitole, etc.

Et les chasseurs de tornades de requins chassent. L'un utilise la tronçonneuse. C'est très gore.

Enfin c'est vraiment le grand guignol avec un chasseur bombardier et la navette spatiale.

Ils n'ont peur de rien les scénaristes ! Tant mieux…

Je n'ai pas vu les autres de cette série, mais ça vaut le coup de rigolade !

Arrival (Premier Contact) de Denis Ville-neuve (2016)

Le décès d'un enfant. Une invasion extrater-restre.

Douze OVNIs atterrissent sur Terre, en plu-sieurs endroits. Une spécialiste de la traduc-tion des langues est sollicitée pour prendre contact avec eux.

Superbe film avec mouvements de caméra, plans fixes, tout un langage cinématogra-phique qui parle au spectateur.

La délégation des autorités terriennes pénètre dans l'OVNI qui est un énorme œuf de métal. Il flotte et se tient stable à deux mètres du sol.

Ce film est donc consacré à la communication entre deux espèces totalement différentes.

On nous fait un passionnant cours de linguis-tique. Comment appeler les deux extrater-restres ? Pourquoi pas Abott et Costello ?

La deuxième partie du film est consacrée à l'impact de l'arrivée des aliens sur la société, la politique… Quel rôle va jouer le deuil ?

Les pays « ennemis » travaillent aussi avec leurs extraterrestres. Et ils n'ont pas les mêmes méthodes.

Les problèmes entre les humains interfèrent et les aliens savent-ils les utiliser ?

Certains pays (Chine, Pakistan, Russie) décla-rent la guerre aux Aliens.

Ces derniers ont-ils compris que l'humanité n'était pas Une ?

L'interprète arrive à lire l'heptapode... Grâce à HANNAH qui s'écrit de la même manière dans les deux sens.
Il y a une histoire d'amour aussi.
Les heptapodes sont très lovecraftiens...

Resident Evil : Chapitre Final de Paul W. Anderson (2016)
Voici le sixième film !
Au début était le virus T qui devait guérir toutes les maladies. Mais il eut des effets secondaires inattendus (Alicia Marcus fut sauvée !)
C'est l'histoire d'Alice et d'Umbrella Corporation. Le virus s'échappa d'un labo et ce fut la fin du monde.
À chaque début de film, Alice débarque de nulle part ne semblant pas, savoir d'où elle vient, et même qui elle est !
Ici elle sort du sous-sol dans Washington en ruines et est poursuivie par un monstre volant. L'actrice est de plus en plus jolie.
La petite Alice d'Umbrella demande à l'adulte Alice de l'empêcher de détruire ce qui reste de l'humanité. Alice la grande doit aller dans le Hive récupérer l'antivirus élaboré par Umbrella. Il détruirait le virus T.
Voyage, épopée, lutte individuelle pour sauver l'humanité. Avec un compte à rebours. Grosses batailles rangées, multitude de zombies. De la baston, beaucoup de baston. Le feu purifie la tour des zombies.
Toute sa vie « tuer, courir... » Les monstres sont toujours aussi horribles.

Umbrella a organisé l'apocalypse pour purifier la Terre. Isaacs, le méchant, est vraiment très méchant. Les manières de mourir sont très diverses et très atroces. Alice au pays des merveilleuses horreurs. Le docteur Frankenstein lui-même serait terrorisé !

Ah ! Ces femmes, heureusement qu'on les a !

Le générique dure presque aussi longtemps que le film.

Spectral de Nic Matthieu (2016)
Film Netflix

Un chercheur découvre un rayon micro-ondes qui pourrait servir d'arme. Dans l'est de l'Europe en pleine guerre, on a vu… des choses.

Le chercheur est envoyé là-bas pour enquêter. En Moldavie.

« Ce truc que votre caméra a filmé, ça c'est une autre affaire. »

Le scientifique a créé une caméra frontale pour les combats. Or, en prologue, on avait vu qu'un soldat voyait quelque chose ressemblant à des êtres lumineux, seulement visibles avec la caméra du chercheur. « Des anomalies spectrales ? »

« Vous savez que je suis croyant. Ça c'est le contraire de Dieu ! »

Un commando est envoyé sur place pour examiner la chose. Le combat est dur. Il y a de nombreux morts. Les entités sont invincibles.

« Ce truc a buté 19 de nos hommes et on ne sait pas ce que c'est !

- C'est humain : il m'a fixé dans les yeux… »

Les survivants se réfugient au sommet d'un immeuble en ruines.

Il y a désormais de nombreuses « anomalies spectrales », appelées Aratares par les autochtones.

Ces entités sont « des fantômes coincés entre la vie et la mort ». Les militaires, eux, les appellent les hyper spectres.

Grâce au scientifique, ils bidouillent des moyens de les voir et de les tuer.

« Vous ne pouvez pas leur échapper ! On ne sait même pas ce qu'ils sont. »

Le scientifique a une explication : ces Aratares sont des condensats de Bose-Einstein… Ce truc existe vraiment ! Une explication qui rend ce phénomène plausible.

Très beau film de guerre et de SF avec d'excellents effets spéciaux.

Deadpool de Tim Miller (2016)

Déjanté, destroy, un film de connard avec un débile profond, une bombe sexuelle, un méchant britannique, le comique de service, une ado boudeuse, un personnage en images de synthèse, une brève apparition inutile, produit par des faces de pet, écrit par les vrais héros de l'histoire, réalisé par un con super payé.

Délicieusement délirant. Faut aimer, j'aime.

Il y a Deadpool et les X-Men marrants, enfin, bizarres… J'aime comment ils filment au ralenti les douilles éjectées.

Ensuite, on revient deux ans en arrière et on s'emmerde. (Je reste dans le langage du film…)

Il avait eu un cancer. Plusieurs cancers mêmes puisque ce film est excessif et délirant. Un homme lui propose alors de le transformer en super héros. On fait un va-et-vient entre le présent (où Deadpool dézingue des gangsters et alors que les X-Men interviennent) et le passé (comment il est devenu Deadpool). Comment ? Ben on ne le sait pas encore à ce stade du film.

Le présent est délirant et le passé chiant.

Le traitement consiste à être torturé à mort, poussé au bord de la mort pour devenir super héros, être contrôlé et offert au plus offrant.

« Est-ce que j'ai dit que c'était une histoire d'amour ? Non ! C'est un film d'horreur.

Le coup de l'allumette est un peu gros vu que l'oxygène ne brûle pas, il n'est que le comburant, pour brûler il faut du combustible…

« Je n'avais pas reçu un remède contre le cancer, mais un remède contre le n'importe quoi ! »

« Deadpool ! On dirait le titre d'un film de super héros… »

Bon ! On revient où on en était plus haut : « Nous voilà revenus au présent ! »

Toujours des remarques sexuelles grossières. Les dialogues destroy commencent à lasser, mais le combat final est gigantesque !

Et puis c'est la Belle et la Bête

Une dernière scène à la fin du générique : « Vous êtes encore là ? C'est terminé ! Rentrez chez vous ! etc. »

Captain America Civil War d'Anthony et Joe Russo (2016)

Toute la bande Marvel de nouveau réunie.

1991 en Russie. Un « soldat » reçoit une mission. Il la réussit et ramène… des petits sachets bleus.

Lagos de nos jours. Très grosse bagarre des Avengers contre le vol (très violent) d'un produit biologique très dangereux. Quelle baston ! Qu'est- ce qu'on aimerait pouvoir en faire autant !

Et puis Stark (Iron Man) a des problèmes de conscience.

Les gouvernements en ont assez des dommages collatéraux des batailles des Avengers. Ces derniers sont alors placés sous la coupe des Nations Unies.

Cleveland : un homme en assomme un autre, défonce un mur pour voler des documents vus au début du film : mission du 16/12/1991…

Puis tante Peggy meurt. Tout le monde signe la soumission aux Nations Unies. Sauf le capitaine Rogers.

Un attentat survient pendant la cérémonie.

Faut-il se venger contre le Soldat de l'Hiver, auteur de l'attentat ?

On voyage beaucoup dans ce film, comme dans les James Bond.

Une autre baston, plus ennuyeuse ? Une poursuite en bagnole. Bon… enfin, mixte plutôt : bagnole et à pied… Il y a même un hélicoptère !

Stark/Iron Man est le flic des Nations Unies contre les récalcitrants.

Du coup, la machine à tuer est libérée. Et la lutte contre les soldats d'hiver se complique. Stark enrôle Spider-Man.

Grosse baston avec les Avengers, Spider-Man, Antman, et d'autres…
Le bien le mal ? Ah ! Pas si simple…
Captain America Iron Man Black Widow Winter Soldier Falcon War Machine Hawkeye Black Panther Vision Scarlet Witch Ant-man Sharon Carter Spider-Man Zemo Cross bones.
Une scène à la fin du générique avec Spider-Man : « Spider-Man reviendra » disent-ils…

Insectula de Michael Peterson (2016)
Il en sort encore des films de série Z comme celui-ci. La preuve !
Une planète de monstres envoie un monstre sur la Terre par des moyens naturels. Pas de raison de se casser la tête pour le scénario, avec une voix qui commente les images…
Sur la plage, un vieillard offre un bijou en forme de papillon à une petite jeune fille… qui va se baigner après avoir dit : « Il est positif ». Le vieux en profite pour partir. Le monstre plonge dans l'eau à proximité en arrivant de l'espace. Il dévore la petite jeune fille sous l'eau dont la tête arrachée remonte à la surface.
Le vieillard est revenu et attend désespérément la petite jeune fille. En fait, c'est un policier en civil… Le détective Novak dirige les recherches. Des gamins pêchent la tête humaine déjà dévorée par les vers.
Et voici la pin-up : une (très jolie) laborantine : jupes courtes, décolleté plongeant, qui assiste le médecin légiste autopsiant la tête avec giclées de sang et pleine d'asticots, même des crabes dans le crâne décalotté…

Maintenant c'est le vieux qui dirige l'enquête. En fait, il n'est pas si vieux ! Il s'agit de l'agent del Biando de l'APE (Agence de Protection de l'Environnement, pardi !)

La jolie laborantine le console ; seulement en paroles hein !

Très mal joué, très mal filmé, très mal maquillé avec la fausse moustache de travers. Peut-être que la script-girl du film était bourrée ? Del va se noyer... Son fantôme au cimetière se voit en train d'essayer d'embrasser la belle laborantine (en civil).

Que dites-vous ? C'est décousu ? Ben oui, c'est décousu... Je n'y peux rien !

Pourtant il est bien noyé et rejeté sur la plage. Mais pas mort ! Il se relève.

Le médecin légiste projette des films sur des recherches entomologistes. Car, en fait, j'ai oublié de vous dire que le monstre était un insecte géant... Il est interrompu par un coup de fil, il répond et la projection du film se déroule sans lui et montre en fait désormais des images de voyeur... Ce médecin s'appelle Kempler. Il déclare que le responsable de la tuerie est un extraterrestre.

Une jolie brune se fait bronzer allongée sur une bouée sur le lac et se fait dévorer de l'intérieur.

La jolie blonde assistante s'appelle Brittany.

La brune dévorée s'appelle Yasmin et c'est une copine à Del.

Au labo arrive Banning qui est consulté comme expert.

La caméra n'arrête pas de trembler. Le caméraman doit avoir Parkinson.

Kempler habite une vieille maison genre maison hantée dans les films de fantômes. Il joue du piano. Il est rongé par des souvenirs honteux lorsqu'il enseignait. La victime type des films d'horreur de série B : un personnage mauvais plein de remords, mais qui continue à faire le mal.

Très ennuyeux.

Eleonor pleure dans une autre pièce, les cheveux sur les yeux, et se retourne en ouvrant la bouche pleine d'asticots.

Kempler regrette, s'excuse auprès d'elle après qu'elle a disparu.

Le réalisateur/scénariste tente de se prendre pour David Lynch.

Le réchauffement climatique est responsable de la venue de cette créature. La pollution quoi !

Elle partage 80 % de son ADN avec *Culiseta Longiareolata*, ce qui en langage courant désigne le moustique commun…

En fait, le moustique commun est *Culex Pipiens*… Bon tant pis pour le documentaliste !

Kempler a trouvé un œuf au bord du lac, l'a fait incuber et a produit une larve. Il l'a nommée *Insectula*.

C'est long ce film !

Il veut débarrasser la Terre de ses parasites, c'est-à-dire, les humains.

Del, lui, se paie deux putes. Et il tombe ivre mort avec sa fausse moustache. Il ne veut pas tromper Hanna.

Les deux prostituées traversent les bois, car elles n'ont plus d'argent pour le taxi (je résume). L'une d'elles se fait enlever par Insectula. Enfin, on le devine malgré les « effets spéciaux » minables.

L'autre atterrit chez Frankenstein/Kempler.

Auparavant Del Biando se mutile dans la salle de bain. Mais il cicatrise vite, car on ne voit plus rien dans les prochaines scènes où on le voit. La prostituée survivante se fait doubler par Kempler qui l'emmène dans les bois (le scénariste est débile ou quoi ?) et ils trouvent le nid d'Insectula.

Ils y pénètrent… (Patience encore 53 minutes de film…)

La fille se fait arroser par du « pus » ainsi nommé par Kempler. Les corps des victimes vivent pour créer du pus dont se nourrit Insectula qui arrive et blesse gravement la fille à la jambe. Insectula la poursuit ainsi que Kempler qui fuient.

Insectula coupe la fille en deux d'un coup de mandibules, puis attaque un avion rempli de voyageurs !

Del Biando est relevé de ses fonctions et se fait confisquer ses dossiers par les militaires. Ah ! Il ne manquait plus que ceux-là…

Kempler, de retour dans son labo, appelle un ami au secours.

La secrétaire prend une demi-journée de congé et se rend à la maison hantée (celle de Kempler), toujours avec sa blouse très courte, déboutonnée à la poitrine et une minijupe noire. Elle va dans la cave.

Elle y découvre une Insectula prisonnière. (Ou un Insectula prisonnier, comme vous voulez).

Elle se fait surprendre par Kempler avec de jolies scènes de jeux d'ombre à la Nosferatu.

Une autre scène avec deux militaires hauts gradés, car Insectula est cernée par les militaires. Combat entre un homme avec une hache et Insectula dans une usine. C'est raté.

Chez Kempler, la secrétaire est en slip et soutien-gorge, attachée à une chaise. Elle s'appelle Mlle Sax.

Dialogue surréaliste et mal filmé avec Kempler.

Loba, l'assistant de Frankenstein (enfin Kempler...) arrive. Del Biando surgit et se fait maîtriser par Loba.

Mlle Sax essaie de séduire Loba. L'acteur joue bien le rôle de cette créature de Frankenstein. Il libère la fille !

Kempler surgit et tue Loba avec son revolver. Il libère le bébé Insectula et l'enferme dans une boîte pour l'emmener vers sa maman.

Mlle Sax a remis sa blouse et retrouve sa voiture. Mais elle voit passer Kempler avec son chargement maudit et le suit. Ce film me fait penser à *Plan 9 of Outer Space* !

Insectula tue le bébé apporté par Kempler.

Elle le poursuit dans la forêt hantée par ses victimes. Insectula tue Kempler.

Mlle Sax l'assiste dans son agonie. En fait, il voulait sauver le monde, non ? Un hélicoptère arrive.

Insectula dévore une femme toute crue et sème la terreur dans la ville. Les militaires la poursuivent et font des bavures en lui tirant dessus. Il n'y a que deux militaires. Pas question d'embaucher des figurants.

Insectula est invulnérable aux balles des hélicoptères, aux obus. Les scénaristes ridiculisent l'armée.

La question est posée de l'utilisation de l'arme nucléaire (comme toujours dans ces cas-là).

Del Biando prépare quelque chose dans le labo de Kempler. Il va affronter Insectula avec sa fausse moustache. C'est une opération suicide : il vaut se faire avaler par le monstre et une fois dedans se faire exploser. Ça réussit !

Mlle Sax a mis une robe noire un peu plus longue et va déposer une rose sur la tombe de Del Biando. Un joli papillon bleu se pose et un autre…

Attention, une scène dans le générique : Kempler est ressuscité par un personnage Frankenstein bis… mais juste la tête !

JéruZalem de Doron Paz et Yoav Paz (2016)

Une citation du Talmud en début de film nous apprend que Jérusalem est une des trois portes de l'enfer.

Ça commence par un film amateur qui montre une possession post mortem… Faut aimer les mauvais films, enfin, désolé, je veux dire les films pas professionnels, même s'ils sont réalisés par des professionnels pour faire croire qu'ils ne le sont pas…

Ensuite, on continue sur le mode "amateur" avec des lunettes connectées qui filment tout et permettent de surfer sur le web, échanger des messages, etc.

Ces lunettes sont portées par une des deux jeunes filles qui font un voyage en Israël. C'est un peu l'orgie : l'une baise avec un jeune homme rencontré dans l'avion (c'est celle qui porte les lunettes/caméra) et l'autre avec un jeune Arabe qui gère l'auberge de jeunesse où elles sont logées à Jérusalem.

Comme vous l'avez remarqué en lisant ce que j'ai écrit jusqu'ici, ce film m'a agacé. Mais en fait, il n'est pas si mal que cela. Il est juste dérangeant, avec facilité, c'est sûr, mais il reste gravé dans la mémoire. En fait il est très bon, faut sortir de ses schémas traditionnels de la *Grande Forme* du cinéma.

L'action, la vraie, la terreur, commencent après 48 minutes de film. Les portes de l'enfer se sont ouvertes et les morts reviennent en zombies (le "Z" de JéruZalem) et ils ont des ailes pour voler. Avec toute la tradition du zombie contagieux, etc.

Pauvre JéruZalem ! On ne peut s'empêcher de penser au film *World War Z* (Marc Foster 2013) qui comporte une scène terrifiante du siège de Jérusalem par les zombies.

Alien : Covenant de Ridley Scott (2016)

Un vaisseau transporte une « cargaison » de colons en route vers une planète à coloniser. Il rencontre un « vent solaire » qui endommage ses « voiles de recharge ». L'équipage est réveillé par le robot qui conduit le vaisseau. Pendant la réparation, un message provient d'une planète proche qui semble habitable. Doivent-ils y aller pour éviter de retourner en sommeil artificiel ?

Ils arrivent donc sur une planète inconnue sans prendre la moindre précaution sanitaire ! Même pas un masque à poussière…

L'infection par les spores produit un alien dans le corps à une vitesse record.

Ils retrouvent des traces du Prometheus… Puis ils rencontrent David, le rescapé du Prometheus.

Une fois de plus, c'est le « synthétique » qui est à l'origine de tout. Et à la fin, ce sont les méchants qui gagnent. Le scénariste devait faire une dépression…

Docteur Strange de Scott Derrickson (2016)
Prologue mystérieux et violent.

Superbe accident de voiture de Docteur Strange : il a les mains bisées ! C'est terrible pour un grand chirurgien.

Un petit voyage au Népal et… l'âme, les multivers, le bien et le mal.

« Le code source qui façonne le réel. »

L'acteur qui joue Docteur Strange est celui qui jour Sherlock Holmes dans l'une des séries.

On s'ennuie avec cet entraînement du Dr Strange.

« Je suis venu guérir mes mains, pas participer à une guerre mystique. »

Il sera pourtant bien obligé !

Tout est bien qui finit bien.

Presque deux heures de bagarres invraisemblables. C'est lassant comme bien de ces films.

Il y a une scène après le générique.

« Il y a trop de sorciers », annonce la suite.

Quelques minutes après minuit de J.A. Bayona (2017)
Un petit garçon et un arbre, un très vieil arbre…

Logan de James Mangold (2017)

Wolverine est vieux, fatigué et drogué. Il boite. Drogué ? Non, pas lui, mais Charles !

« Pas un seul mutant n'est né depuis 25 ans », proteste Wolverine/Logan.

« Cette famille n'existe plus ! » Rétorque Logan à Charles.

J'aime bien les dialogues cyniques du trio Logan, Charles et L'Albinos (Caliban).

Logan fait le taxi pour riches. Une Mexicaine, Gabriele, le poursuit pour qu'il l'emmène dans le Dakota du Nord. La fille de la Mexicaine, Laura, est une mutante. « Enfin, c'est pas sa fille » dit Charles… Charles Xavier.

« Je te l'avais dit Logan : elle est comme toi ! Exactement comme toi ! »

Belle bagarre très ingénieuse !

La compagnie américaine Transigene recherche Laura, la mutante qui s'est échappée. Extrait d'un western à la télé.

La fille lit des comics X-men ; Charles a 90 ans.

Quelques réflexions sur la vie du futur : camions sans chauffeur, giga moissonneuse de maïs…

Superbe scénario. Très belles idées.

« ils ont tout inventé dans cette BD ! » Déclare Logan à Laura.

Belle, gigantesque, dantesque bataille de fin.

Day of the Dead : Bloodline de Victor Hernandez Vicens (2017)

Ça démarre fort : une invasion de zombies.

Tout le monde se fait bouffer, sauf l'héroïne. Enfin, tout le monde se laisse bouffer ! Personne ne se défend…

L'héroïne se fait (quand même) poursuivre par un zombie.

Quatre ans plus tôt… Bon c'est pénible ces retours dans le temps.

Faculté de médecine : étude d'un cadavre, de quoi est-il mort ? Etc.

La fille nommée Zoë dit qu'il a eu la grippe. H1N1 même.

Un patient avec un taux énorme d'anticorps arrive : elle doit lui faire un prélèvement. Ce patient, futur zombie, s'appelle Max.

Il semble qu'il drague Zoë : « Vous êtes un vampire, vous me videz de mon sang ! »

Lui dit-il alors qu'elle lui fait un prélèvement.

Elle n'a pas l'air de l'apprécier, il est collant. La collègue de Zoë le vire. « Il fait une fixette sur moi », dit Zoë.

Puis, fiesta d'étudiants.

Ils vont chercher deux fûts de bière à la morgue. (Ah ah ah, ils ne l'ont pas fait exprès…)

Peter, le copain de la copine de Zoë, fait la blague du mort-vivant. Ce n'est pas un peu trop là ?

Max arrive après le départ de Peter. Max fait sa déclaration à Zoë et tente de la violer. C'est alors que le mort de tout à l'heure se réveille en zombie ! Je vous rappelle que nous étions à la morgue. L'épidémie commence…

Ensuite c'est lé générique et, après lui, on nous dit : « cinq ans ont passé »… Il n'y a que quelques survivants.

Nous sommes dans une base militaire accueillant les réfugiés. Une petite fille est très malade. Les antibiotiques ne la guérissent pas ; il faut aller en chercher dehors… Zoë sait où sont enfermés les médicaments, il faut y aller. Elle y va avec le frère du patron qui est son amant (le frère est son amant !)

Deux véhicules blindés et l'un des deux tombe en panne en pleine forêt. Ça craint ! La nuit tombe ! (Ils ne sont pas partis le matin ?) Bon, ils s'en sortent.

Les voici dans le bâtiment de l'université qui contient les antibiotiques. Zoë s'attarde dans le local d'épidémiologie. Elle n'est pas seule.

Qui voilà ? Le zombie de Max ! Qui l'attaque.

Les humains s'enfuient, Zoë échappe à Max qui réussit à s'accrocher sous un véhicule et pénètre donc dans la base.

Cette idiote de Zoë par qui tout le malheur arrive est contente. Ce sera comme cela tout le long du film…

Max/Zombie se balade dans les conduits d'aération à la recherche de Zoë.

Un soldat entend du bruit dans le conduit d'aération et y va et se fait bouffer par Max.

Trop facile, la troisième victime gueule à pleins poumons et personne ne l'entend. Ils sont sourds ?

Ils finissent quand même par arrêter Max pour l'étudier. (Cf Le Jour des morts-vivants de Romero…) Petite discussion déontologique inutile. L'acteur qui joue Max n'est pas mauvais. Il a un très beau dentier. Maintenant il faut à Zoë un échantillon de cellules de zombies. Rien de moins que ça !

Zoë ne fait que des bêtises, Max vole le trous-
seau de clés (ah ah ah) et le met dans sa
poche.

Le scénario fléchit de plus en plus…

Petite démonstration scientifique très simpliste. Et puis c'est le désastre !

« Lily, ma chérie, est-ce que ça va ? » Mais
quelle connerie !

Pendez-la haut et court cette Zoë. Mais le vaccin va fonctionner !

Liste de films à thèmes

Ces listes de films s'arrêtent à l'année 2004...

Docteurs de l'horreur !

Voir déjà ci-dessus le célèbre **Docteur Jekyll** et plus bas le **Docteur Frankenstein**, et aussi **Jack l'Éventreur** (puisqu'il semblerait qu'il fût le médecin de la reine...)

Le Cabinet du docteur Caligari de Robert Wiene (1920) – **Docteur Mabuse (et toute la série** notamment le **Diabolique Dr Mabuse** 1960)** de Fritz Lang (1922) – **Les Mains d'Orlac** de Robert Wiene (1924) – **Docteur X** de Michael Curtiz (1932 – version couleur) – **L'île du Dr Moreau** de Erle C. Kenton (1932) – **Les Mains d'Orlac** de Karl Freund (1935) – **Dr Cyclops** d'Ernest B. Schœdsack (1940) – **Le Récupérateur de cadavres** de Robert Wise (1945) – **L'Impasse aux violences** de John Gilling (1959) – **Les Yeux sans visage** de Georges Franju (1959) – **Le Moulin des supplices** de Giorgio Ferroni (1960) – **Le Cirque des horreurs** de Sydney Hayers (1960) – **Docteur Caligari** de Roger Kay (1962) – **L'Horrible docteur Orloff** de Jésus Franco (1962) – **Le Musée des horreurs** de Freddie Francis (1963) – **L'Horrible cas du Dr X** de Roger Corman (1963) – **Docteur Folamour** de Stanley Kubrick (1964) – **Le Dia-**

bolique docteur Z de Jesus Franco (1965) – **L'abominable Dr Phibes** de Robert Fuest (1971) – **Le retour de l'abominable Dr Phibes** de Robert Fuest (1972) – **L'Homme à la tête coupée** de Juan (John) Fortuny (1973) – **Traitement de choc** d'Alain Jessua (1973) – **L'île du Dr Moreau** de Don Taylor (1977) – **La Terreur des zombis** de Franck Martin (1980) – **Horreur dans la ville** de Michael Miller (1982) – **Le Jour des morts-vivants** de George A. Romero (1985) – **Docteur Rictus** de Manny Coto (1992) – **L'île du Dr Moreau** de John Frankenheimer (1996) – **Anatomie** de Stefan Ruzowitzky (2000) – **Terreur point com** de William Malone (2002) – **Anatomie 2** de Stefan Ruzowitzky (2002) – **Qui a tué Bambi ?** de Gilles Marchand (2003)

Quelques psychiatres pour compléter :
Obsessions de Brian de Palma (1977) – **Nightmare concert** de Lucio Fulci (1990) – **Cabale** de Clive Barker (1990) – **Le Silence des agneaux** de Jonathan Demme (1990) et **Hannibal** de Ridley Scott (2000) et… **Dragon rouge…**

Docteur Jekyll et Mister Hyde

Der Januskopf de Murnau (1920) – **Dr Jekyll et Mr Hyde** de Rouben Mamoulian (1932) et de Victor Fleming (1941) – **Le Testament du docteur Cordelier** de Jean Renoir (1959) – **Les deux visages du Dr Jekyll** de Terence Fisher (1960) – **Dr Jerry et Mr Love** de Jerry

Lewis (1963) – **Je suis un monstre** de Stephen Weeks (1971) – **Dr Jekyll and Sister Hyde** de Ward Baker (1971) et, sur le même thème, **La Machine** de François Dupeyron (1994) – **Mary Reilly** de Stephen Frears (1995) – Et **Dr Jekyll et Mr Hyde** de Maurice Phillips (2002) – **La Ligue des Gentlemen Extraordinaires** de Stephen Norrington (2003) – **Van Helsing** de Stephen Sommers (2004)

Extraterrestres

Le Voyage dans la Lune de Georges Méliès (1902) – **Aelita**de J. Protozanov (1924) – **La Chose d'un autre monde** de Christian Nyby (1951) – **Le Jour où la Terre s'arrêta** de Robert Wise (1951) – **Les Envahisseurs de la planète rouge** de William Cameron Menzies (1953) – **La Guerre des mondes** de Byron Has{in (1953) – **Le Météore de la nuit** de Jack Arnold (1953) – **Les Survivants de l'infini** de Joseph Newman (1955) – **Le Monstre** de Val Guest (1955) – **L'Invasion des profanateurs de sépulture** de Don Siegel (1956) – **Le Satellite mystérieux** (Koji Shima) 1956 – **Les Soucoupes volantes attaquent** de Fred F. Sears (1956) – **Prisonnières des Martiens** d'Inoshiro Honda (1957) – **La Marque** de Val Guest (1957) – **À des Millions de kilomètres de la Terre** de Nathan Juran (1957) – **The Blob** d'Irvin S. Yeaworth (1958) – **Le Village des damnés** de Wolf Rilla (1960) – **Le Monstre aux yeux**

verts de Romano Ferrara (1961) – **La Pla-nète des hommes perdus** d'Antonio Marghe-riti (1961) – **La révolte des Triffides** de Steve Sekely et Freddy Francis (1962) – **Children of the damned** d'Anton M. Leader (1963) – **Les Premiers hommes sur la Lune** de Nathan Juran (1964) – **Le Ciel sur la tête** de Yves Ciampi (1964) – **La Planète des vampires** de Mario Bava (1965) – **Les Daleks envahissent la Terre** de Gordon Flemyng (1966) – *Invasion planète X* d'Inoshiron Honda (1966) – **Les Monstres de l'espace** de Roy Ward (1967) – **La Nuit de la grande chaleur** de Terence Fisher (1967) – **Signal une aventure dans l'espace** de Gottfried Kolditz (1970) – **Solaris** d'Andreï Tarkovski (1972) – **L'Homme qui venait d'ailleurs** de Nicolas Rœg (1976) – **Rencontres du troisième type** de Steven Spielberg (1977) – **La Guerre des étoiles** de Georges Lucas (1977) – **L'Invasion des profanateurs** de Philip Kaufman (1978) – **Superman** de Rochard Donner (1978) – **Stalker** d'Andreï Tarkovski (1979) – **Alien le huitième passager** de Ridley Scott (1979) – **Star Trek le film** de Robert Wise (1979) – **ET l'estraterrestre** de Steven Spielberg (1982) – **The Thing** de John Carpenter (1982) – **Xtro** de Harry Bromley Davenport (1982) – **Les Envahisseurs sont parmi nous** de Michael Laughlin (1983) – **Cocoon** de Ron Howard (1985) – **2010 odyssée 2** de Peter Hyams (1985) – **Lifeforce** de Tobe Hooper (1985) – **Starman** de John Carpenter (1985) – **L'Invasion vient de Mars** de Tobe Hooper (1986) – **Enemy** de Wolfgang Petersen (1986) – **Aliens, le retour** de James Cameron (1986) – **Predator** de John Mac Tiernan (1987) – **Creepshow 2** de Geroge A. Romero (1987) – **Invasion Los Angeles** de John Carpenter (1988) – **Le Blob** de Chuck Russel (1988) – **Hidden** de Jack Sholder (1988) – **Futur immédiat** de Graham Baker (1988) – **Abyss** de James Cameron (1988) – **Dark Angel** de Craig R. Baxley (1990) – **Simple Mortel** de Pierre Jolivet (1991) – **Alien ³** de David Fincher (1992) – **Predator 2** de Stephen Hopkins (1991) – **Body Snatchers** d'Abel Ferrara (1993) – **Les Tommyknockers** de John Power (1993) – **Time Master** de J. Glickenhaus (1944) – **Hidden 2** de Seth Pinsker (1994) – **Le Village des damnés** de John Carpenter (1994) – **Les Marrrrtiens** de Patrick Johnson (1994) – **Stargate** de Roland Emerich (1994) – **Les Maîtres du monde** de Sturat Orme (1995) – **La Mutante** de Roger Donaldson (1995) – **Dark Breed** de Pepin Richard (1995) – **Annihilator** de Michael Chapman (1995) – **La Belle verte** de Coline Serreau (1996) – **The Arrival** de David Twohy (1996) – **Independence Day** de Roland Emerich (1997) – **Demain un autre monde** de Jorge Montesi (1997) – **Mars Attacks !** de Tim Burton (1997) – **Progeny** de Brian Yuzna (1997) – **Sphere** de Barry Levinson (1997) – **Men in black** de Barry Sonnenfeld (1997) – **Alien la résurrection** de Jean-Pierre Jeunet (1997) – **Le Cinquième élément** de Luc Besson (1997) – **Starship Troopers** de Paul Verhœven (1998) – **The Second Arrival** de Kevin S.

Tennay (1998) – **Dark City** d'Alex Proyas (1998) –**La Mutante 2** de Peter Medac (1998) – **The X-files** de Rob Bowman (1998) – **Perdus dans l'espace** de Stephen Hopkins (1998) – **Virus** de John Bruno (1998) – **The Faculty** de Robert Rodriguez (1999) – **Wing Commander** de Chris Roberts (1999) – **Mission to Mars** de Brian de Palma (1999) – **Intrusion** de Rand Ravich (2000) – **Planète rouge** d'Anthony Hoffman (2000) – **Pitch Black** de David Twohy (2000) – **Evolution** d' Ivan Reitman (2001) – **Men in Black 2** de Barry Sonnenfeld (2002) – **Undead** de Michael et Peter Spierig (2002) – **Alien contre Predator** de Paul Anderson (2004)

Mais aussi des films TV comme : Le Monstre évadé de l'espace – Le Seigneur du temps (Geoffroy Sax) – **Ils sont parmi nous – Invasion** (A. Mastroianni) – **etc.**

Frankenstein

Frankenstein de J. S. Dawley (1910) – **Frankenstein** de J.Whale (1931) – **La Fiancée de Frankenstein** de J. Whale (1935) – **Le Fils de Frankenstein** de Rowland V. Lee (1939) – **Frankenstein rencontre le loup-garou** de Ray William Ney (1943) – **La Maison de Frankenstein** d'Erle C. Kenton (1944) – **La Maison de Dracula** d'Erle C. Kenton (1945)— Dans les années quarante et cinquante, toute une série de films mêlant Frankenstein, Dracula, le Loup-garou, avec Christopher Lee, Lon Chaney Jr, Bela Lugosi et, bien sûr, Boris Karloff – **Frankenstein s'est échappé !** de Terence Fisher (1957) – **La Femme nue et Satan** de Victor Trivas (1958) – **La revanche de Frankenstein** de Terence Fisher (1958) – **Frankenstein 70** de Howard W. Koch (1958)— **L'Empreinte de Frankenstein** de Freddie Francis (1964) – **Frankenstein créa la femme** de Terence Fisher 1967 – **Le Retour de Frankenstein** de Terence Fisher (1969) – **Les Horreurs de Frankenstein** de Jimmy Sangster (1970) – **Frankenstein et le monstre de l'enfer** de Terence Fisher (1973) – **Frankenstein Junior** de Mel Brooks (1974) – **Chair pour Frankenstein** de Paul Morrissey (1973) – **Horreur dans la ville** de Michael Miller (1982) – **La Promise** de Franc Roddam (1985) – **La Résurrection de Frankenstein** de Roger Corman (1990) – **Frankenhooker** de Frank Henenlotter (1990) – **Frankenstein** de Kenneth Branagh (1994) – **Van Helsing** de Stephen Sommers (2004) – **Godsend, expérience interdite** de Nick Hamm (2004)

De nombreuses séries télévisées furent consacrées au Monstre, je citerai la meilleure, diffusée sur FR3 en 1976, intitulée simplement en Français « **Frankenstein** » de Jack Smight (*Frankenstein the True Story*). Très beau téléfilm. On a vu aussi « **L'antre de Frankenstein** » et « **Frankenstein** » de David Wickes en 1992.

Godzilla

Les films d'Inoshiro Honda (1911–1993) :
Godzilla (1954) – **King Kong contre Godzilla** (1963) – **Mothra contre Godzilla** (1964) – **Godzilla contre la chose** (1964) – **Invasion planète X** (1966) – **La Guerre des monstres** (1966) – **La Revanche de King Kong** (1967) – **Les Envahisseurs attaquent** 1968) – **La Revanche de Godzilla** (1969) – **Mechagodzilla contre attaque** (1975)
D'autres :
Le Retour de Godzilla de Motogoshi Udo (1955) – **Godzilla, roi des monstres** de Terry Morse (1956) – **Ebirah contre Godzilla** de Jun Fukuda (1966) – **Le Fils de Godzilla** de Jun Fukuda (1967) –**Godzilla contre Hedora** de Yoshimitu Banno (1971) – **Godzilla contre Gigan** de Jun Fukuda (1972) – **Godzilla et l'île des monstres** de Jun Fukuda (1972) – **Godzilla contre le monstre du brouillard** de Yoshimitu Banno (1972) –**Godzilla contre Megalon** de Jun Fukuda (1973) – **Godzilla contre le monstre de l'espace** de Jun Fukuda (1974) – **Godzilla 1985** de Kohji Hashimoto (1985) – **Godzilla** de Roland Emmerich (1998).

Insectes, araignées et autres...

Des Monstres attaquent la ville (Gordon Douglas) 1953, *des fourmis rendues géantes par les radiations* – **Tarantula** (Jack Arnold)

1955, *ah ! ces scientifiques avec leurs expériences... –* **La Chose surgie des ténèbres** (Nathan Juran) 1957, *cette fois la chose décongelée est une mante... –* **Les Monstres de l'enfer vert** (Keneth Crane) 1957, *d'énormes insectes mutants dans la jungle –* **La Mouche noire** (Kurt Neuman) 1958, *un homme invente la désintégration des corps et leur reconstitution ; hélas, une mouche s'est introduite dans l'appareil en même temps que le savant... –* **Mothra contre Godzilla** (Inoshiro Honda) 1964, *une mite géante, puis ses deux « petits » luttent contre Godzilla –* **Les Survivants de l'apocalypse (ou de la fin du monde)** (1974) de Jack Smight, *scorpions géants et cafards désosseurs suite à l'apocalypse nucléaire –* **Invasion des araignées géantes** (Bill Rebane) 1975 – **Les insectes de feu** (Jeannot Szwarc) 1975, *après un tremblement de terre, des insectes incendiaires sortent des crevasses –* **L'empire des fourmis géantes** (Bert L. Gordon) 1977 – **L'Inévitable catastrophe** de Irwin Allen (1978) *abeilles tueuses –* **Phenomena** (Dario Argento) 1984, *insectes nécrophages –* **La Mouche** (David Cronenberg) 1988, *remake génial du film de 1958 –***Voyage au bout de l'horreur** (Terence H. Winkless) 1988, *cafards sanguinaires et désosseurs –* **Arachnophobie** (Frank Marshall) 1990, *une monstrueuse araignée est importée dans le cercueil de sa victime –* **La Secte** de Michele Soavi (1991) – **La Mouche 2** (Chris Walas) 1992 – **Ticks** (Tony Randel) 1993, *tiques devenues monstrueuses à cause de trafiquants de drogue –* **Phase IV**

(Saul Bass) 1994, *fourmis tueuses* – **Mosqui-
to** (Gary Jones) 1994, *moustiques géants* –
Men in Black (Barry Sonnenfeld) 1997, *le
méchant du film est un extra-terrestre,
énorme cafard géant* – **Mimic** (Guillermo del
Toro) 1997, *insectes géants tueurs prenant
notre apparence dans le métro de New York* –
Starship Troopers de Paul Verhœven (1998),
guerre contre des insectes extraterrestres ! –
Perdus dans l'espace (Stephen Hopkins)
1998, *araignées teigneuses dans un vaisseau
abandonné.* – **La Momie** (Stephen Sommers)
1999, *une nuée de sales cafards dévorent vivants les archéologues* – **Planète rouge**
d'Anthony Hoffman (2000) *de petits insectes
vous dévorent tout cru sur Mars* – **Éclosion**
d'Ellory Elkayem 2000 – **Arac Attack !** d' Ellory Elkayem (2002) *les araignées sont magnifiques !* – **Arachnid** de Jack Sholder (2002) –
Harry Potter et la chambre des secrets de
Chris Colombus (2002) *des araignées géantes
tentent (sans succès) de manger Harry* – **Infested** de Josh Olson (2002) *des mouches
mutantes transforment les êtres humains en
morts-vivants. On peut même plus compter
sur le curé !*
Beaucoup de téléfilms sur les abeilles
« tueuses », fourmis et autres frelons… et aussi :
Au Royaume des sables de Stuart Gillard
(1995), le pilote de *Au-delà du réel l'aventure
continue.* Excellente histoire de sales insectes
importés de Mars…Et surtout l'excellent : **L'
Île des morts** de Tim Southam (2000)

Des séquelles : **Starship Troopers 2** de Phil Tippett (2003) – **Mimic 2** de Jean De Segonsac (2003)

Autres sales petites bestioles :
Squirm de Jeff Lieberman (1976) *il y en des milliards de... vers de terre* – **The Stuff** de Larry Cohen (1985) *une histoire de parasite pas piquée des vers...* – **Slugs** de Juan Piquer Simon (1987) *un petit film d'horreur avec des... limaces mutantes carnivores* – **Tremors** de Ron Underwood (1989) *des vers géants préhistoriques sortent de terre pour dévorer tout ce qui passe* et ses suites : **Tremors 2 : les dents de la Terre** de S. Wilson (2001) et **Tremors 3 : le retour** de Brent Madock (2002)

King Kong

King Kong de E.B. Schœdsack et M.C. Cooper (1933) – **Le fils de King Kong** (1933) d'Ernest B. Schœdsack – **Monsieur Joe** (1943) d'Ernest B. Schœdsack – **King Kong contre Godzilla** (quelle idée !) (1963) d'Inoshiro Honda – **La Revanche de King Kong** (1967) d'Inoshiro Honda – **King Kong** (1976) de John Guillermin – **King Kong revient** (1977) de Paul Leder – **Le colosse de Hong Kong** (1977) de Ho Meng-Hua – **King Kong II** (1986) de John Guillermin.

Loups-garous

Le Monstre de Londres de Stuart Walker (1935) – **Le Loup-garou** de George Waggner (1941) – **Frankenstein rencontre le loup-garou** de Ray William Ney (1943) – Dans les années quarante et cinquante, toute une série de films mêlant Frankenstein, Dracula, le Loup-garou, avec Christopher Lee, Lon Chaney Jr, Bela Lugosi et, bien sûr, Boris Karloff – **La Fille du loup-garou** d'Henry Levin (1944) – **La Nuit du loup-garou** de Terence Fisher (1961) – **Lycanthropus (Le monstre aux filles)** de Richard Benson (pseudo de Paolo Heusch 1961) – **Les Crocs de Satan** (La terreur des Banshee) de Gordon Hessler (1970) – **La Légende du loup-garou** de Freddy Francis (1974) – **The Beast must die** de Paul Annett (1974) – **Hurlements** de Joe Dante (1980) – **Wolfen** de Michael Wadleight (1980) – **Au-delà du réel** de Ken Russel (1981) – **Le Loup-garou de Londres** (1981) de John Landis – **La Compagnie des loups** de Neil Jordan (1984) – **Hurlements 2** de Philippe Mora (1984) – **Teen Wolf** de Rod Daniel (1985) – **Peur bleue** de D. Attis (1985) – **Wolf** (1994) de Mike Nichols – **Le Loup-garou de Paris** d'Anthony Waller (1997) – **Ginger Snaps** de John Fawcett (2001) – **Dog soldiers** de Neil Marshall (2002) – **Underworld** de Len Wiseman (2003) – **Van Helsing** de Stephen Sommers (2004)

Il faut aussi citer les films vidéo : **Full Eclipse** d'Anthony Hickox (1993) – **L'antre de Frankenstein** de Peter Werner (1998) – **Ginger Snaps** de John Fawcett (2001) (excellent !) – **Hurlements** du N° 3 au N° 7 !

Profondeurs aquatiques

Vingt mille lieues sous les mers ou le cau-chemar d'un pêcheur (Georges Méliès) 1907 – **Vingt mille lieues sous les mers** (Richard Fleischer) 1954 – **L'étrange créature du lac noir** (Jack Arnold) 1954 et sa suite **La Revanche de la créature** (Jack Arnold) 1955 – **Godzilla** (Inoshiro Honda) 1954 et toutes ses séquelles – **Attack of the crab monsters** (Roger Corman) 1957, je ne cite jamais les films qui n'ont pas été diffusés en France, permettez-moi de faire une exception pour R. Corman – **Le Monstre des abîmes** (Jack Arnold) 1958 – **Caltiki monstre immortel** (Riccardo Freda) 1959 – **Le Peuple des abîmes** de Michael Carreras (1968) – **Les dents de la mer** (Steven Spielberg) 1975 et ses séquelles : **Les dents de la mer 2** (Jeannot Szwark) 1978 ; **Les dents de la mer 3** (Joe Alves) 1983 ; **Les dents de la mer 4 : la revanche** (Joseph Sargent) 1987 – **Les sept cités d'Atlantis** (Kevin Connor) 1978 – **M.A.L. (Mutant aquatique en liberté)** (Sean Cunningham) 1989, le film qui préfigura les suivants qui ne reconnurent pas cette paternité... – **Abyss** (James Cameron) 1989 – **Leviathan** (George Pan Cosmatos) 1989 – **Alien la créature des abysses** (Antonio Margheriti) 1989 – **Waterworld** (Kevin Reynolds) 1995 – **Un Cri dans l'océan** (Stephen Sommers) 1997 – **Sphere** de Barry Levinson) (1997) – **She Creature** de Sebastien Gutierrez (2001) – **Dagon** de Stuart Gordon (2002) – **Abîmes** de David Twohy (2002)

LA LÔNE (*Nouvelle*)

I

Le Fleuve (pourquoi la majuscule ?) est en crue. Sa couleur blanc métallique de loin devient brunâtre de près. L'eau charrie une grande quantité de limon. Elle a arraché en amont une épaisse couche de sol, des souches d'arbres que l'on voit flotter au fil du courant et des quantités de déchets de toutes sortes. Tout va à la mer qui digérera tout cela.

J'attendrai la décrue pour aller voir ce que les eaux ont laissé sur la vase et dans les branches des arbres.

On n'y trouve guère de choses intéressantes à part les plastiques qui flottent au vent telles les bannières de la pollution des hommes, fantômes évanescents de la vanité de leurs productions.

Je n'y ai jamais rien découvert qui vaille la peine d'être récupéré, sauf, un jour de printemps, après la crue rapide et une baisse des eaux aussi vive, je repérai du haut des quais, coincé dans les branches d'un saule, devinez quoi ?

Un livre ! Oui, un livre. Un vieux livre. Un antique livre en parchemin enluminé que le fleuve avait préservé pour que les histoires qu'il raconte puissent être lues un jour. Je suis descendu au bord de l'eau, j'ai grimpé aux branches du saule et j'ai attrapé le livre du bout des doigts, les bras tendus par l'effort d'équilibre. Le livre enfin entre les mains, je le feuilletai fébrilement. Bien que de nombreuses pages fussent devenues illisibles, le texte presque effacé, il subsistait tout de même de longs passages intacts.

Incroyable non ?

Au bord du fleuve, caché dans la vorgine, à l'abri de tous les regards, vit le petit peuple du fleuve. Ne cherchez pas, vous ne le verrez jamais.

Dans leurs villages, au coeur des lônes, ils construisent de grandes galères pour voyager le plus loin possible. Mais, ils sont petits et le fleuve est grand. Et puissant, très puissant...

Ils vivent de la pêche et de la chasse.

Parfois, pour célébrer les jours de vie qui leur ont été accordés, les Djinns fêtent leur dieu. Ils allument un grand feu au bord de la lône et dansent en rond autour des flammes.

Le petit peuple des lônes combat pour survivre.

Et dans ce combat d'illustres chasseurs sont entrés dans la légende.

Abdul, le grand pêcheur de monstres, s'était concentré toute la nuit sur son combat du prochain lever du jour.

Il savait que l'adversaire, une fois de plus, serait dur à abattre. Mais il vaincrait. Il en était sûr, car il avait vaincu à chaque fois.

Le monstre avait été repéré par une galère de marchands il y a quelques jours. L'embarcation bénie des dieux l'avait suivi doucement jusqu'à son antre.

Cela se passa dans les grandes étendues calmes reliées au sud à l'infinie puissance des eaux par de larges canaux.

L'océan impétueux dont les vagues coulaient rageusement toujours vers le sud avait été clément pour les voyageurs.

Jamais aucun d'entre eux n'avait pu traverser l'immensité liquide pour aller de "l'autre côté". La rage constante des flots surpassait toujours la force des rameurs. Quant au vent, il soufflait si rarement en travers du courant puissant... Les galères suivaient parfois la rive où la fureur des eaux se calmait, mais souvent empruntaient les innombrables bras qui serraient les terres fertiles des Djinns contre les flancs du puissant dieu des eaux.

Le chef de galère, qui avait repéré le monstre dans l'eau verte par les remous qu'il produisait et la vaste ombre noire qui se déplaçait sous la surface, avait prévenu le capitaine le triomphe dans l'oeil, car, à qui repérait un monstre, fortune était acquise.

Lorsque la galère avait accosté au port, le capitaine avait annoncé la nouvelle au porte-voix. Aussitôt, ce fut la liesse et la fête battit son plein toute la nuit.

Le lendemain, la flotte de Raham, patron chasseur, quitta les quais pour se rendre vers le domaine du monstre. Les vaillants ouvriers du Piège ne cherchèrent même pas le monstre. Ils installèrent tronc flottant et câbles ; les lestes plongeurs guidèrent l'énorme pieu que les superstructures des bateaux-piégeurs enfoncèrent petit à petit dans le fond de l'eau. Pas très loin de là, le monstre, son vaste bec aplati fermé sur ses dents acérées, regardait la scène de ses deux yeux stupides placés de chaque côté de son front étroit. Il n'avait pas faim et il y avait trop de mouvements et de bruits.

Bientôt, le calme revint, les galères parties laissant sur place une curieuse installation. Mais le monstre s'intéressait uniquement à sa nourriture...

Juste avant le lever du jour, les trompes sonnèrent l'éveil.

L'ensemble du petit peuple se rassembla sur les quais, écouta la harangue de Djour, grand prêtre des monstres et embarqua sur la flottille des embarcations disparates pour se rendre sur le lieu du sacrifice.

La galère de Djour montrait le chemin. Abdul, debout en proue, défiait le monstre...

Ils naviguaient dans de vastes étendues d'eaux calmes.

C'était l'hiver et il faisait froid. Mais l'eau n'était pas gelée. Les dieux Arbres semblaient menaçants sans leurs feuilles. La nourriture était devenue rare et la chair du monstre nourrirait tout le peuple des saules...

Après avoir navigué sans hésiter dans ce réseau complexe de marais profonds, sur un signe du chef de galère, les esclaves remontèrent leurs rames. Les vaisseaux et autres embarcations glissèrent alors silencieusement sur la surface calme des eaux. Les voiles, inutiles par ce temps calme avaient été amenées.

La vue de la superstructure du piège, visible au loin, avait motivé l'ordre du chef de galère.

L'équipe de mécaniciens accosta assez loin du piège et monta rapidement la grande roue à cliquets qui serait actionnée par d'innombrables esclaves pour haler le monstre. Pendant ce temps, le cordier, debout sur une barque à quatre rames actionnées par de solides galériens, s'approcha du pieu dépassant la surface de l'eau. Il y attacha l'extrémité de la longue corde enroulée dans sa barque. Il se retourna vers la galère du prêtre et leva les deux mains qu'il croisa ensuite dans un solennel signe du bon travail accompli.

Abdul plongea et s'approcha du pieu à la nage d'un mouvement souple de poisson. Le moment le plus dangereux, car le monstre pouvait alors le saisir de ses mâchoires puissantes.

Mais rien ne se passa. Le cordier jeta à l'eau un appareillage très brillant juste avant qu'Abdul n'arrive à proximité, détache le flotteur qui maintenait cet appareillage à flot et se le fixe autour de la taille. Il saisit ensuite le harpon en arc de cercle, fixé à l'autre corde reliée au tambour à cliquets, et pendu au bord de la barque. Celle-ci s'éloigna rapidement alors qu'Abdul commença à tourner autour du pieu de sa nage puissante en scrutant l'eau trouble. Parfois, il plongeait et battait des pieds pour attirer la créature. La corde qui le reliait au pieu était solide. La graisse qui enduisait son corps le protégeait du froid, mais pas trop longtemps. Ce qu'il craignait par dessus tout, c'est que rien ne se produise.

Alors, le grand prêtre dirait qu'Abdul n'inté-ressait plus le monstre et donc ne pourrait plus l'attirer et le chasser. La mort serait alors sa seule consolation.

Heureusement, il n'eut pas à attendre long-temps. Il sentit dans tout son corps l'eau vi-brer sous le vigoureux coup de la queue puis-sante et se prépara à l'attaque, muscles et nerfs tendus.

Au moment où le soleil se leva, il vit les yeux stupides briller dans les profondeurs de l'eau. Il s'arrêta de nager et se contenta de battre des pieds pour attendre le bref combat.

À une vitesse inouïe le monstre s'approcha, devenant énorme dans le champ de vision d'Abdul, et, d'un dernier coup de nageoire, se lança vers lui, la gueule grande ouverte. Ses dents et la corne de son bec : voilà ce que le chasseur devait éviter à tout prix. Et pour cela, il n'avait qu'une fraction de seconde. À peine !

Au moment même où les énormes mâchoires se refermèrent sur lui, d'un fort coup de talon sur la langue du monstre il s'introduisit bruta-lement au fond de sa gorge, là où la chair est tendre, il put planter son harpon. La bête avait fermé la bouche pour broyer et avaler, mais, sous l'effet de la douleur, elle l'ouvrit immédiatement pour souffler hors d'elle cette piqûre. Et sans le savoir, comme à chaque fois, elle souffla le chasseur, mais pas la douleur...

Un autre moment délicat pour ce dernier. Il devait se débrouiller pour ne pas être vu par le monstre qui fit immédiatement demi-tour pour se réfugier dans son nid. Abdul nagea rapidement vers le pieu. Une deuxième surprise attendait le grand gibier : alors qu'il regagnait son antre, une violente douleur à la gorge le bloqua brusquement dans son élan ! Le harpon courbe planté dans sa viande le reliait à la roue à cliquets bien arrimée sur la berge. Abdul lui, s'était réfugié sur le pieu.

Immédiatement, les esclaves, en ahanant, commencèrent à faire tourner la roue qui enroulait la corde et rapprochait inexorablement le monstre de la mort. Celui-ci résista longtemps. Mais, au coucher du soleil son corps gisait sur le bord. Sorti de l'eau et bien mort.

À la lueur de grands feux, les hommes dépecèrent sa chair succulente et la chargèrent dans les vaisseaux. Ses arêtes fourchues serviraient d'armatures aux huttes des Djinns, le petit peuple du fleuve.

Une fois de plus, Abdul, par son courage, sa résistance au froid, ses réflexes et sa force musculaire avait permis de vaincre le monstre. Le peuple aurait de quoi manger pour longtemps, car c'était l'hiver et le froid qui conserverait la chair.

Abdul aurait sa récompense...

La viande pêchée dans l'eau était vitale pour les Djinns.

Sans elle ils mourraient de faim.

Là-haut, très haut dans le ciel gris, au sommet des arbres, les corbeaux défendaient leur nid. La buse, de son vol lourd, battait lentement ses grandes ailes échancrées en essayant d'atteindre les oeufs. La faim la tenaillait, mais les corbeaux tenaient à leur progéniture. Bien plus agiles, ils se débrouillaient pour passer au-dessus du grand rapace pendant que d'autres croassaient bruyamment sous lui pour attirer son attention. La buse lançait des *piîîîhhh* de douleur lorsque les corbeaux lui piquaient la nuque de leurs gros becs durs comme des épées. Et elle se laissait tomber sur les corbeaux du dessous, mais gênée par les arbres elle virait lourdement de bord. Les oiseaux noirs réussissaient ainsi à l'éloigner de leurs nids.

"Adieu les oeufs !" pensa Thaouf en regardant la scène. Mais l'inquiétude lui rongea désormais l'esprit jusqu'au bout de sa chasse. Il s'assit au pied des racines de l'arbre gigantesque et se coucha pour dormir un moment à l'abri des prédateurs. L'attente serait de courte durée ; le temps que la buse s'éloigne était mis à profit pour récupérer ses forces après la longue marche périlleuse du chasseur.

Pendant ce court sommeil, Thaouf rêva de sa proie. Le grand seigneur Lièvre tapi dans son gîte des hautes herbes de la steppe... Bien sûr, Thaouf vaincrait et, s'il le fallait, il enterrerait la bonne viande dans le sol à l'abri des buses et corbeaux. Il allumerait un grand feu pour appeler ses équipiers qui rapatrieraient la nourriture à la cité, le grand port du Fleuve...

Quelle autre vie mériterait-elle d'être vécue que celle de chasseur ?

La satisfaction de son désir le rasséréna. Malgré un sentiment de danger latent, il s'endormit profondément quelques minutes. Le sommeil fit lentement remonter la peur de la buse à la surface de sa conscience et le réveilla en sursaut.

Il saisit son arc, sa lance et repartit vers le couchant.

Vers la steppe, territoire du seigneur Lièvre.

En grimpant à un arbrisseau, il repéra la bête couchée dans son gîte, les pattes antérieures dirigées vers son prochain départ. Elle lui tournait le dos et le vent de face était favorable. Il descendit de son arbre tel un félin silencieux et commença sa manoeuvre d'approche de manière à rester toujours face au vent, la bête devant lui, mais du côté.

Seigneur Lièvre était sur ses gardes, prêt à bondir au moindre signe de danger. La flèche de Thaouf le surprit lorsqu'elle se planta dans son épaule. Il bondit immédiatement, maladroitement, cet épieu lui labourant les muscles. Lorsqu'il se reprit sur les pattes antérieures, la douleur le fit tomber en avant. Un temps précieux perdu.

Mais il rebondit sur ses puissantes pattes postérieures.

Thaouf jura comme un charretier ! Il avait manqué sa proie !

Il eut beau invoquer les dieux de la chasse, rien n'y fit.

Sa flèche avait raté le cou du grand gibier et s'était plantée dans l'épaule. Il l'avait vu nettement, précisément, comme dans un ralenti moqueur...

C'est alors que la buse s'envola au-dessus des herbes, non loin de là. Elle s'était également postée près de Lièvre, silencieusement, attendant son heure. Et Thaouf, ce minable chasseur lui avait fourni l'occasion.

Lièvre s'épuisa rapidement dans sa course folle et le rapace fondit sur lui lorsqu'il s'effondra, exsangue. Thaouf observa longuement la mise à mort et le repas.

Le grand oiseau se mit debout sur le rongeur et commença à arracher de grandes touffes de poils en tournant la tête brutalement de droite à gauche pour les lancer dans le vent.

Pour tirer de son puissant bec crochu des morceaux de viande et d'os, il baissait la tête, l'on voyait alors nettement ses épaules étroites, mais très musclées, l'arrière de ses ailes se dressant au-dessus de sa queue, puis arrachait des viscères avec son bec en étirant son cou.

L'effort qu'il fournissait se voyait par la raideur de ses pattes qui enserraient toujours le corps du défunt Lièvre et par le relevé lent du bec.

À chaque becquée avalée, la buse s'arrêtait un court moment tournant sa tête dans tous les sens pour jeter par en dessous son regard perçant et méchant, mais néanmoins inquiet d'être dérangée dans son repas.

"Pas d'oeufs de corbeaux, mais Seigneur lièvre..." Pensa Thaouf avec rage.

Il saisit la meilleure de ses flèches passées dans sa ceinture et s'approcha sans faire bouger les hautes herbes pour ne pas éveiller l'attention du rapace. Il avançait dans le vent, mais cela n'avait aucune importance...

Lorsqu'il eut fait quelques pas, la buse porta son regard dans sa direction et les herbes bougèrent. Elle lança un *crêêêk* d'alarme et prit son vol en déployant ses larges ailes, pour mieux voir du ciel ce qui se passait. Elle aperçut Thaouf et fondit sur lui. Il esquiva l'attaque des serres et lâcha sa flèche qui s'enfonça dans la cuisse de l'animal.

Le rapace cria et battant lourdement des ailes monta très haut dans le ciel pour se mettre à l'abri. Mais Thaouf savait que la buse, à peine blessée, n'abandonnerait pas la partie. Elle continua à planer, très haut, attendant son heure. Mais ce fut en vain...

Les restes du lièvre étaient encore intéressants. Thaouf eut beaucoup de mal à allumer un grand feu avec ses pierres à étincelles. La nuit survint comme un soulagement. La buse abandonna la partie à la fin du jour. Il fallait entretenir le feu, car d'autres prédateurs pourraient surgir. Les heures furent longues à apporter les branches pour entretenir les hautes flammes qui protégeaient Thaouf et son gibier.

Le lendemain, quand ses amis arrivèrent ce fut la fête des chasseurs...

En cette saison, Abdul et Thaouf étaient désignés pour officier la cérémonie d'union avec le
fleuve.

Les Djinns avaient commencé à sentir s'ouvrir
lentement leurs ouïes. Leur peau se boursou-
flait et les démangeaisons ne semblaient pouvoir être soulagées que dans la plongée dans
l'eau. Mais il fallait faire durer le plaisir. C'était
le sens à donner à la cérémonie.

Durant toute la nuit, le petit peuple dansait
autour d'un grand feu pour rendre la déman-
geaison supportable. Ils se tortillaient, bras
levé pour ne pas se gratter et perdre la fabuleuse semence qu'ils auraient ainsi libérée par
ce geste absurde. La danse semblait diabolique à la lueur rougeâtre des flammes. Le
murmure grave qui bourdonnait entre les
arbres annonçait le prochain plaisir des noces
avec le fleuve.

Au petit jour, les deux prêtres, encore maîtres
de leurs gestes grâce à leur formation de
chasseur, donnèrent le signal par un long cri
commun, bras levés vers le ciel :

"Djjjjjjjjjjjjjjiiiiiiiiiiinnnnnnnn........"

Et ce fut la ruée. Tous les êtres qui n'atten-
daient que ce signal se ruèrent vers la rive en
poussant le même cri. En un clin d'oeil, tout ce
petit monde fut sous l'eau et le silence régna.
Les deux chasseurs se serrèrent la main et,
dans une parfaite harmonie se dirigèrent vers
le fleuve.

Ils y entrèrent lentement, bien que l'appel de la nature fût d'une extrême violence. Mais la semence qui quitterait leur corps une fois plongé dans l'eau ne devait le faire que lorsque leur peau serait suffisamment refroidie. Alors, toutes les spores éjectées de leurs pores féconderaient le fleuve. Ils écloraient bientôt de petites larves, et, après plusieurs stades, le fleuve accoucherait de petits Djinns tout neufs. Mais avant, de nombreux prédateurs se seraient nourris de ces petits... Il en resterait peu. Il fallait donc en produire beaucoup.

C'est pourquoi, Abdul et Thaouf nageaient dans une grande félicité, une vraie jouissance de "respirer" avec leurs ouïes toute provisoires. Le plaisir inouï dura seulement quelques heures. Ce qui est peu dans une vie de Djinns...

Voilà !

Le manuscrit ne m'en a pas raconté plus. Quelle déception de ne pas en savoir plus sur de telles légendes... Dommage !

Et pourtant, lorsque mes yeux quittèrent le livre, ils dirigèrent immédiatement mon regard vers le fleuve. Dans le reflet des rizes, je crus voir une flotte de minuscules galères lutter contre le courant...

II

Là où le fleuve se calme, on peut méditer.

Là, c'est la lône. Vaste étendue d'eau dormante à l'ombre des hauts arbres qui vous parlent en agitant leurs longs bras lorsque la bise souffle fort à la fin du printemps. Alors, les peupliers blancs scintillent en pétillant de bonheur sous le souffle frais. Les peupliers noirs bruissent sauvagement en faisant tinter leurs feuilles.

Il pleut de la neige, la neige de printemps du fleuve, coton qui couvre l'eau d'un blanc linceul. Mais bien plus léger, car il emporte au vent la vie future de ces grands arbres.

Là, c'est le paradis du pêcheur... La vie grouille sous la surface apparemment calme.

Pour pêcher, il faut des appâts. Rien ne vaut le bon et vieil asticot bien nourri. D'ailleurs, on se le procure gratuitement quand les wagons pleins de charognes attendent sur la gare de triage leur livraison à l'usine d'équarrissage. Un nuage de mouches et de guêpes, des astèques qui grouillent et tombent en grappes sous les wagons. Pas très réjouissant.

Le mieux c'est de faire soi-même son élevage.

Procurez-vous, si possible, une tête de mouton bien nourri. Vous la mettez dans une boîte en alu genre boîte de biscuits dont vous aurez percé le couvercle (pour laisser entrer les mouches). Vous creusez un trou dans votre jardin et y déposez le tout. La nature fera le reste... Lorsque les astèques sont bien gras, vous les enlevez et les laissez quelque temps dans la sciure pour qu'ils se nettoient en se tortillant.

À vrai dire, à force de les fréquenter, ces bestioles ne sont plus dégoûtantes pour le pêcheur. À tel point que l'un d'entre eux, m'a-ton dit, les utilise, en remplacement du lard, pour les cuire avec son omelette...

Pour le gardon, rien ne vaut les "casters". C'est-à-dire la chrysalide de la mouche. L'asticot, bien nourri, placé à une température de vingt degrés environ se fige en une petite quenouille marron de laquelle finira par sortir une mouche...

Ce jour-là donc, assis au bord de ma lône, je jetai ma ligne et, sur le qui-vive, j'attendis la touche.

Qu'allait-elle être ?

La touche nerveuse de l'ablette, franche et brutale de la perche, hésitante et "mâchonnante" de la tanche et de la brème ?

Je craignais celle du poisson-chat avec ses trois épines, poisson importé d'Amérique qui finit par tout dévorer. Si on en pêche un gros, le tenir sous les trois nageoires à épines, lui couper la tête à cet endroit, lui enlever la peau et on aura un magnifique filet de chair rose que l'on prépare en matelote comme l'anguille.

Sans vif, on ne risquera pas de prendre le magnifique "bec", requin d'eau douce ou brochet dans sa quête incessante de proies à dévorer. Quand le bouchon s'en va emporté par ce noble poisson, le coeur du pêcheur saute d'émotion dans sa poitrine.

Hélas, aucune touche ne vint tracer ces ronds si attendus sur la surface, miroir du ciel et des arbres.

Pour mieux patienter je m'installai confortablement et finis par m'endormir...

Lorsqu'on dort au bord d'une lône, il se passe toujours quelque chose.

Je m'éveillai bien plus tard. Ma canne toujours dans la même position, semblait m'attendre, imperturbable.

Le paysage n'avait pas changé. L'eau, la terre, le végétal et l'animal embaumaient l'air de leurs parfums, le faisaient vibrer de leurs douces rumeurs, le coloriaient sous le soleil déjà déclinant.

Bientôt viendrait l'heure des moustiques. Je devais donc partir. Je remballai mon matériel, les mains tremblantes comme après l'amour.

Ceci fait, je restais debout un moment au bord de l'eau essayant de scruter les noires profondeurs. Ma grenouille en plomb m'avait indiqué une pente raide jusqu'à deux mètres de fond. Mais après la lône semblait bien plus profonde.

Je fermai les yeux et une vision m'apparut aussi nettement que si je la voyais réellement. Au fond de l'eau, très profond, dans une cité engloutie, dans de vastes bâtiments cyclopéens, un être fascinant dormait en rêvant.

Un être tenant à la fois de l'homme et de la pieuvre... Il attendait là depuis des millions d'années que son heure arrive pour reprendre possession de la terre.

J'avais la conviction profonde que ce moment n'allait plus tarder, car le petit peuple du fleuve était prêt.

"Dans sa demeure de R'lyeh, la ville morte, Cthulu attend, plongé dans ses rêves."

Cette phrase résonna gravement et lentement dans les peupliers. Il me sembla que les feuilles elles-mêmes psalmodiaient ces mots dans le silence brusquement survenu.

Les oiseaux et les insectes eux-mêmes s'étaient tus pour entendre le sinistre message...

Un long frisson secoua mes épaules. La chair de poule hérissa les poils de mes bras.

Je réussis à m'arracher à la fascination de ce lieu avant la nuit tombée. Un moustique m'avait piqué au-dessus du sourcil et un autre au lobe de l'oreille. Je me grattai furieusement en rageant contre ces maudits insectes qui nous faisaient tant souffrir pour seulement nourrir les oiseaux.

Et nous, les êtres humains, combien avons-nous fait souffrir pour finir par nourrir le grand Cthulu ?

Mais où allais-je chercher des choses pareilles ?

Les tâches astreignantes de la vie quotidienne reprirent vite le dessus et j'oubliai temporairement la lône. Mais j'aimais trop les parties de pêche solitaires sur ses pentes rendues boueuses par la baisse des eaux...

Par un jour ensoleillé de juin, un jour de congé sans le vent qui gâche la vie du pêcheur, je rassemblai mes cannes et enfourchai mon vélo, tout excité à l'idée de retrouver ma lône.

Le niveau du Rhône avait bien baissé, celui de la lône l'avait évidemment suivi...

Cette fois la pêche fut miraculeuse : ablettes, rousses et gardons remplirent rapidement la bourriche et je restai là longtemps jusqu'à ce qu'un grand brochet se mît à chasser dans le nuage de poissons que le savant mélange de farines que je jetais, attirait. Cet imbécile de chasseur me cassa le coup pour un moment et j'attendis donc patiemment en observant la nature autour de moi.

Là-bas, au fond de la lône, à l'ombre d'un grand saule tout encotonné, dans l'ombre épaisse, il me sembla voir émerger lentement une masse gélatineuse.

Je me levai pour mieux voir, mais sans suc-cès. Cet endroit était inaccessible. Je ne pou-vais guère m'approcher, mais je voyais main-tenant distinctement une masse difforme bril-ler d'humidité dans l'ombre épaisse de l'arbre.

Un ragondin ? Non, cet animal, gros comme un ourson est très leste alors que ce machin a l'air très très lent. Pour le moment...

Une carpe qui montre son dos à la surface ? Non, cette masse est carrément posée sur le bord boueux.

Je pris alors conscience que la peur m'avait envahi lentement. Sans quitter des yeux l'être aquatique qui semblait continuer à s'extirper de l'eau, je remballai rapidement et maladroi-tement mon matos et fuis comme un rat pour-suivi par une buse !

Une fois le rideau de peupliers dépassé je me sentis rasséréné et ralentis le pas. En traver-sant les vergers je remarquai pour la première fois la cabane. En m'arrêtant pour l'observer je vis la fille. Elle me faisait un grand signe silencieux de la main. Très surpris, j'hésitai un moment. Un moment très court, car la fille était belle.

Je m'approchai donc en réfléchissant déjà aux paroles qui me permettraient de l'aborder.

Elle portait une petite robe blanche courte et sans manches, serrée à la taille par une fine ceinture. Ce vêtement mettait plus en valeur qu'il ne cachait un corps merveilleusement attirant. Je n'eus même pas besoin d'ouvrir la bouche, car elle me tendit les bras en m'appelant par mon prénom... C'est devant la cabane que nous fîmes l'amour, car je n'eus pas le temps d'y entrer, pressé par le désir fou de ce corps que je n'oublierai jamais. À vrai dire, je n'ai pas vraiment un souvenir précis de son corps et encore moins de son visage. Il ne me reste d'elle que le désir...

Qui ne satisferait ce merveilleux fantasme du pêcheur solitaire rencontrant la fille de ses rêves au bord de ce fleuve fascinant ?

Je retournais donc souvent vers ma lône... Parfois la fille était au rendez-vous, parfois il n'y avait personne.

Puis l'hiver arriva. Je fus très occupé ailleurs...

C'est au mois d'avril suivant que j'appris que les travaux d'aménagement du fleuve comprenaient également le comblement de ma lône ! Je me rendis sur place dès que j'en eus l'occasion. La pêche électrique avait eu lieu plusieurs jours auparavant. On avait ramassé des tonnes de poissons paraît-il. La lône était comblée, le rideau de peupliers rasé. Il restait encore la cabane au milieu du verger envahi par les herbes folles.

Je m'approchai et regardai à l'intérieur.

Un cadavre desséché ricanait dans l'ombre. Je reconnus les restes de la robe blanche...

Je détournai la tête, épouvanté par cette vision. Mon regard, en passant, accrocha le parchemin tenu par les doigts du squelette. Le dos tourné et les yeux dirigés vers l'étendue de galets qu'était devenue ma lône, je repris finalement courage et rentrai dans la cabane. En évitant de trop regarder la morte, je retirai le document de ses doigts qui partirent en morceaux. Une fois dehors, j'y lus le bref texte suivant :

N'est point mort qui peut éternellement gésir ;

Au cours des âges la mort même peut mourir.

III

Ce soir, je n'étais pas au bord du fleuve. Il ne me manquait pas, car j'étais passionné par un livre.

Dans ma chambre pointue, à la lumière jaune de ma lampe de chevet, je lisais "Retour d'Arkham" de Robert Bloch. Je trouvai la fin un peu bâclée. L'écrivain en avait certainement eu marre de ce bouquin et l'avait terminé en queue de poisson. On reste sur sa faim. Ne remplace pas le grand Lovecraft qui veut...

Je fermai le livre, un peu déçu, éteignis la lampe et m'endormis à peine installé conforta-blement dans mon lit douillet.

Un sommeil peuplé de rêves.

Un horrible cauchemar me réveilla. Faisait-il jour ou nuit ? Ou ni l'un ni l'autre ?

Je ne sais pas. Mais ce qui est sûr, c'est que la terre tremblait. Très très fort. La panique me gagna immédiatement. J'imaginais déjà les immeubles s'écrouler dans un grand nuage de poussière. Je me levai, pas étonné d'être en chaussures et tout habillé, sortit dans le cou-loir en titubant. J'évitai soigneusement l'ascenseur et descendit l'escalier en colima-çon. Ma bicyclette m'attendait en bas. Rien ne m'étonnait aujourd'hui, même pas le fait que personne ne l'avait volée...

Je me mis en selle et me dirigeai vers le fleuve. Je pédalais énergiquement vers le sud. La terre ne tremblait plus.

Dans le vieux verger, la vieille cabane n'était plus qu'un tas de planches noircies par le temps. Je pédalai méthodiquement vers la lône. Au fur et à mesure que j'approchais, un bruit de cataracte s'amplifiait.

Il devint assourdissant lorsque je descendis de mon vélo au bord de la crevasse qui ouvrait ma lône en un vaste canyon. Le fleuve s'engouffrait dans ce trou béant dans un grand vacarme en une magnifique chute. Sur le versant opposé, sur le palier d'un décrochement de la paroi, une maison en ruines semblait attendre là depuis des siècles. Elle était parfaitement visible malgré le nuage brumeux produit par la pulvérisation de l'eau.

Je remontai sur mon vélo pour tenter de contourner le gouffre duquel montait cette fine bruine rafraîchissante. Je pus m'arrêter sur une langue de terre qui séparait la lône et le fleuve. À cet endroit, en aval de cette plaie du sol, ne coulait plus qu' un petit ruisseau dans un vaste lit presque asséché. On voyait sur ce lit impudique découvert par le départ des eaux, recouvert de vase noirâtre, tout ce que celles-ci cachaient jusqu'alors. Les détritus des hommes : tapis de bouteilles, de boîtes, des carcasses de voitures ; mais aussi la végétation aquatique. À la surface des mares qui subsistaient dans les creux, de grands poissons prisonniers sautaient frénétiquement et on aurait presque cru deviner des cris de rage et de désespoir.

De l'autre côté, sur la berge, les deux grands réfrigérants atmosphériques de la centrale nucléaire s'étaient effondrés. L'un s'était couché et aplati en tombant. On ne voyait plus qu'un tas de béton et de ferrailles. L'autre s'était tout simplement penché fortement telle une vaste tour de Pise hyperbolique. Le système de sécurité du refroidissement du réacteur devait utiliser l'eau du fleuve. Mais pour combien de temps, car celle-ci, bien en amont, s'écoulait avec un bruit fracassant dans la crevasse ? L'eau manquait déjà. Les opérateurs avaient-ils pu arrêter le réacteur ? La secousse sismique n'avait-elle pas détérioré le mécanisme d'arrêt ?

Je me retournai, baissai les yeux et reculai brusquement, pris de vertige. La crevasse était d'une grande profondeur.

Je me ressaisis et m'approchai de nouveau. Au fond, très loin, telle une ville aperçue du haut d'une montagne, une partie d'une grande cité cyclopéenne était visible dans une fluorescence bleue diabolique.

Une lueur rougeâtre dans le ciel me fit lever la tête. Au loin, vers le nord, le rougeoiement sanglant de l'incendie de la raffinerie de pétrole dégageait un vaste champignon de fumée noire. Les sphères de gaz liquéfié explosaient l'une après l'autre. Les usines chimiques voisines flambaient également. Le vent du nord violent devait rapidement diriger vers moi les nuages toxiques de chlore, phosgène et autres produits terrifiants.

En face, la mort radioactive qui ne manquerait pas de s'échapper ne serait pas colorée, mais tout aussi efficace. Le séisme avait produit de terribles dégâts. Le fleuve, lui, rejoignait le grand Cthulu qui ne rêvait plus, mais se réveillait pour reprendre possession de la Terre...

La lône se remplissait rapidement des flots impétueux du fleuve. À sa surface la tête tentaculaire du monstre flottait tranquillement attendant son heure désormais proche.

Cette vue acheva de me terroriser. J'enfourchai de nouveau mon vélo et pédalai furieusement vers la ville.

Quelques minutes plus tard, en levant la tête, je vis au loin le nuage toxique. Une vaste brume rougeâtre qui s'avançait, telle une amibe, lançant en avant ses pseudopodes, les accrochant aux arbres pour tirer son corps fantastique, meurtrier vers moi. Je freinai debout sur les pédales. La pensée de tous ces gens morts dans d'horribles souffrances accentua ma terreur.

Je rebroussai chemin tout en sachant que je me dirigeai vers la mort radioactive...

Lorsque le nuage me rattrapa, l'odeur oxydante et décapante du chlore m'étouffa. Je tombai du vélo en toussant et pleurant. Après chaque toux, il fallait reprendre mon souffle et je respirai une grande goulée d'air toxique...

Je me réveillai brusquement, en sueur, toussant comme un beau diable et maudissant Robert Bloch et ses livres inachevés...

C'est avec terreur que je pris conscience de la réalité de la sirène d'alarme qui hurlait sans répit, selon le rythme simple qui indiquait qu'il fallait s'enfermer chez soi et calfeutrer toutes les issues pour empêcher le gaz toxique d'entrer.

Je me levai brusquement et courus dans la salle de séjour. J'allumai télé et radio. Noir écran neigeux sur toutes les chaînes pour l'une et hululement sinistre pour l'autre. Je ne pouvais espérer aucune information. Retourné dans ma chambre, je m'habillai et pris alors conscience que j'avais décidé de ne pas obéir aux conseils de la sirène.

Une fois dehors, je repérai la direction du vent à la cheminée de l'usine.

Plein nord !

La ville déserte de ses habitants semblait courber l'échine et se boucher les oreilles dans le cri strident de la sirène.

Une violente brûlure aux poumons et j'éructai en une toux sèche le gaz toxique. Mais cet effort nécessita une nouvelle inspiration violente de l'air mortel...

(Cette nouvelle est extraite de mon recueil : *Le Chant de la meuille*, éditions Naturellement)

Index

378

381

385

386

www.ingramcontent.com/pod-product-compliance
Lightning Source LLC
Chambersburg PA
CBHW020148090426
42734CB00008B/736